"쉽게 끝내는" 실전 OPIc

쉽게 끝내는 실전 **OPIc**

지은이 Julie Yu
펴낸이 안용백
펴낸곳 (주)넥서스

초판 1쇄 발행 2011년 1월 5일
초판 4쇄 발행 2013년 10월 20일

출판신고 1992년 4월 3일 제311-2002-2호
121-840 서울시 마포구 서교동 394-2
Tel (02)330-5500 Fax (02)330-5555

ISBN 978-89-6000-898-4 13740

저자와 출판사의 허락 없이 내용의 일부를 인용하거나
발췌하는 것을 금합니다.
저자와의 협의에 따라서 인지는 붙이지 않습니다.

가격은 뒤표지에 있습니다.
잘못 만들어진 책은 구입처에서 바꾸어 드립니다.

www.nexusbook.com

"쉽게 끝내는" 실전 OPIC

Oral — Proficiency — Interview — computer

OPIc

Julie Yu 지음

넥서스

PREFACE

*영어 능력을 평가하는 데 이제 말하기의 요소가 빠지지 않고 등장하고 있고 그 중의 대표적인 시험이 OPIc(Oral Proficiency Interview-computer)입니다. 예전과는 다르게 상당수의 대학교 3학년, 4학년 학생 들이 취업 준비로 요즘 토익뿐만 아니라 OPIc 시험을 준비하고 있습니다. 삼성, CJ 그룹, LG 전자, POSCO 등 우리나라의 대기업뿐만 아니라 공기업이나 많은 대학에서도 OPIc 시험 성적을 요구하고 있으며 앞으로도 많은 회사가 신입사원 채용 시 말하기 시험 성적을 요구할 것입니다.

이 책의 취지는 OPIc을 가르치면서, 대부분 학생이 OPIc 시험을 준비하면서 어려워하는 점과 OPIc 수업이 나아가야 할 점을 고려해서 하나의 가이드를 주고자 펴낸 것입니다. *OPIc 시험은 단순히 우리가 하는 회화가 아닌, 특정 주제에 맞게 논리적으로 말하는 storytelling 입니다. 이 책에서는 시험에 가장 공통으로 나오는 주제를 바탕으로 다양한 종류의 토픽에 대해, 브레인스토밍을 하고 *어떤 종류의 표현을 쓰고 어떻게 매듭을 짓는지 보여 주고자 하였습니다.

학생들이 공통으로 *특히 어려워하는 부분 중의 하나가 '다음에 무엇을 말할 것인가?' 하는 것입니다. 브레인스톰 없이 즉흥적으로 이야기하다 보면 논리성이 떨어지고 특히 내가 무엇을 이야기하는지도 모르게 주제에서 벗어나 이야기하는 경우가 많습니다. 따라서, 이 책에서는 *주제마다 어떻게 브레인스톰을 할 수 있는지를 설명하였고 여러분이 쓰고 싶은 표현들을 가능한 한 많이 주고자 노력하였습니다. 또한, 동사와 목적어를 잘 모르는 학생들을 위해 많은 표현을 완벽한 문장으로 보여 주고 있습니다. 따라서 학생들이 *한국말로는 통하지만 영어로는 부적절한 표현을 쓰지 않고, 정확한 표현을 알고 본인의 답을 만들 수 있게 도움이 되길 바랍니다.

마지막으로, 이 책을 펴내는 데 도움을 주신 모든 분께 감사를 드립니다. 원고를 쓰는 데 있어서 끊임없이 정신적인 지원을 아끼지 않은 내 가족과 OPIc 수업에서 항상 좋은 아이디어를 제공하는 학생, 특히 숭실대학교 홍현우, 김태훈, 장지연, 채병만 학생과 동양공전의 엄재필, 최영금 학생에게 감사를 표합니다. 또한, 책을 쓰는 데 지속적으로 도움을 주신 박숭주 선생님에게도 고마움을 전하고 싶습니다. 아무쪼록 이 책이 OPIc을 준비하는 모든 학생에게 많은 도움이 되길 바랍니다.

이 책에 대하여

이 책의 구성은 OPIc 시험에서 선행적으로 시행하는 *설문조사(background survey)에 따라 순서대로* 구성하였습니다. 주제마다 6~8페이지의 내용이 수록되며 자기소개, 직장생활, 학교생활, 사는 곳, 여가 시간 그리고 취미 & 관심사 등 시험에 등장하는 문제 순서대로 수록되어 있습니다.

첫 부분에서는 *한 주제의 대표적인 문제를 가지고 한국말로 무엇을 쓸지에 대한 브레인스톰*을 제시하였습니다. 학생들은 막연하게 특정 주제에 대해 이야기하라고 하면, 너무 광범위하고 어려워할 수 있습니다. 따라서 한국말로 가능한 한 쉽고 자세하게 예문을 줌으로써, 문제에 좀 더 쉽게 접근하게 했습니다.

그다음으로, 완전 문형을 만들어가는 과정을 보여 주고자 하였습니다. 어떤 표현들을 주로 썼으며, 어떻게 문장과 문장, 구와 구를 연결했는지를 자세히 설명함으로써 학생들이 하나의 문제에 대해 완벽하게 말을 할 수 있는 팁을 제시하였습니다. 마지막에 샘플 답안을 줌으로써 스스로 문장을 구성하지 못하는 학생들에게 도움이 되고자 하였습니다. *완전 문형 후에 중요 표현을 선별해서 어려워할 수 있는 표현*들을 paraphrase하거나 품사 설명이라든지 다른 표현 사용에 대해 설명을 해 주어서 이해를 돕도록 했습니다.

다음으로는 관련 주제에 따라 학생들이 쓰고 싶어 하는 표현을 정리하였습니다. OPIc 수업을 하면서 학생들이 쓰고자 하는 문장이 무엇인지 정리하여, 그에 따라 쓰고 싶은 표현을 제대로 표현할 수 있도록 많은 표현을 가능한 한 완전한 문장으로 보여 주고자 하였습니다. 이 부분에서는, 중요 표현, 문장, 쓸 내용 등에 대해 학생들에게 자세히 보여 주고 있습니다.

마지막 2~3 문제에 관한 부분은 빈출 주제에 따라 브레인스토밍을 모두 해 보고, 그 문제에 따라 학생들이 쓸 수 있는 표현, 문장, 내용을 자세하게 실었습니다. 특히 *브레인스톰이 OPIc에서 중요한 만큼 주제마다 어떤 식으로 브레인스토밍을 해서 스토리텔링을 자연스럽고 논리적으로 이어 나갈 수 있는지*에 대한 설명과 표를 제시했습니다.

*롤플레이 관련 유형은 크게 질문과 대안을 이야기하는 순서로 전개*하였으며 크게 어떻게 답안을 작성하는지, 또한 주제별로 하나씩 정리하여 최근에 나오는 빈출 순서에 따라 문제와 답안을 주었습니다. 특수 주제와 같은 질문은 특히 설문조사와 관련 없이 나오는 문제이므로, 예를 들어, 계절, 경찰, 농부, 가전제품 등 꾸준히 OPIc 시험에서 나오는 시험 유형을 정리하여, 브레인스톰에서 다양한 표현까지 학생들이 참고하고 본인의 답을 만들 수 있도록 하였습니다.

OPIc 이란?

OPIc은 컴퓨터를 통해 진행되는 반직접 평가로 외국어를 얼마나 잘 구사하는가를 평가하는 언어 능숙도 시험입니다. 응시자 개개인의 질문에 대한 대답을 녹음한 후 미국의 평가 서버에 전송되며, ACTFL 공인평가자가 평가하게 됩니다.

OPIc은 국제적인 명성의 ACTFL Oral Proficiency Interview(OPI)에 기초하고 있습니다. OPI는 ACTFL 공인 평가자와 면대면 또는 전화 인터뷰 방식으로 진행됩니다.

OPIc은 단순히 문법(Grammar), 어휘(Vocabulary)나 외국어 규칙을 얼마나 많이 알고 있는가를 측정하는 시험이 아닙니다. 실제 생활에서 얼마나 효과적이고 적절하게 언어를 사용할 수 있는지를 측정하는 시험입니다. 다시 말해서, OPIc은 응시자가 외국어로 어떤 일을 할 수 있고, 실생활의 목적들과 연관되게 언어 기술을 사용할 수 있는가를 측정하는 시험입니다. 따라서, OPIc은 응시자가 얼마나 오랫동안 외국어를 학습했는지, 언제, 어디에서, 어떤 이유로 어떻게 언어 능력을 습득하였는가 보다는 응시자의 본질적인 언어 활용 능력을 측정하게 됩니다.

OPIc은 5단계에 걸쳐 언어 능력을 측정하게 되며, Grammar, Vocabulary, Pronunciation은 5단계 평가 영역 중 Language Control의 한 가지 평가 영역에 불과합니다. 따라서, 특정 분야에 치우치지 않는 언어 수행 능력을 중심으로 한 총체적인 언어 수행 능력을 평가하게 됩니다.

OPIc은 절대평가 방식으로 측정됩니다. 응시자의 녹음된 대답 내용은 "ACTFL Proficiency Guidelines Speaking (Revised 1999)"라는 범용적인 말하기 기준에 따라 절대평가됩니다. ACTFL 공인 평가자는 녹음된 대답을 듣고 상기의 기준에 따라 Novice Low ~ Advanced Low까지의 등급을 부여하게 됩니다.

OPIC 특징

- **평가영역** OPIc은 수험자의 말하기 능력을 총체적으로 평가합니다. 언어적 요소(Accent, Grammar, Vocabulary, Fluency)뿐만 아니라 기능적 측면(Global Tasks and Functions, Context/Contents, Accuracy, Text type) 모두 집중함으로써 언어적인 요소만을 평가하는 타 외국어 시험과는 차별화됩니다.

- **문항구성** OPIc에서는 시험 전(前) Background Survey를 통해 응시자 개개인의 관심사에 맞춘 문제가 출제됩니다. 일방적으로 문제가 출제되는 타 시험들과는 구별된다고 할 수 있습니다.

- **충분한 녹음 시간의 확보** 타 말하기 시험과는 달리, OPIc에는 각 문항당 답변의 제한시간이 없습니다. 충분한 녹음 시간 확보를 통해 수험자의 실질적인 말하기 실력을 측정합니다.

*출처: http://www.opic.or.kr

OPIc 시험 진행 구성 및 유형

OPIc은 총 4가지 평가 영역에서 수험자의 말하기 능력을 평가합니다. 4가지 평가 기준으로 의사소통의 총체적 능력 (Holistic Approach)을 평가하므로 평가 결과를 신뢰할 수 있습니다.

◉ 시험 진행 구성

오리엔테이션 (약 20분)	❶ Background Survey ❷ Self Assessment ❸ Overview of OPIc ❹ Sample Question	시험 문항 출제를 위한 사전 설문 시험 난이도 결정을 위한 자가 평가 화면 구성, 문항 청취 및 답변 방법 안내 실제 답변 방법 연습
본 시험 (약 40분)	❶ 1st SESSION 개인별 맞춤 문항(질문 청취 2회 가능) ❷ 난이도 재조정 2차 Self Assessment(쉬운 질문, 비슷한 질문, 어려운 질문 중 택 1) ❸ 2nd SESSION 1st 와 동일, 언어의 정확성	
평가 및 결과 통보	❶ 답변 전송 인터넷을 통한 실시간 답변 전송 ❷ 평가 ACTFL 공인 Rater 신뢰도, 객관성 유지 ❸ 결과 통보 근무일 기준 5일 내외의 신속한 평가 결과 통보	

◉ 시험 문제 유형

OPIc / OPI
영어로 당면 과제를 잘 수행하는가에 대한 측정

묘사와 설명, 상황에 대한 대처 방법의 지속적인 연습

특정 장소, 사람, 사물에 대한 묘사	평소에 하는 일이나 활동에 대한 묘사	과거의 경험의 설명	질문하고 질문에 대답하기 등

제반 일상 말하기 능력

*출처: http://www.opic.or.kr

OPIc 평가 및 등급 체계

ACTFL Proficiency Guidelines

OPIc의 평가는 ACTFL Proficiency Guidelines-Speaking에 따라 절대평가로 진행됩니다. 이는 말하기 능숙도(Oral Proficiency)에 대한 언어 능력 기준입니다.

ACTFL이 발행한 40년간의 노하우가 집적된 Guidelines는 교육과 평가, 실제 능력의 일치를 이루어낸 가장 신뢰할 수 있는 평가 기준입니다.

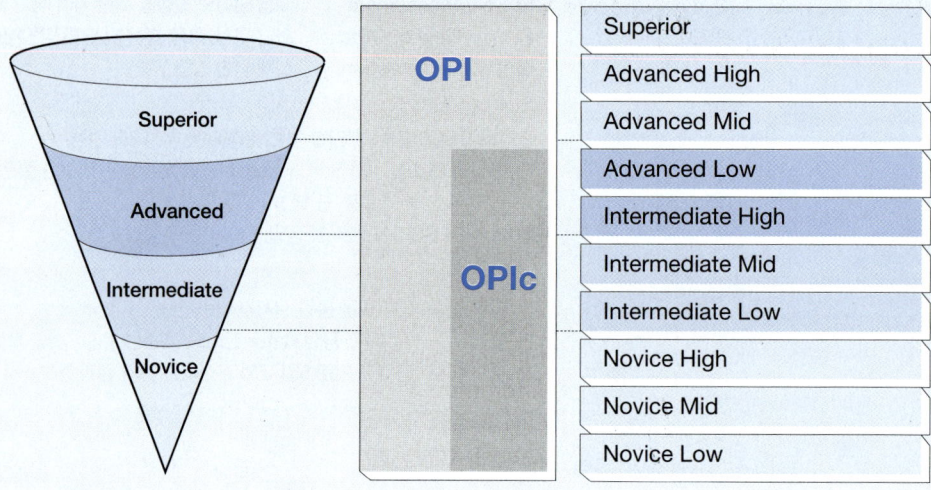

Level	레벨별 요약 설명
AL Advanced Low	사건을 서술할 때 일관적으로 동사 시제를 관리하고, 사람과 사물을 묘사할 때 다양한 형용사를 사용한다. 적절한 위치에서 접속사를 사용하기 때문에 문장 간의 결속력도 높고 문단의 구조를 능숙하게 구성할 수 있다. 익숙하지 않은 복잡한 상황에서도 문제를 설명하고 해결할 수 있는 수준의 능숙도이다.
IH Intermediate High	개인에게 익숙하지 않거나 예측하지 못한 복잡한 상황을 만날 때, 대부분의 상황에서 사건을 설명하고 문제를 효과적으로 해결하곤 한다. 발화량이 많고 다양한 어휘를 사용한다.
IM Intermediate Mid	일상적인 소재뿐만 아니라 개인적으로 익숙한 상황에서 문장을 나열하며 자연스럽게 말할 수 있다. 다양한 문장 형식이나 어휘를 실험적으로 사용하려고 하며 상대방이 조금만 배려해 주면 오랜 시간 대화가 가능하다.
IL Intermediate Low	일상적인 소재에서는 문장으로 말할 수 있다. 대화에 참여하고 선호하는 소재에서는 자신감을 가지고 말할 수 있다.
NH Novice High	일상적인 대부분의 소재에 대해서 문장으로 말할 수 있다. 개인 정보라면 질문을 하고 응답을 할 수 있다.
NM Novice Mid	이미 암기한 단어나 문장으로 말하기를 할 수 있다.
NL Novice Low	제한적인 수준이지만 외국어 단어를 나열하면 말할 수 있다.

*출처: http://www.opic.or.kr

OPIc 시험 진행 안내

ACTFL OPIc 시험 관리 및 신분증 규정에 따라 시험에 응시하여 주세요.

◉ 준비물

필수 지참 : 신분증 (규정 신분증 및 대체 신분증만 허용)

※수험표 없이 시험 응시 가능합니다. (단, 시험 시간 및 시험센터를 확인 후 출발하시기 바랍니다.)

◉ 규정신분증

구분	규정 신분증	대체 신분증 (규정 신분증 대신 사용 가능)
일반인 및 대학생	주민등록증, 운전면허증, 기간 만료 전 여권, 공무원증	거주지 또는 해당 동사무소에서 발급한 기간 만료 전 「주민등록증 발급 신청 확인서」
초등학생	주민등록등본/초본, 기간 만료 전 여권, 의료보험증, 청소년증	학교장의 직인을 득한 「신분 확인 증명서」 (반드시 시험일로 3개월 이내의 사진 必)
중/고등학생	학생증, 기간 만료 전 여권, 청소년증	학교장의 직인을 득한 「신분 확인 증명서」 (반드시 시험일로 3개월 이내의 사진 必)
군인	장교 및 부사관 신분증, 군무원증, 공익근무요원증, 기간만료 전 여권	군복무 확인 증명서
외국인	외국인등록증, 기간 만료 전 여권	없음

*위 규정에 명시되지 않는 신분증은 OPIc 규정 신분증으로 인정되지 않습니다.

◉ 입실 시간 : 시험 시작 10분전까지 입실하셔야 합니다.
    지각시 시험 응시가 불가능합니다.

◉ 시험 시간 : 약 60분 정도 소요됩니다.

구분	내용	시간
Orientation	시험 진행 안내	20분
OPIc	본 시험 진행	40분

◉ 시험 진행 절차

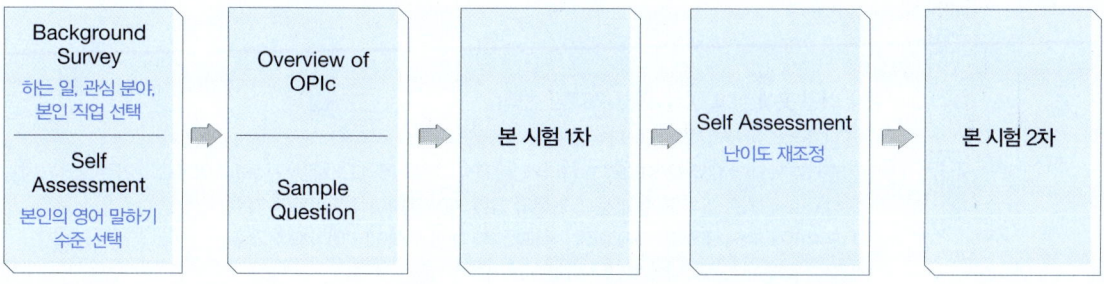

*출처: http://www.opic.or.kr

Background Survey

● 이 배경 설문에 대한 응답을 기초로 각자를 위해 개별화된 시험이 출제될 것입니다. 질문을 자세히 읽고 지시에 따라 선택해 주십시오.

1 현재 직업이 있으십니까?
  ☐ 풀타임
  ☐ 파트타임
  ☐ 없음 ("없음" 선택 시, 5번 설문으로 가세요.)

2 어디서 근무하십니까? (하나만 선택)
  ☐ 외부 장소
  ☐ 저택
  ☐ 일하지 않습니다.

3 지금까지 총 몇 군데 직장에서 근무해 본 경험이 있습니까?
  ☐ 1
  ☐ 2~3
  ☐ 4+
  ☐ 일하지 않습니다.

4 당신은 부하 직원을 관리하는 관리직을 맡고 있습니까? (하나만 선택)
  ☐ 예.
  ☐ 아니오.
  ☐ 일하지 않습니다.

5 현재 학생입니까? (하나만 선택)
  ☐ 예. 풀타임 학생입니다.
  ☐ 예. 파트타임 학생입니다.
  ☐ 아니오.

6 현재 어떤 곳에 살고 계십니까? (하나만 선택)
  ☐ 독신자로서 개인 주택이나 아파트에 거주
  ☐ 기혼자로서 배우자와 함께 (그리고 자녀가 있으면 그들을 데리고) 개인 주택이나 아파트에 거주
  ☐ 독신자로서 부모, 조부모, 형제 등의 가족과 함께 개인 주택이나 아파트에 거주
  ☐ 기혼자로서 부모, 조부모, 형제 등의 가족과 함께 개인 주택이나 아파트에 거주
  ☐ 친구나 룸메이트와 함께 주택이나 아파트에 거주
  ☐ 하숙집 등 자취 시설에서 독방 생활
  ☐ 하숙집 등 자취 시설에서 룸메이트와 동숙
  ☐ 학교 기숙사에서 독방 생활
  ☐ 학교 기숙사에서 룸메이트와 동숙

7 여가 시간에는 어떤 활동을 하십니까? (여섯 가지 이상 선택)
- ☐ 쇼핑하기
- ☐ 영화 관람 (어른끼리)
- ☐ 영화 관람 (아이들과 함께)
- ☐ 외식하기
- ☐ 클럽 가기
- ☐ 연극 관람
- ☐ 콘서트 관람
- ☐ 박물관 관람 (어른끼리)
- ☐ 박물관 관람 (아이들과 함께)
- ☐ 공원 가기 (어른끼리)
- ☐ 공원 가기 (아이들과 함께)
- ☐ 캠핑
- ☐ 프로 스포츠 관람
- ☐ 아이가 출전하는 운동 시합 응원 가기
- ☐ 스포츠 지도하기
- ☐ 혼자서 게임 즐기기 (카드, 비디오 게임 등)
- ☐ 어른들끼리 게임 즐기기 (카드, 당구, 보드게임 등)
- ☐ 아이들과 함께 게임 즐기기 (카드, 보드게임 등)
- ☐ 가족이나 친지 방문
- ☐ 외국어 배우기
- ☐ 관심 과목 수강하기
- ☐ 강습 지도하기
- ☐ 아이의 숙제 도와주기
- ☐ 집안일 거들기
- ☐ 자택 수리 및 개조하기
- ☐ 승용차 점검하기
- ☐ 병원/치과 가기
- ☐ 미장원/이발소 가기
- ☐ 교회 가기

8 다음 중 어떤 관심사나 취미를 갖고 계십니까? (세 가지 이상 선택)
- ☐ TV나 DVD 시청
- ☐ 전화 담소
- ☐ 인터넷 서핑
- ☐ 독서
- ☐ 아이에게 책 읽어 주기
- ☐ 음악 감상
- ☐ 악기 연주
- ☐ 혼자 노래 부르기
- ☐ 그룹으로 노래 부르기
- ☐ 댄스 교습
- ☐ 춤추기
- ☐ 편지, 단편, 시 등 창작
- ☐ 그림 그리기
- ☐ 바느질 또는 자수
- ☐ 뜨개질 또는 크로셰
- ☐ 요리
- ☐ 정원 가꾸기
- ☐ 애완동물 기르기

9 어떤 스포츠나 운동을 즐기십니까? (한 가지 이상 선택)
- ☐ 농구
- ☐ 야구/ 소프트 볼
- ☐ 축구
- ☐ 미식축구
- ☐ 럭비
- ☐ 아이스하키
- ☐ 필드하키
- ☐ 크리켓
- ☐ 골프
- ☐ 배구
- ☐ 테니스
- ☐ 배드민턴
- ☐ 탁구
- ☐ 수영
- ☐ 자전거
- ☐ 스쿠버/스노클링
- ☐ 스키/스노보드
- ☐ 수상스키
- ☐ 스케이트
- ☐ 인라인 스케이트
- ☐ 승마
- ☐ 조깅
- ☐ 걷기
- ☐ 요가
- ☐ 하이킹/트레킹
- ☐ 낚시
- ☐ 보트 놀이
- ☐ 헬스클럽
- ☐ 체조
- ☐ 스포츠나 운동에 참여 안 함

10 다음 중 어떤 휴가나 출장 경험이 있습니까? (한 가지 이상 선택)
- ☐ 국내출장
- ☐ 해외출장
- ☐ 집에서 보내는 휴가
- ☐ 국내여행
- ☐ 해외여행

CONTENTS

자기소개
UNIT 01 자기소개   016

직장
UNIT 02 회사 소개   024
UNIT 03 직장생활   031
UNIT 04 학교생활 & 수업   040

사는 곳
UNIT 05 사는 곳   052
UNIT 06 이웃   059

여가 시간
UNIT 07 쇼핑   068
UNIT 08 영화 보기   075
UNIT 09 외식하기   083
UNIT 10 콘서트 관람   091
UNIT 11 박물관   099
UNIT 12 공원   106
UNIT 13 스포츠 관람   113
UNIT 14 집안일   120
UNIT 15 병원   127

취미 & 관심사

UNIT 16	TV & DVD 시청	136
UNIT 17	인터넷 하기	143
UNIT 18	독서하기	150
UNIT 19	음악 감상	158

스포츠 & 운동

UNIT 20	스포츠(농구, 야구, 축구)	168
UNIT 21	조깅 & 걷기	175
UNIT 22	여행	183

그 외

UNIT 23	가전제품	194
UNIT 24	은행	202
UNIT 25	기술 이야기하기	210
UNIT 26	농부 & 시골 생활	217
UNIT 27	명절	225
UNIT 28	경찰 이야기하기	232
UNIT 29	날씨	239

롤플레이

UNIT 30	롤플레이 직접 질문하기	248
UNIT 31	롤플레이 상황주고 질문하기	254
UNIT 32	롤플레이 대안 이야기하기	267

UNIT 01 자기소개

01 자기소개

OPIc에서 자기소개에 대한 질문은 시험 문제에 항상 나오게 됩니다. 우선, 어떤 요소가 답변에 들어가야 할지 브레인스토밍해 보세요. 학생들이 OPIc에서 가장 어려워하는 부분은 '다음에 무엇을 이야기할까'하는 것입니다. 이야기할 거리가 준비되어 있지 않으면 아무리 영어 표현을 많이 알아도 논리적으로 답변을 할 수 없습니다. 따라서 처음부터 문제를 듣고 브레인스토밍을 하는 습관을 들여 익숙하게 되면, 말할 때 더 유창하고 논리적으로 표현할 수 있습니다. 지금부터 자기소개를 포함한 모든 주제에 대해서 브레인스토밍을 해 보세요.

 Q1 Let's start the interview now. Can you tell me a little bit about yourself?

▶▶ 지금부터 인터뷰를 시작하겠습니다. 자신에 대해 이야기해 주세요.

본인의 소개는 우선 자신의 이름, 나이, 외모, 하는 일, 취미, 가족 관계 등을 이야기해 봅니다. 취미와 같은 경우 여러 가지가 있을 수 있으니 such as(~와 같이)를 사용해서 열거할 수 있습니다. 이름과 나이는 한 문장으로 연결해서 문장을 길게 만들어 보세요. 중요한 것은 여러 개의 단문을 구사하는 것보다, 세련된 표현과 수식어 등을 사용하여 문장을 더욱 풍부하게 하는 것입니다. 바로 이것이 고득점의 지름길입니다. 특히 대학 4학년 학생인 경우, 언제 졸업할 예정이며 '미래에 어느 분야에서 일하고 싶다.'라는 구체적인 계획을 같이 얘기하면 좋습니다.

Brainstorm

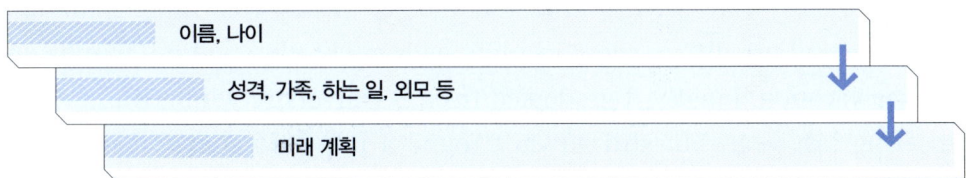

Possible story

제 이름은 마이크입니다. 이 이름은 제가 좋아하는 스포츠 선수 이름이기 때문에, 이 영어 이름을 직접 골랐습니다. 저는 20대 후반이며 미혼입니다. 저는 가족과 부천에서 20년 동안 살고 있습니다. 저는 제 자신이 친절하고 활발하다고 생각합니다. 저는 친구들과 함께 놀러다니고, 맥주 마시고, 비디오 게임을 하는 것을 좋아합니다. 시간이 날 때면, 사진을 찍고 웹서핑을 합니다. 저는 스노우보드광이라서 겨울방학에 동생, 친구들과 함께 스노우보드를 타러 갑니다. 마지막으로 저는 작년에 S 대학에서 전자공학 학사학위를 받고 졸업했지만, 아직 직장을 구하지 못했습니다. 요즘, 좋은 직장을 구하기 너무 어려워서, 더 많은 기회를 갖기 위해 토익과 오픽 같은 어학 시험을 준비하고 있습니다. 올해는 별 어려움 없이 전공과 관련된 직장을 얻고 싶습니다.

문장 ❶ 제 이름은 마이크입니다. 이 이름은 제가 좋아하는 스포츠 선수 이름이기 때문에 (the name of my favorite athlete) 이 영어 이름을 직접 골랐습니다 (picked this English name myself).

문장 ❷ 저는 20대 후반이며 (in my late 20s) 미혼입니다.

문장 ❸ 저는 가족과 부천에서 20년 동안 살고 있습니다 (have lived in Bucheon).

문장 ❹ 저는 제 자신이 친절하고 활발하다고 (outgoing) 생각합니다.

문장 ❺ 저는 친구들과 함께 놀러다니고 (hang out with my friends) 같이 맥주를 마시고 비디오 게임을 하는 것을 (play video games) 좋아합니다.

문장 ❻ 시간이 날 때면, 사진을 찍고 웹서핑을 합니다 (surf the net).

문장 ❼ 저는 스노우보드광이라서 (an avid snowboarder) 겨울방학에 (during our winter vacation) 동생, 친구들과 함께 스노우보드를 타러 갑니다 (go snowboarding).

문장 ❽ 마지막으로 저는 작년에 S 대학에서 전자공학 학사학위를 (with a BS) 받고 졸업했지만 (graduated from S University), 아직 직장을 구하지는 못했습니다.

문장 ❾ 요즘, 좋은 직장을 구하기 너무 어려워서 (is extremely difficult), 더 많은 기회를 갖기 위해 (give myself more options) 토익과 오픽 같은 어학 시험을 (language tests) 준비하고 있습니다.

문장 ❿ 올해는 별 어려움 없이 (without any difficulties) 전공과 관련된 직장을 (a job related to my major) 얻고 싶습니다.

Sample

Hi! My name is Mike. I picked this English name myself because it is the name of my favorite athlete. I am in my late 20s and single. I have lived in Bucheon with my family for the last 20 years. I would describe myself as kind and outgoing. I like to hang out with my friends, drink a few beers and play video games. I normally take pictures and surf the Net in my free time. I am an avid snowboarder and usually go snowboarding with my brother and my friends during our winter vacation. Finally, I graduated from S University with a BS in electrical engineering last year, but still haven't found a job. Nowadays, it is extremely difficult to get a good job, so I am preparing to take the TOEIC and OPIc language tests to give myself more options. Hopefully, I can get a job related to my major this year without any difficulties.

Expression

좋아하는 선수의 이름을 이야기할 때는 **the name of my favorite athlete**라고 표현하면 됩니다. '좋아하는'이라는 단어 **favorite**을 사용해서 **my favorite athlete** [my favorite + 명사]로 표현할 수 있습니다.

나이를 이야기할 때, **in my late 20s**는 '20대 후반', **in my early 20s**는 '20대 초반', **in my mid 20s**는 '20대 중반'을 나타내는 표현입니다.

hang out은 '어울리다, 시간을 보내다'라는 의미로 쓰이며 **hang out with**로 말하면 '~와 시간을 보내다, ~와 어울리다'의 뜻이 됩니다. 명사 **a hangout**은 우리가 흔히 말하는 '아지트, 집합소'라는 의미입니다.

'인터넷을 한다'라고 할 때는 다양한 표현이 있는데 **surf the Net, surf the web, surf through the Net, use the Internet** 등으로 표현합니다.

avid snowboarder는 '열렬한 스노우보드광입니다'를 표현하는 말입니다. **avid**는 /ǽvid/로 발음하며 특히 취미를 이야기할 때 '열렬한'이라고 해석되는 형용사입니다.

'졸업하다'의 표현은 '**graduate from** + 학교 이름'으로 쓰며 동사 **graduate**는 전치사 **from**과 같이 쓴다는 것을 잊지 마세요.

이름과 나이

My name is Sohee Kim and I am in my mid 20s.
내 이름은 김소희이고 20대 중반이다.

in my early[mid/ late] 20s 20대 초[중/ 후]반 ∥

성격

hard working 근면한 ∥ **introverted** 내성적인 ∥ **extroverted/ outgoing/ easy going** 외향적인 ∥ **friendly** 사교적인 ∥ **creative** 창의적인 ∥ **laid back** 느긋한 ∥ **self motivated** 자발적인 ∥ **hot-tempered** 화를 잘 내는 ∥ **flexible** 융통성이 있는 ∥ **passionate** 열정적인 ∥ **sociable** 사교적인 ∥ **optimistic/ positive** 긍정적인 ∥

Although I am rather introverted, I love to make new friends.
나는 다소 내성적이지만 새로운 친구 만들기를 좋아한다.

I am punctual, so I am not usually late for anything.
나는 시간을 잘 지키기 때문에 대개 어떤 일에도 늦지 않는다.

I am an easy going person.
나는 성격이 털털한 편이다.

가족

I am single and live with my family.
나는 미혼이고 가족과 같이 산다.

I am the oldest[youngest] of 4 children.
나는 4형제 중 장남[막내]이다.

I have been married for 5 years and have 2 children.
나는 결혼한지 5년 되었고 두 명의 자녀가 있다.

I have one brother[sister] and he[she] is 2 years older[younger] than me.
나는 형제[자매]가 한 명이 있고 그[그녀]는 나보다 두 살 위[아래]이다.

There are four people in my family: my parents, my brother and me.
우리 가족은 부모님, 동생, 그리고 나의 4명의 구성원이 있다.

I was brought up[was raised/ grew up] in Seoul.
나는 서울에서 자랐다.

I live in a dorm during the school year and return to Busan where my parents live during my breaks.
나는 학기 중에는 기숙사에서 살고 방학에는 부모님이 살고 계시는 부산으로 간다.

일

graduate from S University S 대학을 졸업하다 ∥ **get a job/ start a career/ join a company** 취업하다 ∥ **prepare for a job** 취업을 준비하다 ∥

Since my graduation, I have been preparing for a job.
졸업 이후로, 나는 취업을 준비하고 있다.

work part time 시간제로 일하다 ∥ **work full time** 정규직으로 일하다 ∥ **work long hours** 오랜 시간 동안 일하다 ∥
work for/ at _____ company in *dept*. _회사의 ~부서에서 일하다 ∥

I have been working for SANS company in the sales department.
나는 SANS 회사의 판매부에서 일해왔다.

work as a(an) _____ 직책 ∥ **work overtime** 초과 근무하다 ∥
work in the main office 본사에서 일하다 ∥ **work at a branch** 지점에서 일하다 ∥
take a business trip 출장 가다 ∥ **take pride in my job** 일에 보람을 느끼다 ∥
be transferred to another area 다른 지역으로 전근 가다 ∥ **be promoted to~** ~로 승진하다 ∥
get laid off 임시로 해고되다 ∥ **move to another company** 회사를 옮기다 ∥
retire 은퇴하다 ∥ **get[earn] a salary** 월급을 받다 ∥

I work as an editor.
나는 편집자로 일한다.

I used to work at the SAE Company, but now I work for a different company.
나는 예전에 SAE 회사에서 일했는데 지금은 다른 곳에서 일한다.

I earn a good salary.
나는 돈을 잘 번다.

We manufacture electronic goods.
우리 회사는 전자제품을 만든다.

be in charge of/ be responsible for/ deal with 책임을 맡다 ‖

I am in charge of assisting customers to find information.
내 책임은 고객들이 정보를 찾을 수 있도록 돕는 것이다.

학교

I go to[attend] M University.
나는 M 대학에 다닌다.

freshman 1학년 ‖ **sophomore** 2학년 ‖ **junior** 3학년 ‖ **senior** 4학년 ‖

I am a senior majoring in economics at M University.
M 대학에서 경제학을 전공하고 있는 4학년 학생이다.

I major in[study] economics.
나는 경제학을 전공한다.

Bachelor of Science 공학사 ‖ **Bachelor of Art** 문학사 ‖ **Master's degree** 석사학위 ‖
Master of Arts 문학석사 ‖ **Master of Science** 공학석사 ‖ **Ph.D./ Doctorate** 박사 ‖
receive[earn/ obtain/ get] a degree 학위를 취득하다 ‖ **graduate with a BA** 인문학부를 졸업하다 ‖
complete a degree 학위를 마치다 ‖

I will be graduating with a BS from K University.
나는 K 대학에서 공학사 학위를 받을 것이다.

I completed my BA last year.
나는 작년에 문학사 학위 과정을 마쳤다.

I did a double major in English literature and economics.
나는 영문학과 경제학을 복수 전공했다.

I majored in English literature with a minor in business administration.
나는 경영학을 부전공으로 영문학을 전공으로 공부했다.

I majored in nursing with a minor in rehabilitation.
나는 간호학을 전공하고 재활학을 부전공했다.

취미

play a musical instrument 악기를 연주하다 ‖ **watch movies** 영화를 감상하다 ‖
collect stamps 우표를 수집하다 ‖ **listen to music** 음악을 감상하다 ‖ **play sports** 스포츠를 하다 ‖
read books[magazines/ novels] 책[잡지/ 소설]을 읽다 ‖ **cook** 요리하다 ‖
do outdoor activities 야외활동을 하다 ‖ **play games** 게임을 즐기다 ‖ **ride a bike** 자전거를 타다 ‖

In my free time, I like to go fishing and swimming.
나는 시간이 날 때면 낚시와 수영하는 것을 좋아한다.

In my spare time, I love to play the piano.
나는 시간이 날 때면 피아노 치는 것을 좋아한다.

Mountain climbing helps me relieve my stress.
등산은 내 스트레스 해소에 도움이 된다.

I like to hang out with my friends on weekends.
주말에 친구들과 놀러 다니길 좋아한다.

자기소개 (학생)

🎧A　　I am So Jung Lee and I am in my early 20s. I am single and live with my family in Seoul. I attend S Women's University, majoring in business management and I am expecting to earn a Bachelor's degree. After graduation, I plan to join a big company and start my career. I come from a small family; it is just my parents, one younger brother and me. I am an active person who likes to make new friends. In my free time, I enjoy riding a bike and going shopping. When I'm not studying or helping out my family, I usually like to spend time with my friends. We like to drink coffee and talk, or sometimes watch a movie.

제 이름은 이소정이고 나이는 20대 초반입니다. 미혼이고 서울에서 가족과 같이 살고 있습니다. 저는 S 여자대학교에서 경영학을 전공하고 있으며 곧 학사학위를 받을 예정입니다. 졸업 후, 대기업에 입사해서 경력을 시작하려고 합니다. 제 가족은 소가족인데 부모님, 남동생 그리고 저까지 네 명입니다. 저는 친구들을 사귀길 좋아하는 활동적인 사람입니다. 한가한 시간에는 자전거를 타거나 쇼핑을 하는 것을 즐깁니다. 공부를 하지 않거나 가족을 도울 일이 없으면 주로 친구들과 시간을 보내는 것을 좋아합니다. 우리는 커피를 마시고 수다를 떨거나 영화를 봅니다.

자기소개 (직장인)

🎧A　　My name is Seung Chan Kim and I am 38 years old. I am currently employed at S Electronics Company as a general manager in sales department. I joined this company about 9 years ago, and since then I have been in charge of customer claims. I am quite satisfied with my work environment and the type of work I perform. I graduated from Y University with a major in economics. In terms of personality, you could say I am outgoing and active. I also have a positive attitude. I have been married for 7 years and I have 2 children. In my free time, I like to take part in outdoor activities with my family such as hiking and cycling.

제 이름은 김승찬이고 38세입니다. 현재 S전자에서 영업부 차장으로 근무하고 있습니다. 저는 9년 전 이 회사에 입사했으며 그때부터 고객 창구를 맡고 있습니다. 저는 근무 환경과 하는 일에 만족하고 있습니다. 저는 Y 대학을 졸업하고 경제학을 공부했습니다. 성격상 저는 외향적이고 활발하다고 할 수 있습니다. 또한 긍정적인 태도를 보이고 있습니다. 결혼 7년 차이고 자녀가 둘 있습니다. 한가한 시간에는 가족들과 하이킹과 자전거 타기와 같은 야외 활동을 하는 것을 좋아합니다.

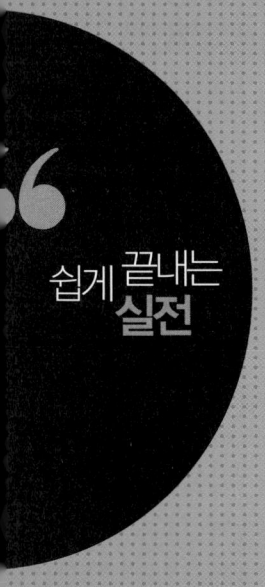

쉽게 끝내는
실전

직장

UNIT 02 회사 소개
UNIT 03 직장생활
UNIT 04 학교생활 & 수업

02 회사 소개

출제 경향

1. 회사 소개하기
2. 회사의 상품 및 서비스 설명하기
3. 회사 사무실 묘사하기
4. 회사의 동료 소개하기
5. 회사 사업 분야 설명하기
6. 자신이 직장에서 하는 일 이야기하기

이 단원에서는 회사의 소개, 상품, 서비스 등에 대한 스토리텔링을 배우게 됩니다. 직장인이라면 회사에 대한 설명은 자기소개처럼 부담 없이 이야기할 수 있어야 합니다. 직장 관련 OPIc의 전형적인 유형은 크게 회사의 상품이나 서비스 소개, 회사 소개, 회사 사무실 소개 등으로 나뉩니다. 또한 회사 동료에 대한 소개, 사업 분야, 자신이 직장에서 하는 일 등도 시험에 등장하고 있습니다.

 Q1 You indicated in the survey that you are employed by a company. What is the name of the company? When was it founded? Where it is located? How many people does the company employ? Provide a detailed account of your company.

▶▶ 당신은 설문에서 직장인이라고 했습니다. 회사의 이름은 무엇인가요? 언제 설립되었나요? 어디 있나요? 얼마나 많은 직원이 일하나요? 당신 회사에 대해 가능한 한 자세히 설명해 주세요.

직장인들이 자신 있게 이야기할 수 있는 주제 중 하나가 회사 소개입니다. 회사 경력이 많은 분이라면 회사에 관한 많은 정보를 알고 있다고 생각합니다. 이 문제는 이런 정보를 종합해서 스토리텔링으로 이야기해보는 문제입니다. 우선 회사의 이름은 무엇이며, 언제 설립되었고, 어디에 있는지, 지사는 있는지, 어떤 상품을 생산하는지, 얼마나 많은 사원이 있는지 등에 대해 이야기해 볼 수 있습니다. 그리고 그 중에서 본인의 역할은 어떤 것인지 전반적으로 회사에서 일하는 것은 어떤지를 이야기해 볼 수 있을 것입니다.

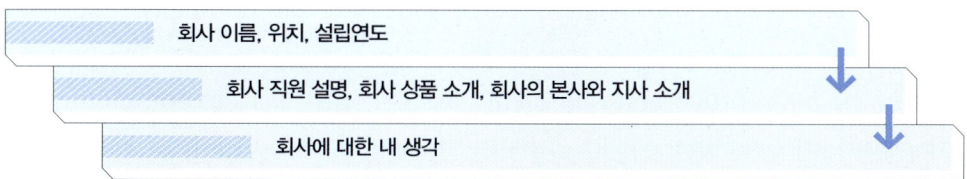

Brainstorm

- 회사 이름, 위치, 설립연도
- 회사 직원 설명, 회사 상품 소개, 회사의 본사와 지사 소개
- 회사에 대한 내 생각

Possible story

저는 지난 10년 동안 작은 회사의 판매 부서에서 사무원으로 일하고 있습니다. 저희 회사는 15년 전에 설립되었고 50명의 직원이 있습니다. 본사는 서울에 있고 대구, 수원, 부산 등에 5개의 지사가 있습니다. 저희 회사는 전자제품을 디자인하고 생산하고 판매합니다. 그중 휴대전화는 가장 잘 팔리는 상품입니다. 그래서, 저희 회사는 한국에서 가장 빠르게 성장하는 회사 중 하나입니다. 저는 본사에서 근무하며 제 임무 중 하나는 전세계에 있는 사람들과 주로 이메일로 의사소통을 하는 것인데, 이 일은 아주 흥미롭습니다. 전반적으로 저는 근무 환경에 만족합니다. 사무실에서 같이 근무하는 사람들은 많은 도움을 주고 친절합니다. 그래서 저는 제 일에 아주 만족하고 당분간 직장을 바꾸지 않을 생각입니다.

문장 ❶ 저는 지난 10년 동안 (for the last 10 years) 작은 회사의 판매 부서에서 (in their sales department) 사무원으로 (as an office worker) 일하고 있습니다.

문장 ❷ 저희 회사는 15년 전에 설립되었고 (was established 15 years ago) 50명의 직원이 있습니다.

문장 ❸ 본사는 (main office) 서울에 있고 대구, 수원, 부산 등에 5개의 지사가 (branch offices) 있습니다.

문장 ❹ 저희 회사는 전자제품을 (electronics) 디자인하고 (design) 생산하고 (manufacture) 판매합니다 (sell).

문장 ❺ 휴대전화는 가장 잘 팔리는 (the company's best selling) 상품입니다.

문장 ❻ 그래서, 회사는 한국에서 가장 빠르게 성장하는 회사 중 하나입니다 (one of the fastest growing companies).

문장 ❼ 저는 본사에서 근무하며 (work in the main office) 제 임무 중 하나는 (my assignments) 전세계에 있는 사람들과 주로 이메일로 (mostly via email) 의사소통을 하는 것인데 (communicate with people), 이 일은 아주 흥미롭습니다.

문장 ❽ 전반적으로 (overall) 저는 근무 환경에 (work environment) 만족합니다.

문장 ❾ 사무실에서 같이 근무하는 사람들은 (the people in my office) 많은 도움을 주고 (supportive) 친절합니다 (friendly).

문장 ❿ 그래서 저는 제 일에 아주 만족하고 (am satisfied with my work) 당분간 (for now) 직장을 바꾸지 (change careers) 않을 생각입니다.

Sample

I have been employed at a small company for the last 10 years as an office worker in the sales department. The company was established 15 years ago and employs about 50 employees. The main office is located in Seoul and there are five branch offices located in Daegu, Suwon and Busan. The company designs, manufactures and sells electronics. Cell phones are the company's best-selling product. Thus, my company is one of the fastest growing companies in Korea. I work in the main office and one of my assignments has me communicate with people from all over the world, mostly via email, which I find very exciting. Overall, the work environment is pleasant. People in my office are very supportive and friendly. Therefore, I am satisfied with my work and do not see myself changing careers for now.

Expression

'본사'는 **the main office, the head office, headquarters**라고 합니다.

'지사'는 **branches, branch offices**로 말합니다.

'회사가 설립되었다'는 여러 표현이 있습니다. 그 중 **The company was established [was founded/ was incorporated]**로 표현할 수 있습니다.

'가장 잘 팔리는 상품'은 **the best-selling product, the best-selling item**으로 표현합니다.

'업무'를 나타내는 표현은 **assignment, duty, task** 등이 있습니다. 참고로 '책임을 지다'라는 표현은 **be responsible for, assume, be in charge of, work on, take on** 등의 표현을 씁니다.

'근무 환경'은 **work environment, working condition(s)** 모두 쓸 수 있습니다.

회사의 설명

I work for a manufacturing company that produces toys.
나는 장난감을 만드는 회사에서 근무한다.

My company was established[founded] 15 years ago.
내가 일하는 회사는 15년 전에 설립되었다.

It is located in the center of Seoul.
회사는 서울의 중심부에 있다.

Our company has 3 branch offices based in Seoul.
우리 회사는 서울에 3개의 지사가 있다.

There are 10 departments in our company.
회사에는 10개의 부서가 있다.

Our company is headquartered in Seoul.
우리 회사는 서울에 본사를 두고 있다.

It is a one of the leading companies in Korea.
한국에 있는 선두 기업 중 하나이다.

The company has around 100 people.
그 회사에는 약 100명의 직원이 있다.

The company offers a full range of services to customers.
회사는 고객에게 완전한 서비스를 제공한다.

The company recently relocated to a four-story building in Suwon.
회사는 최근 수원에 있는 4층 건물로 이전했다.

Overall, I am quite satisfied with my work environment.
전반적으로 나는 근무 환경에 아주 만족한다.

근무하는 회사

The company I work for is called SAM.
내가 일하는 회사는 SAM이라는 회사이다.

I am currently employed at the TSH company.
나는 현재 TSH 회사에서 일하고 있다.

I joined LG 3 years ago and have worked in the sales department.
나는 3년 전에 LG에 입사해서 영업부에서 일하고 있다.

회사의 설명

It is a small[medium-sized/ large] company.
이것은 작은[중간 크기/ 큰 규모] 회사이다.

I have worked for over 10 years for that company.
나는 10년 넘게 그 회사에서 일한다.

Since the establishment of the company, I have worked as a counselor.
회사 설립 이래로, 나는 상담가로 일해 왔다.

동료 묘사 (긍정적)

I get along with my co-workers.
나는 동료와 잘 지낸다.

I always arrive early for work.
나는 항상 회사에 일찍 출근한다.

He is very friendly and always willing to help me.
그는 아주 친절하고 항상 나를 도와주려고 한다.

He likes to be in charge all the time.
그는 항상 책임을 맡으려고 한다.

She is reliable and generous.
그녀는 믿을 만하고 자상하다.

She never postpones things.
그녀는 절대 일을 미루지 않는다.

He is dependable and punctual.
그는 믿을 만하고 시간을 엄수한다.

He is intelligent and has a good work ethic.
그는 똑똑하고 철저한 직업 윤리 의식이 있다.

동료 묘사 (부정적)

I am having trouble with my co-worker.
나는 동료와 문제가 있다.

My boss points out my mistakes to me.
내 상사는 내 실수를 지적한다.

My colleagues are uncooperative.
내 동료는 협조적이지 않다.

She is picky about everything.
그녀는 모든 것에 대해 까다롭다.

He never gets the job done on time.
그는 일을 항상 제때에 끝내지 않는다.

They frequently make excuses for not finishing their work on time.
그들은 일을 제때에 끝내지 못하는 것에 대해 자주 변명을 한다.

She gossips about other people.
그녀는 다른 사람에 대해 험담을 한다.

My co-worker is incompetent.
내 동료는 능력이 없다.

  You answered in the survey that you work. Tell me about the products or services your company provides.

▶▶ 당신은 설문에서 직장에 다닌다고 했습니다. 회사가 제공하는 제품이나 서비스에 대해서 이야기해 보세요.

이 문제로 여러분은 회사에서 생산하는 제품이나, 제공하는 서비스 또는 모두(제품과 서비스)에 대해 이야기해 볼 수 있습니다. 자신이 어떤 회사에 다니고 얼마나 근무했는지, 주로 어떤 제품을 생산하는지, 서비스는 어떤지, 평판은 어떠한지를 생각해 볼 수 있습니다. 이 문제에서 가장 중요한 부분은 제품이나 서비스에 대해 자세히 설명하는 것입니다. 따라서, 회사의 서비스나 제품 중에 주목할 만한 점, 다른 회사 또는 회사 내의 다른 제품과 비교해서 특별한 점 등을 강조해서 차별화된 답을 만들어 보세요.

Brainstorm

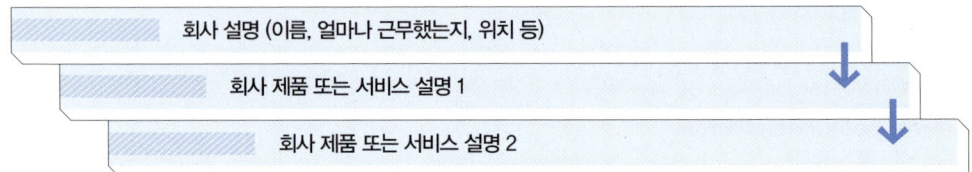

생산하는 제품 or 서비스

I work for a company that mainly manufactures electronics.
나는 주로 전자제품을 만드는 회사에 근무한다.

The company I work for develops and sells computers.
내가 근무하는 회사는 컴퓨터를 개발하고 판매한다.

It has a good reputation for excellent customer services.
그 회사는 훌륭한 소비자 서비스로 평판이 좋다.

It is ranked as one of the top 10 companies in Korea.
회사는 한국에서 최고 회사 10개 중 하나로 평가되고 있다.

The company offers a variety of products.
회사는 다양한 상품을 판다.

The company plans to expand and hire more employees in the near future.
조만간 그 회사는 확장할 계획이며 더 많은 직원을 뽑을 계획이다.

It is one of the fastest growing companies in Korea.
그 회사는 한국에서 가장 빨리 성장하는 회사 중 하나다.

It is a small company specializing in advertising.
그곳은 광고를 전문으로 하는 작은 회사다.

A I work for the A company, which mainly manufactures electronics. I have worked here for 3 years as a sales person and my office is located in Seoul. The company has a good reputation for excellent customer service and is ranked as one of the top 10 companies in Korea. In terms of products that it sells, A offers a variety of products such as cell phones, TVs, and refrigerators. Among them, TV is the most famous product and is exported everywhere nowadays. A is a very respectable company internationally, and it is making a name for itself in the electronics market. I feel proud to be working for one of Korea's forerunning companies.

나는 A 회사에서 일하며 이 회사는 전자제품을 주로 생산하는 회사입니다. 우리 회사에서 3년 동안 영업사원으로 일해 왔고 내 사무실은 서울에 있습니다. 우리 회사는 뛰어난 소비자 서비스로 좋은 평을 받고 있으며 한국에서 상위 10위 안에 드는 기업 중 하나입니다. 우리 회사가 판매하는 상품으로는, 휴대전화, TV, 냉장고 등과 같은 다양한 상품들이 있습니다. 그중에서 TV는 가장 유명한 상품이고 요즘 어디에나 수출되고 있습니다. 우리 회사는 국제적으로 인정받는 회사이고 전자제품 시장에서 이름을 떨치고 있습니다. 나는 한국에서 선두기업 중 한 곳에서 일하는 것이 자랑스럽습니다.

Q3 You responded to the survey that you are working at a company. Describe your office in as much detail as possible.

▶▶ 당신은 설문에서 회사에 다닌다고 응답했습니다. 당신의 사무실을 가능한 한 자세하게 묘사하세요.

장소에 관한 묘사 문제이므로 그림을 그리듯 처음에 회사에 가면 어떤 것을 볼 수 있는지 떠올려 보세요. 보통 사무실에 들어가면 책상과 의자, 복사기, 팩스 기계, 전화기, 프로젝터, 회의실, 휴게실 등 많은 것을 떠올려 볼 수 있을 것입니다. 그것들과 관련된 용도는 무엇이며 얼마나 자주 이용하는지도 언급해 보세요. 그리고 사무실에 대한 내 느낌으로 마무리하면 좋은 답변이 될 수 있습니다.

Brainstorm

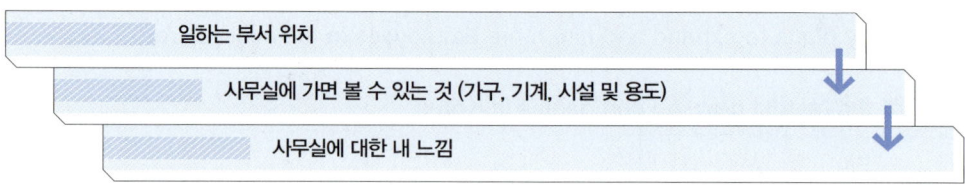

회사 사무실 묘사

My department is on the third floor.
우리 부서는 3층에 있다.

It is a very large space with many desks and chairs.
그곳은 많은 책상과 의자가 있는 넓은 공간이다.

Six people work together in the same department.
여섯 명이 같은 부서에서 일한다.

The office is partitioned into many cubicles.
사무실은 많은 칸막이로 나뉘어 있다.

The office is equipped with the latest technology such as computers, copiers, fax machines and scanners.
사무실에는 컴퓨터, 복사기, 팩스, 스캐너와 같은 현대식 기계가 갖추어져 있다.

There is a break room with a refrigerator and a microwave.
냉장고와 전자레인지가 있는 휴게실이 있다.

We have our weekly meetings in one of the conference rooms.
우리는 회의실 중 한 곳에서 일주일에 한 번씩 회의를 한다.

We have high speed internet services.
우리는 빠른 속도의 인터넷 서비스가 있다.

The building has several windows that provide an excellent view of downtown Seoul.
건물의 창으로는 서울 시내의 멋진 경치가 보인다.

I work for a small company and my office is located in Samsung Dong, Seoul. 10 people work together in the same department. When I enter my department, I can see the office is partitioned into many cubicles. There are also many desks and chairs. The office is equipped with the latest technology like computers and high speed internet. Towards the rear of the floor, there are conference rooms where we have our weekly meetings. My favorite place is an employee lounge which is located on the left side of the department. My coworkers and I have a cup of coffee there and chat. Overall, I am very satisfied with my work environment.

나는 한 작은 회사에서 일하고 있고 내 사무실은 서울 삼성동에 있습니다. 10명의 직원이 같은 부서에서 같이 일하고 있습니다. 부서에 들어가면, 많은 칸막이 책상들을 볼 수 있습니다. 사무실에는 많은 책상과 의자도 있습니다. 컴퓨터와 초고속 인터넷과 같은 최신 기술도 갖추고 있습니다. 사무실 뒤편에는 회의실이 있는데 우리가 매주 회의를 하는 곳입니다. 내가 가장 좋아하는 곳은 직원 휴게실인데 부서의 왼쪽에 있습니다. 동료와 나는 그곳에서 커피를 마시고 이야기를 나눕니다. 대체로 나는 근무 환경에 아주 만족합니다.

03 직장생활

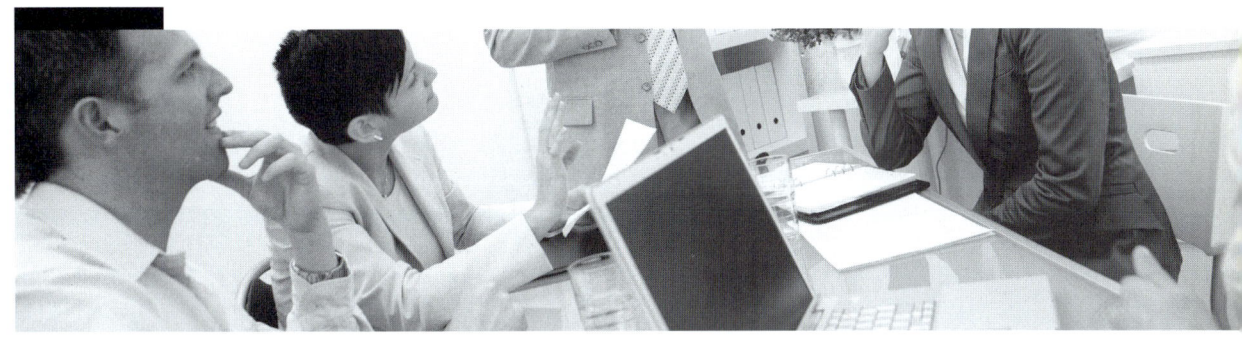

출제 경향

1. 직장에서 주로 하는 업무 이야기하기
2. 회사의 복장 규정 이야기하기
3. 직장의 일상생활에 대해 이야기하기
4. 직장에서 하는 프로젝트에 대해 이야기하기
5. 최근에 했던 프로젝트에 대해 이야기하기
6. 프로젝트를 하면서 겪었던 어려움에 대해 이야기하기
7. 회사에서 지각한 경험 이야기하기
8. 회사에서 사용하는 기술 이야기하기
9. 회사에서 받은 교육 프로그램에 대해 설명하기

이 단원에서는 직장에서의 업무를 중심으로 문제를 구성하였습니다. 특히 직장에서 주로 하는 업무, 복장 규정, 일상생활, 프로젝트, 기술, 교육 프로그램 등 직장인이라면 OPIc 시험을 준비할 때 이러한 문제에 익숙해야 합니다. 특히 학생들은 회사 규정이나 프로젝트 경험 같은 경우 즉흥적으로 이야기하기 어려우므로 그와 관련한 어휘나 표현을 사용하여 자신의 고유한 답안을 만들어서 준비해 보세요.

 **Q1** You indicated in the survey that you are employed. Tell me about your work responsibilities. What is your job description?

▶▶ 당신은 설문에서 직장에 근무한다고 응답했습니다. 자신이 하는 일을 이야기해 보세요. 직무 내용이 무엇인가요?

근무하는 부서에 따라 주요 업무는 많이 다릅니다. 직장생활에 대한 질문이므로 우선 큰 그림을 그리듯 근무지와 부서에 대해 이야기해 보세요. 그리고 그 부서에서 얼마 동안 일했으며 주로 하는 일이 무엇인지 이야기해 보세요. 자신이 맡은 임무를 이야기할 때는 deal with, be responsible for, be in charge of, work on (~ 책임이 있다) 등의 표현을 씁니다. 마지막으로 내 업무와 직장에 대해 만족하는지, 그렇지 않으면 그 이유가 무엇인지 이야기해 보세요. 특히 이러한 업무에 관한 문제는 직장인에게 출제 빈도가 높은 문제이니 꼭 관련 표현을 익히고 본인의 답을 만들고 연습해서 자기소개처럼 자연스럽게 이야기할 수 있게 준비하기 바랍니다.

Brainstorm

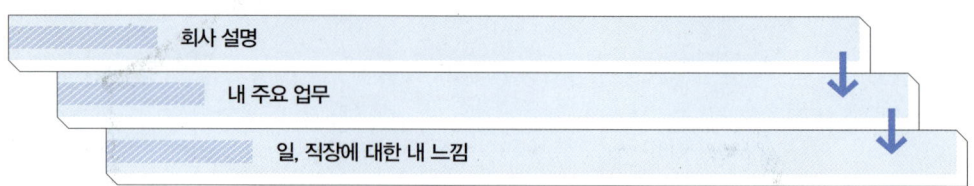

회사 설명
내 주요 업무
일, 직장에 대한 내 느낌

Possible story

저는 한국에 있는 작은 회사에서 회계사로 일하고 있습니다. 지난 2년 동안 이 회사에서 일해 왔습니다. 저는 재정적인 정보를 분석하고 회계 보고서를 준비하는 책임을 지고 있습니다. 또한 마감일을 확인하는 것도 제 일입니다. 문제가 생기면, 그것들을 해결해야 합니다. 게다가 다른 사람들이 회계 부서에서 하는 업무를 돕기도 합니다. 제 일은 많은 사람과 의사소통을 하기 때문에 의사소통 능력이 필수적입니다. 그래도 매일 새로운 것을 배울 수 있기 때문에 이 일을 좋아합니다. 때로는 일로 인해 스트레스를 많이 받지만, 직장에서의 하루하루가 새롭게 느껴집니다. 매일 아침, 직장에 가는 것이 기대됩니다.

문장 ❶ 저는 한국에 있는 작은 회사에서 (at a small firm) 회계사로 (an accountant) 일하고 있습니다.
문장 ❷ 지난 2년 동안 (for the past two years) 이 회사에서 (at the firm) 일해 왔습니다.
문장 ❸ 저는 재정적인 정보를 분석하고 (analyzing financial information) 회계 보고서를 준비하는 (preparing financial reports) 책임을 지고 있습니다 (am responsible for).
문장 ❹ 또한 마감일을 확인하는 것도 (make sure that the deadlines are met) 제 일입니다.
문장 ❺ 문제가 생기면 (when problems arise), 그것들을 해결해야 합니다 (resolve them).
문장 ❻ 게다가 다른 사람들이 회계 부서에서 하는 (accounting department) 업무를 돕기도 (carry out) 합니다.
문장 ❼ 제 일은 많은 사람들과 의사소통을 해야 하기 때문에 (communicate with many people) 의사소통 능력이 (communication skills) 필수적입니다 (a must).
문장 ❽ 매일 새로운 것을 배우기 (learn something new) 때문에 이 일을 좋아합니다.
문장 ❾ 때로는 일로 인해 스트레스를 많이 받지만 (my work is stressful), 직장에서의 하루하루가 새롭게 느껴집니다 (new adventures).
문장 ❿ 매일 아침 직장에 가는 것이 (going to work) 기대됩니다 (look forward to).

Sample

I am an accountant at a small firm in Korea. I have enjoyed working at the firm for the past two years. I am responsible for analyzing financial information and preparing fiscal reports. I am also responsible for making sure that the deadlines are met. When problems arise, it is up to me to resolve them. Additionally, I help others carry out the responsibilities of the accounting department. Since I communicate with many people, strong communication skills are a must. Overall, I like my job because I can learn something new every day. Although my work is stressful sometimes, every day brings new adventures. I look forward to going to work every morning.

Expression

'회사'는 **company, firm, business**라고 합니다.

'재정적인'이라는 단어는 형용사 **financial**로 씁니다.

'반드시 하다', '확실히 하다'는 **make sure**로 뒤에 **that**이 이끄는 절이 오고 종종 접속사 **that**은 생략됩니다.

'마감 기한을 맞추다'라는 표현은 **meet the deadline**으로 여기서는 마감 기한이 맞춰졌는지의 의미로 수동태가 되어 **deadlines are met**으로 표현됩니다.

'필수품', '필수 요건'의 표현은 **a must, a must-have item, an essential item**(이때 **must**는 명사)로 쓰입니다.

New something (X), something new (O) — **thing**으로 끝나는 명사 뒤에 형용사 **new**는 앞에 오는 것이 아니라 **thing** 뒤에 옵니다.

회사에서 하는 업무

I deal with [difficult] customers.
나는 [까다로운] 고객들을 상대한다.

My duty is to locate problems and address them.
내 임무는 문제를 찾아 처리하는 것이다.

I do a lot of paperwork.
나는 많은 서류작업을 한다.

I supervise my teams.
나는 내 팀을 관리한다.

I am responsible for conducting a survey on economic growth.
나는 경제 성장에 관한 설문을 실시하는 책임을 맡고 있다.

본인의 업무 능력

I need to improve my performance.
나는 내 업무 능력을 향상시킬 필요가 있다.

I work independently. I need some assistance when I work.
나는 독립적으로 일한다. 나는 일할 때 약간의 도움이 필요하다.

I am competent[incompetent].
나는 유능하다[무능하다].

My overall performance is outstanding[above average/ satisfactory/ poor].
전반적인 내 업무 능력은 뛰어나다[평균 이상이다/ 만족스럽다/ 형편없다].

I work efficiently.
나는 능률적으로 일을 처리한다.

I have great[poor] interpersonal skills.
나는 대인관계 능력이 좋다[나쁘다].

프로젝트 과정

I work on[conduct] a project.
나는 프로젝트를 맡고 있다/ 수행한다.

I write and submit a proposal.
나는 제안서를 쓰고 제출한다.

The title of the project is how to improve customer satisfaction.
프로젝트의 제목은 고객만족을 증진시키는 방법이다.

I establish goals and expectations.
나는 목표와 기대치를 세운다.

I create time frames.
나는 시간표를 만든다.

I prepare an outline for what we are going to do.
나는 무엇을 할지에 대해 개요를 준비한다.

We need to set our priorities before we begin the project.
우리는 프로젝트를 시작하기 전에 우선순위를 정해야 할 필요가 있다.

We divide the work into several sections.
우리는 일을 몇 부분으로 나눈다.

All participants have their assignments.
모든 참가자들은 맡은 업무가 있다.

We submit the project.
우리는 프로젝트를 제출한다.

We finish the project.
우리는 프로젝트를 끝낸다.

I receive feedback on my work.
내 일에 대한 피드백을 받는다.

내 직업에 대한 느낌

It is rewarding.
보람이 있다.

I find my work very rewarding because I learn something new every day.
매일 새로운 것을 배우기 때문에 내 일에 보람을 느낀다.

I take pride in my work.
내 일에 자부심을 느낀다.

I can learn valuable lessons.
(일을 하면서) 가치 있는 교훈을 배울 수 있다.

My job is very rewarding because I get a chance to help other people.
다른 사람을 도울 수 있어서 직업에 대해 보람을 느낀다.

I love the people who I work with.
나는 같이 일하는 동료들이 좋다.

I am dissatisfied with my job because I need to work overtime.
나는 초과 근무를 해야 하기 때문에 일이 만족스럽지 않다.

I am not satisfied with my job because I end up taking home less pay.
나는 임금을 적게 받아서 일에 만족하지 않는다.

This job is not exactly what I love to do.
이 직업은 꼭 내가 하고 싶은 일은 아니다.

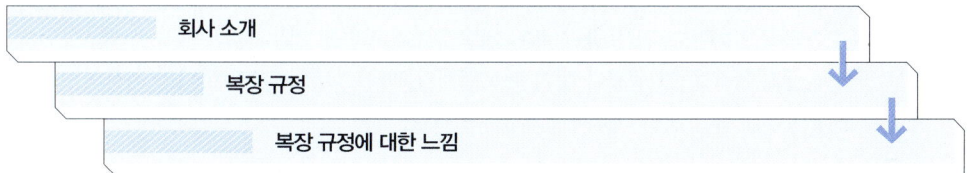

You responded in the survey that you are employed by a company. Is there a dress code at your company? Are employees required to wear formal business attire? Tell me about your company's dress code.

▶▶ 당신은 설문에서 회사에 근무한다고 응답했습니다. 회사에 복장 규정이 있나요? 직원들은 정장을 입어야 하나요? 당신 회사의 복장 규정에 대해 이야기해 주세요.

회사에 따라 그리고 부서에 따라 복장 규정은 다를 수 있습니다. 계절에 따라 직장에서 무엇을 입는지 생각해 보세요. 정장을 입는 것이 의무이지만 금요일에는 자유롭게 입을 수 있도록 하는 규정도 있고 여름에는 샌들을 신을 수 없는 조항도 있을 것입니다. 이 문제에 접근할 때 어떤 회사에 다니는지, 정장을 입어야 하는지, 유니폼이 따로 있는지, 예외 사항은 무엇인지 등에 따라 복장 규정을 나열해 볼 수 있습니다. 마지막으로 이 규정을 어떻게 생각하는지 자신의 느낌으로 마무리하면 좋은 답변이 될 수 있습니다.

Brainstorm

| 회사 소개 |
| 복장 규정 |
| 복장 규정에 대한 느낌 |

복장 규정

We have a strict dress code at work.
우리 회사는 복장 규정이 엄격하다.

It depends on the department which I work for.
일하는 부서에 따라 복장 규정이 다르다.

There is no dress code; we can wear whatever we want.
우리는 복장 규정이 없다. 아무 옷이나 입을 수 있다.

Formal business attire is mandatory at my company.
우래 회사에서는 의무적으로 정장을 입어야 한다.

It is required for us to wear a suit and a tie.
우리는 정장을 입고 넥타이를 매야 한다.

We can dress casually.
우리는 자유롭게 입을 수 있다.

Jeans are not allowed.
청바지는 입을 수 없다.

The suit looks more professional.
정장을 입으면 좀 더 전문적으로 보인다.

I wish I could wear jeans at least once a week.
일주일에 한 번이라도 청바지를 입을 수 있으면 좋겠다.

Personally, I do not like dress codes.
개인적으로 (회사의) 복장 규정을 좋아하지 않는다.

The dress code at my company is more relaxed.
우리 회사의 복장 규정은 다소 느슨하다(까다롭지 않다).

I work for a large company and I am a coordinator in the public relations department. This is my first company I have been employed by since I graduated from University. We have a strict dress code at work. For example, we should wear a suit and a tie every day. Wearing formal attire does not make me feel all that comfortable, but it looks more professional. I also feel that I belong to this organization when I wear it. Personally, I like to wear formal business attire because I do not need to worry about what to wear the next day. I think it's very important to wear formal business clothes as it projects an image not just of yourself, but also of the company.

나는 현재 대기업에서 근무하고 있고 홍보실에서 코디네이터를 맡고 있습니다. 이 회사는 내가 대학을 졸업하고 처음으로 입사한 첫 직장입니다. 우리 회사의 복장 규정은 엄격합니다. 예를 들어, 우리는 매일 정장을 입고 넥타이를 매야 합니다. 정장을 입는 것이 편하지는 않지만 보다 전문적으로 보입니다. 또한, 정장을 입으면 이 회사에 소속되어 있다는 느낌을 받습니다. 개인적으로 정장을 입는 것을 좋아하는데, 그 이유는 다음날 무엇을 입어야 할지 걱정을 할 필요가 없기 때문입니다. 나는 나 자신뿐만 아니라 회사의 이미지를 나타내야 하기 때문에 정장을 입는 것이 중요하다고 생각합니다.

You indicated in the survey that you are currently employed. I'd like to know about your typical day at work. What do you do and how long do you work every day?

▶▶ 당신은 현재 회사에서 근무한다고 설문에서 응답했습니다. 저는 당신의 일상생활에 대해 알고 싶습니다. 무슨 일을 하나요? 그리고 매일 얼마나 오랫동안 일을 하나요?

직장생활의 하루 일과를 시간순으로 생각해 보세요. 직장인의 일상생활은 직업에 따라 많이 차이가 있을 수 있겠지만, 평균적인 샐러리맨을 기준으로 해서 예문을 만들어 보세요. 직장인은 아침에 회사에 출근하면, 이메일을 확인하거나 상사에게 보고하거나 전날 끝내지 못한 일을 끝내기도 합니다. 또한 현재 맡은 프로젝트를 계속하거나 회의에 참석하기도 합니다. 쉬는 시간에는 동료와 대화하며 커피를 마시기도 합니다. 마지막으로 퇴근하기 전에 어떤 일을 하는지 등을 순서대로 이야기하면 좋은 답이 될 수 있습니다. 이때 first(처음에), then(그리고 나서), next(다음으로), finally(마지막으로) 등 순서를 나타내는 표현을 같이 첨가해서 이야기해 보세요.

Brainstorm

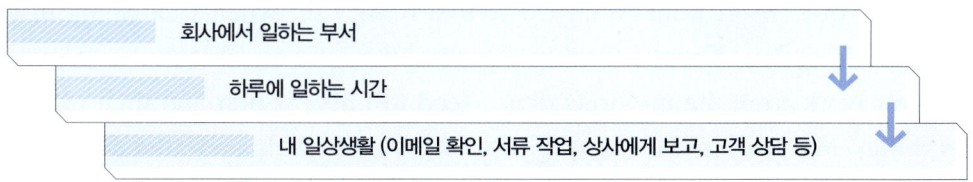

일상생활 말해 보기

I work in the accounting department.
나는 경리부에서 일한다.

I work Monday through Friday from 9:00 a.m. until 6:00 p.m.
나는 월요일부터 금요일까지, 오전 9시부터 오후 6시까지 일한다.

I always get to work 30 minutes early.
나는 항상 30분 일찍 출근한다.

I decide what needs to be done first and then start working.
나는 무엇을 먼저 끝내야 할지를 결정하고 일을 시작한다.

I check my emails and respond to them in the order of their importance.
나는 이메일을 확인하고 중요한 순서대로 응답한다.

I finish any work leftover from the previous day.
나는 전날 마치지 못한 일을 끝낸다.

I begin working on my projects.
나는 프로젝트를 진행하기 시작한다.

I discuss the project with my colleagues and then report back to my boss.
나는 동료와 프로젝트에 대해 이야기하고 상사에게 보고한다.

I prepare for the meeting.
나는 회의를 준비한다.

I discuss the project with my coworkers.
나는 프로젝트에 대해 동료와 이야기를 나눈다.

Twice a week, I attend meetings.
나는 일주일에 두 번 회의에 참석한다.

I communicate with clients through emails or phone calls.
나는 이메일이나 전화로 고객과 연락한다.

If I finish my work early, I log on to the Internet and chat with my friends.
나는 일을 일찍 끝내면, 인터넷에 접속해서 친구와 채팅을 한다.

Before I call it a day, I double check the daily assignment sheet to make sure that everything is finished.
하루의 일과를 끝내기 전에, 모든 일을 마쳤는지 확인하기 위해 일일 업무 일지를 다시 점검한다.

Usually, I leave my office around 7:00 p.m.
보통 나는 오후 7시경에 퇴근한다.

Sometimes, I have to work overtime to finish projects.
나는 프로젝트를 끝내고자 때때로 초과 근무를 해야 한다.

A I work in the accounting department and work Monday through Friday. Usually, I work 10~12 hours a day. The first thing I do when I enter my office is have a cup of coffee. Then, I turn on my computer and check emails. When there is leftover work from the previous day, I tend to finish it first and then proceed to other things. We also have a meeting once or twice a week, so I attend the meeting and sometimes give a presentation. In addition, I receive calls from customers and respond to them. Sometimes, I work overtime because I have a heavy workload. Especially at the end of the month, it is usual for many coworkers and me to do night work.

나는 회계부에서 일하고 있고 월요일부터 금요일까지 일합니다. 보통 나는 하루에 10시간에서 12시간 정도 일합니다. 사무실 들어가면 그 일을 먼저 커피를 마십니다. 그다음 컴퓨터를 켜고 이메일을 체크합니다. 전날에 하다가 남은 일이 있으면, 그 일을 먼저 끝내고 다른 일을 진행하는 편입니다. 또한 일주일에 한두 번 정도 회의가 있어서 회의에 참석하고 가끔 발표를 합니다. 또한 고객으로부터 전화를 받고 응답을 해줍니다. 때로는 일이 많아서 초과 근무를 합니다. 특히 월말이 되면 여러 동료들과 나는 보통 야근을 합니다.

Q4 You indicated in the survey that you work for a company. You probably have experienced difficulties in working on projects. What were some of the problems and how were they solved?

▶▶ 설문에서 당신은 직장에 다닌다고 했습니다. 아마도 당신은 프로젝트를 하면서 어려움을 겪었을 텐데요. 문제가 무엇이었으며 어떻게 해결했나요?

회사에서 근무해본 분이라면 프로젝트에 대한 많은 경험이 있을 것입니다. 특히 그룹으로 일하는 경우, 여러 문제가 있을 수 있는데요, 예를 들어 성격 차이가 있을 수 있거나 일을 처리하는 스타일이 맞지 않을 수도 있습니다. 또한 마감일이 너무 촉박해서 문제가 생기는 때도 있으며, 너무 많은 일로 우선순위를 정하지 못하는 때도 있습니다. 구체적으로 무엇이 문제였으며, 문제를 해결한 해결 방법 (상사에게 이야기하거나, 동료에게 도움을 청하거나, 목표에 집중해서 열심히 일하는 등) 이 무엇이었는지 이야기해 보세요. 우선 전체적으로 프로젝트를 설명하고, 문제점, 해결 방법, 결과 순으로 이야기를 논리적으로 만들어 보세요.

Brainstorm

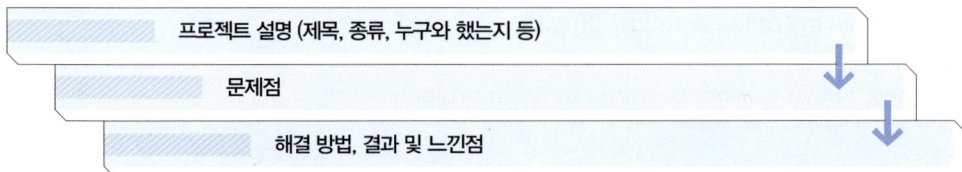

문제점

I did not meet the deadline due to an excessive workload.
나는 일이 너무 많아서 마감 기한을 맞추지 못했다.

I disagreed with the ideas that my coworkers proposed.
나는 동료가 제안한 아이디어에 반대했다.

Some of my colleagues were uncooperative.
내 동료 몇 명은 협조적이지 않았다.

I was uncomfortable when working with others.
나는 다른 사람들과 함께 일하는 것이 불편했다.

The workload distribution was unfair. (= Work was not equally assigned.)
일 분배가 공정하지 못했다.

I work better on my own than with a group.
나는 같이 일하는 것보다 혼자 일하는 것이 더 낫다.

A few team members dominated the work environment.
몇몇 팀원들이 분위기를 지배했다.

A few months ago, I had a group project at work. Three coworkers and I worked together on the project and it was about how to increase customer satisfaction. The beginning of the project was okay. We were each assigned work and we thought we would be able to manage it efficiently. However, we realized that we could not meet the deadlines due to our excessive workload. Actually, in addition to this project, we had many responsibilities. What we did was we stayed up late finishing up the project for several days at the office. All of our efforts paid off in the end, as eventually we had a good result. It felt very rewarding to get it done in the end.

몇 달 전에 회사에서 그룹 프로젝트를 했습니다. 동료 세 명과 나는 프로젝트를 같이 했으며 그 프로젝트는 어떻게 고객만족을 향상시키는가에 관한 것이었습니다. 프로젝트의 시작은 괜찮았습니다. 우리는 모두 각자 할 일을 맡았고 프로젝트를 효과적으로 할 수 있을 것이라고 생각했습니다. 그러나 일이 너무 많아서 마감 기한을 맞출 수 없다는 것을 깨달았습니다. 실제로 우리는 이 프로젝트 말고도 해야 할 일이 많았습니다. 우리는 며칠 동안 회사에서 밤새며 프로젝트를 진행했습니다. 우리의 모든 노력은 마침내 결실을 맺어 좋은 결과를 거둘 수 있었습니다. 일을 모두 끝내고 나서 보람을 느꼈습니다.

04 학교생활 & 수업

출제 경향

1. 수강 과목 묘사하기
2. 좋아하는 과목 묘사하기
3. 전공과 전공 선택 이유 이야기하기
4. 최근에 끝낸 프로젝트 묘사하기
5. 시험 공부 경험 이야기하기
6. 학교 축제 묘사하기
7. 다른 학교와 우리 학교 비교하기
8. 수강신청 과정에 대해 이야기하기
9. 강의실 묘사하기
10. 학교에서 사용하는 기술 이야기하기
11. 학교에 있는 건물 묘사하기

학생 관련 OPIc 문제는 전공 관련해서 말하거나, 수강 과목 묘사, 좋아하는 과목 묘사, 전공 선택 이유, 가장 인상 깊었던 수업이나 현재 듣는 수업, 프로젝트에 관한 경험, 시험 공부, 학교 축제 등 다양한 주제로 나오고 있습니다. 또한 요즘에는 다른 학교와 비교해서 우리 학교를 설명하는 문제, 수강신청 과정에 대한 문제, 강의실, 학교에서 사용하는 기술, 학교에 있는 건물 묘사 등의 주제가 출제되고 있습니다. 응시자가 학생이라면 자신의 상황에 맞는 이야기를 전개하면 답안을 구사하기가 훨씬 쉬울 것입니다.

Q1 You indicated in the survey that you are a student. What kind of courses are you taking this semester? Which is your favorite course? Describe the course in depth providing as many details as possible.

▶▶ 설문에서 당신은 학생이라고 했습니다. 이번 학기에 당신은 무슨 과목을 듣습니까? 그중 가장 좋아하는 수업은 무엇입니까? 그 수업을 가능한 한 상세하게 묘사해 주세요.

이번 학기의 수강 과목에 관한 질문입니다. 답변은 자신의 학교 이름과 학년, 전공이 무엇인지 등 일반적인 사항으로 시작해 보세요. 그다음 현재 어떤 과목을 듣고 있고, 총 학점은 몇 학점인지, 졸업을 위해서 몇 학점을 이수해야 하는지를 이야기하면 훌륭하게 여러분의 답을 전개할 수 있을 것입니다. 콤보 문제로, 다른 학교와 좋아하는 과목 묘사 문제를 따로 묻는 때는, 비슷한 전개로 시작하다가 좋아하는 이유와 과목을 집중적으로 이야기하는 게 좋습니다.

Brainstorm

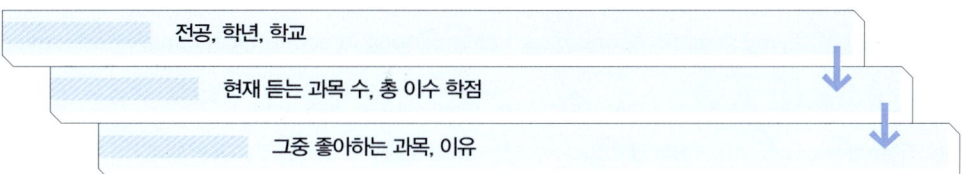

Possible story

저는 현재 대학 4학년 학생이며 회계를 전공하고 있습니다. 회계를 전공으로 선택한 이유는 원래부터 이 분야에 관심이 많았고 이 분야는 취업의 기회가 많기 때문입니다. 이번 학기에 12학점을 듣는데, 3과목은 전공과목이고 1과목은 선택과목입니다. 그중 미시경제학을 좋아하는데 그 이유는 생활에 적용할 수 있는 실질적인 정보를 배우기 때문입니다. 미시경제학에서 배우는 실질적인 정보 이외에, 우리 교수님은 경제 분야에서 알려진 훌륭한 강사이십니다. 그는 아는 것도 많고 재치가 많습니다.

문장 ❶ 저는 현재 대학 4학년 학생이며 (a senior) 회계를 전공하고 (major in accounting) 있습니다.

문장 ❷ 회계를 전공으로 선택한 이유는 원래부터 이 분야에 관심이 많았고 (was deeply interested in this discipline) 이 분야는 취업의 기회가 (career opportunities) 많기 때문입니다.

문장 ❸ 이번 학기에 12학점을 듣는데 (take 12 credit hours), 3과목은 전공과목이고 (3 major courses) 1과목은 선택과목 (one elective course) 입니다.

문장 ❹ 그중 미시경제학을 좋아하는데 그 이유는 생활에 적용할 있는 (I can apply to) 실질적인 정보를 (practical information) 배우기 때문입니다.

문장 ❺ 미시경제학에서 배우는 실질적인 정보 이외에 (besides the practical information), 우리 교수님은 경제 분야에서 알려진 (well known in the economics field) 훌륭한 강사 (an excellent lecturer) 이십니다.

문장 ❻ 그는 아는 것도 많고 (knowledgeable) 재치가 많습니다 (witty).

Sample

I am a senior majoring in accounting at the University. The reason I chose accounting as my major was because I am deeply interested in this discipline and there are plenty of career opportunities in this field. I am currently taking 12 credit hours this semester with three major courses and one elective course. Among them, I especially like my microeconomics class because I am learning practical information that I can apply to my everyday life. Beside the practical information I am learning in my microeconomics class, my professor is an excellent lecturer who is well known in the economics field. He is very knowledgeable and witty.

Expression

'내 전공은 경제학이다.'는 **my major is economics, I am majoring in economics, I study economics**로 표현합니다.

discipline은 '규율'이라는 뜻 이외에, 학교에서 말하는 '학과목'이라는 뜻도 있습니다.

'전공과목'은 **major courses, required courses** 또는 **mandatory courses**라고 표현합니다.

'선택과목'은 **elective courses, electives**로 표현합니다.

학점과 같이 과목을 표현하려면 전치사 **with**와 결합해서 듣는 과목을 같이 이야기하면 됩니다. 예를 들어, 전공 3과목과 선택 2과목을 합쳐 15학점을 들으면 **15 credits with three major courses and two elective courses**라고 표현합니다.

학교에서 듣는 '학점'은 **credit, credit hour, unit** 등으로 이야기합니다.

'~에 적용하다'는 **apply to ~**라는 표현을 씁니다.

전공 관련

freshman/ sophomore/ junior/ senior 1학년/ 2학년/ 3학년 /4학년 ‖ **major/ minor course** 전공/ 부전공 ‖ **undecided** 전공이 아직 미결정인 (My major is ~) ‖ **required [mandatory]/ elective** 필수/ 선택 과목 ‖ **currently take required courses** 현재 필수 과목을 듣고 있다

수업 관련

my major is ~/ major in (전공 과목) ~을 전공하고 있다 ‖ **minor in** (과목) ~을 부전공하다 ‖ **double major in** (과목) ~을 복수전공을 하고 있다 ‖ **audit a course** 청강하다 ‖ **be interested in sociology** 사회학에 관심이 있다 ‖ **apply for a scholarship** 장학금을 신청하다 ‖ **GPA(Grade Point Average)** 평점 ‖ **credit/ credit hour/ unit** 학점 ‖

My overall GPA is 3.8/4.0.
내 평점은 4.0 만점에 3.8이다.

I am taking 18 credits this semester.
나는 이번 학기 18학점을 듣는다.

skip classes 수업을 빼먹다 ‖ **take a year off** 1년 휴학하다 ‖ **a thesis** 논문 (학사, 석사일 경우) ‖ **a master's thesis** 석사 학위 논문 ‖ **a dissertation** 박사 학위 논문 ‖

I am writing a thesis this semester.
나는 이번 학기에 논문을 쓴다.

I am taking a year off from school to prepare my job.
나는 취업 준비로 1년 휴학하고 있다.

좋아하는 수업 이야기하기

I obtain[gain] practical experience.
실용적인 지식을 얻는다.

The lecture was captivating.
강의가 아주 흥미로웠다.

My professor is very knowledgeable and witty.
교수님이 아는 것이 많고 재치가 있다.

I can share my opinions about any topic.
나는 어떤 주제에 대해서도 내 의견을 이야기할 수 있다.

His teaching methods were different from those of my other professors.
그의 교수법은 다른 교수들의 교수법과는 달랐다.

This class was the most engaging class that I have ever taken.
내가 수강했던 과목 중에서 가장 흥미 있는 수업이었다.

I remember Professor Summers because she had a tremendous impact on my college experience.
내 대학 시절 엄청난 영향을 주셨던 Summers 교수님을 기억한다.

 Q2 What is your major? Why did you choose that major? Please tell me about what you study at school in detail.

▶▶ 당신의 전공은 무엇인가요? 왜 그 전공을 선택했나요? 당신이 학교에서 무엇을 공부하는지 자세히 말해 주세요.

한국 학생들의 전형적인 말하기의 특징은 A = B의 순으로 이야기하는 것입니다. 본인 전공 소개는 많은 학생이 My major is ~로 문장을 시작합니다. 이러한 표현보다 I major in ~ 또는 I study ~ 로 문장을 시작하면 더 자연스러운 표현이 됩니다. 본인의 전공이 무엇인지 소개해 봅니다. 그리고 왜 선택했는지는 I chose the major because ~ 또는 The reason I chose my major ~와 같은 표현을 쓰면 그 이유가 됩니다. 그리고 현재 무엇을 배우는지 배우는 내용을 소개하거나, 내 느낌으로 마무리하면 됩니다.

Brainstorm

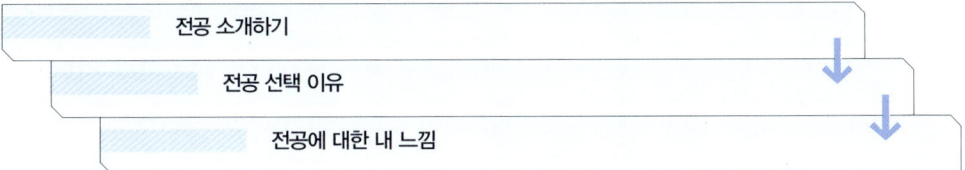

배우는 내용 소개

I learn about philosophies.
나는 철학에 대해 배운다.

I learn a lot about human relationships.
나는 인간관계에 대해 많이 배운다.

What I learned from this class is how to establish human relationships.
내가 이 수업에서 배우는 것은 인간관계를 맺는 방법이다.

느낌

I was able to broaden my horizon through this major.
이 전공을 통해 지경을 넓힐 수 있었다.

I do not regret choosing this major because there are plenty of career opportunities.
취업 기회가 많아서 이 전공을 선택한 것을 후회하지는 않는다.

I think I made the right choice about my major.
나는 내 전공을 잘 선택했다고 생각한다.

> I'm majoring in political science and diplomacy at S University. I am actually going to graduate this month so I am just about finished with my coursework. The University requires me to earn at least 140 credits in order to graduate. After this semester, I will have earned 141 credits. So far, I've learned about introduction to political systems and philosophies in politics. Also, I studied the political systems of various nations as mandatory classes. Additionally, I took some elective courses such as film, language and law. Overall, I am satisfied with my major and I think I made the right choice. I think this degree will lead me on to great opportunities in the future.

나는 S 대학교에서 정치외교학을 전공하고 있습니다. 나는 이번 달에 졸업할 예정이라 수업은 거의 다 마쳤습니다. 학교를 졸업하려면 140학점을 이수해야 합니다. 이 학기가 끝나면 나는 141학점을 이수할 것입니다. 이제까지 나는 정치 제도 입문과 정치 철학에 대해 배웠습니다. 또한, 필수과목으로 다양한 나라의 정치 제도를 공부했습니다. 또한, 나는 영화, 언어, 법 등의 선택과목도 몇 과목 들었습니다. 대체로 나는 내 전공에 만족하고 전공을 잘 선택했다고 생각합니다. 내가 이 분야에서 학위를 받으면 미래에 좋은 기회를 얻게 될 것으로 생각합니다.

Q3 I'd like to know about your project. What was it? Was it a group project or an individual project? Tell me about it in as much detail as possible.

▶▶ 당신이 최근에 했던 프로젝트에 대해 알고 싶습니다. 어떤 프로젝트였나요? 그룹 프로젝트였나요 또는 개인 프로젝트였나요? 가능한 한 자세하게 이야기해 주세요.

학생 대부분에게 매 학년에 걸쳐 요구되는 프로젝트가 있을 것입니다. 어떤 프로젝트였는지, 개인으로 했는지, 그룹으로 했는지의 내용으로 이야기를 전개해 보세요. 구체적으로 프로젝트의 성격이나 내용을 이야기하고 이 프로젝트를 끝내고자 개인 또는 그룹 구성원들이 어떻게 했는지, 결과는 어땠는지를 이야기해 보세요. 마지막으로 그 프로젝트는 어땠는지, 그룹으로 일한 경험은 어땠는지, 프로젝트를 하면서 느낀 점은 무엇이었는지를 추가하여 답변으로 만들어 보세요.

Brainstorm

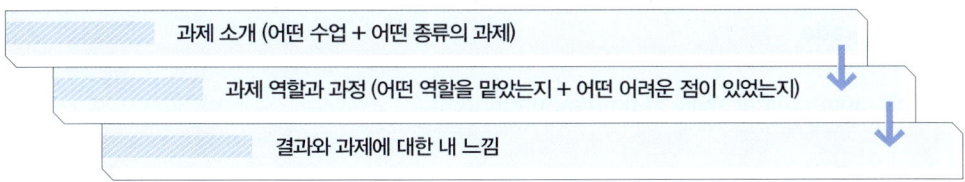

과제 종류

It was an individual[a group] project.
그것은 개인[그룹] 과제였다.

I gave a presentation in front of the whole class.
나는 전체 학생들 앞에서 발표를 했다.

I wrote a term paper.
나는 기말 리포트를 썼다.

역할 이야기하기/ 프로젝트 과정 이야기하기

I ended up being a leader in a group.
내가 그룹의 리더가 되었다.

I conducted a survey.
설문 조사를 했다.

We came up with several ideas.
우리는 몇 가지 아이디어를 고안했다.

We eventually completed a project.
우리는 마침내 과제를 끝냈다.

시험

I took a multiple choice test.
나는 객관식 시험을 치렀다.

I took an essay test.
나는 주관식 시험을 치렀다.

I had an oral exam last week.
나는 지난주 발표 시험이 있었다.

The most effective way to prepare for a test is to review your notes.
시험을 준비하는 가장 효과적인 방법은 복습하는 것이다.

I usually cram for an exam.
나는 시험 때 보통 벼락치기로 공부한다.

Cramming works well.
벼락치기가 효과가 있다.

I was not sure what was being tested.
나는 무엇이 출제되는지 확실히 알지 못했다.

I take and review notes.
나는 노트 필기를 하고 복습한다.

After the test, I receive feedback.
시험 후, 나는 피드백을 받는다.

I experience extreme test anxiety.
나는 시험 스트레스가 너무 심하다.

I got a high grade.
나는 높은 점수를 받았다.

One of the most critical skills is time management.
중요한 (시험) 기술 중의 하나는 시간 관리이다.

I joined a study group.
나는 스터디 모임에 가입했다.

midterm 중간고사 ‖ **final exams** 기말고사 ‖ **quiz** 퀴즈 ‖
what is being tested/ what material is being covered/ what questions are being asked
시험에 출제되는 것 ‖

I was busy preparing for the midterm.
나는 중간고사를 준비하느라 바빴다.

I want to improve my grades.
나는 성적을 향상시키고 싶다.

I stay up at night.
나는 밤 늦게까지 공부한다.

I got a 4.1 out of 4.5.
나는 4.5 만점에 4.1을 받았다.

I scored an A on my final.
기말고사에서 A를 받았다.

I screwed up on the test.
나는 시험을 망쳤다.

The test counts toward 30% of my final grade.
그 시험은 기말고사의 30퍼센트를 차지한다.

The test had nothing to do with the subject I was studying.
그 시험은 내가 공부했던 주제와 전혀 상관이 없었다.

I try to keep up the good grades.
나는 좋은 점수를 유지하려고 노력한다.

I failed one course last semester.
나는 지난 학기에 한 과목을 낙제했다.

🎧 **A**

I remember the time I had to make an oral presentation in class during my freshman year. I think it was for a film class. I was supposed to give a presentation in front of the whole class for a movie that I watched. I watched the movie over and over again to prepare for my presentation. My presentation was not bad, but I could have done better. I was so nervous that I failed to emphasize some of my key points during the presentation. The result was okay but my friends still tease me about my presentation and I am reluctant to volunteer for oral presentations in my classes. It's not easy to get up and speak in front of the entire class.

나는 1학년 수업에서 발표해야 했던 때가 생각납니다. 그 수업은 영화 수업이었습니다. 내가 보았던 영화에 대해 전체 학생들 앞에서 발표해야 했습니다. 발표를 준비하기 위해 나는 영화를 계속해서 여러 번 봤습니다.

발표는 나쁘지는 않았습니다. 하지만 더 잘할 수 있었습니다. 나는 너무 떨려서 발표하는 동안 몇 가지 요점을 강조하지 못했습니다. 결과는 괜찮았지만 내 친구들은 아직도 내 발표에 대해서 놀립니다 그래서 그런지 나는 수업시간에 아직도 발표를 하는 것을 꺼립니다. 전체 학생 앞에서 일어나 발표하기는 쉬운 일이 아닙니다.

Q4. Tell me about a test you have taken. What kind of test was it? How did you study for it and when did you take the test? What were the test results?

▶▶ 여러분이 치렀던 시험에 대해 이야기해 보세요. 어떤 종류의 시험이었나요? 어떻게 공부했고 언제 시험을 봤나요? 결과는 어땠나요?

먼저 시험에 대한 소개로 시작해 보세요. 언제 시험을 봤으며, 어떤 수업에서, 어떤 종류의 시험을 봤는지 차근차근 문장으로 만들어 보세요. 공부 방법 중에는 효과적이었던 것도 있었을 것입니다. 그것(예를 들어, 암기, 벼락치기, 자신만의 특별한 공부법 등)에 대해 자세히 설명하고 시험 결과는 어땠는지, 생각했던 것보다 잘 나왔는지 낮게 나왔는지, 그리고 느낀 점을 말하면 됩니다.

Brainstorm

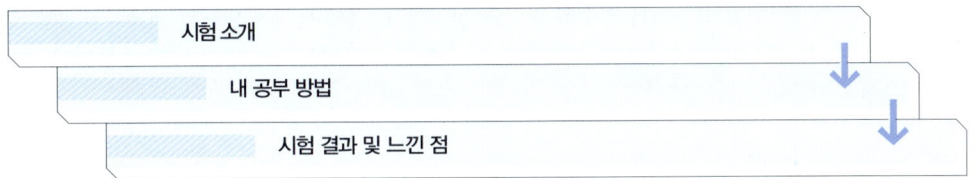

시험 소개
내 공부 방법
시험 결과 및 느낀 점

공부 방법

I crammed for an exam.
나는 (시험을 위해) 벼락치기 했다.

I stayed up late.
나는 늦게까지 깨어 있었다.

I joined a study group.
나는 스터디 모임에 가입했다.

I was a member of a study group.
나는 스터디 모임의 한 멤버였다.

I took and reviewed notes .
나는 노트 필기를 하고 복습을 했다.

시험 결과

I received full[partial] scholarship.
나는 전체[부분] 장학금을 받았다.

I scored an A on the test.
나는 시험에서 A를 받았다.

I got[received] a good grade.
나는 좋은 학점을 받았다.

I got a bad grade.
내 학점은 좋지 않았다.

I screwed up on the exam.
나는 시험을 망쳤다.

 A   I took a class about International trade principles when I was a junior. The class lectures were in English, so I had to write my answers in English and take a quiz every week. Therefore, I took and reviewed notes daily right after the class. I also crammed for an exam the day before the test. Unfortunately, I didn't get a good grade because my English was not good enough to properly answer the questions. If I could have answered the questions in Korean, I would have gotten a better grade. I understand why the course was in English, because it has international content, but I feel like I was disadvantaged by not being able to express myself in my native language.

나는 3학년 때 국제 무역원리에 대한 수업을 들었습니다. 그 수업은 영어로 진행되어서 매주 영어로 답을 써야 했고 퀴즈도 있었습니다. 그래서 매일 노트를 필기하고 수업 후엔 바로 복습을 했습니다. 또한, 시험 전날 나는 벼락치기도 했습니다. 안타깝게도 내 영어 실력이 부족해서 좋은 점수를 받지 못했습니다. 만약 내가 한국말로 답을 할 수 있었다면 좋은 점수를 받았을 것입니다. 국제 원리에 관련된 내용이기 때문에 수업이 왜 영어로 진행되는지는 알겠지만, 모국어로 표현할 수 없다는 점에서 그 시험은 나에게 불리한 시험이었다고 생각합니다.

 Q5   I'd like to know about a special event like a festival. Pick one of the events and tell me everything that happens from beginning to the end.

▶▶ 축제와 같은 학교 행사에 대해 알고 싶습니다. 행사 중 하나를 정해서 처음부터 끝까지 일어나는 일들을 이야기해 보세요.

일 년에 한 번씩 열리는 학교 축제를 생각해 보세요. 이 문제는 축제가 언제 열리고 기간은 얼마나 되는지, 그리고 중요한 부분으로 어떤 행사가 있는지를 말하는 문제입니다. 많은 동아리가 축제를 준비해서 다양한 게임을 하거나 학교에서 가수를 초대해서 공연하기도 합니다. 많은 대학생이 축제 기간에 번 돈으로 술을 먹거나 자선단체에 기부한다고도 합니다. 이러한 부분을 떠올리면서 어떤 활동들이 있는지 자세하게 이야기해 보세요.

Brainstorm

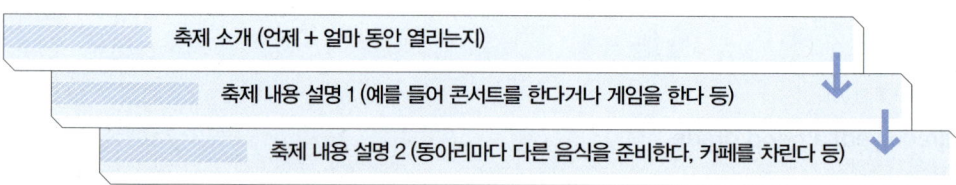

축제 소개

The school festival is held early every May for three days.
학교 축제는 매 5월 초에 사흘 동안 열린다.

Thousands of people[visitors] came to see the festival.
수천 명의 사람[관광객]이 축제를 보러 왔다.

축제 내용

It begins with an opening ceremony by celebrities.
유명 인사들의 개막식으로 시작한다.

During the festival, there are no classes.
축제 동안은 수업은 없다.

The student government holds many kinds of events.
학생회는 많은 종류의 행사를 주최한다.

There are concerts, exhibitions, and other events.
콘서트, 전시회 그리고 다른 행사들이 있다.

Students set up a bar and prepare a variety of food.
학생들은 술집을 차리고 다양한 음식을 준비한다.

Student clubs make money by selling different kinds of foods.
동아리들은 서로 다른 종류의 음식을 팔아서 돈을 번다.

The student body invites famous singers to perform.
학생회가 공연할 유명한 가수들을 초청한다.

Many students volunteer to work.
많은 학생이 자원봉사를 한다.

The festival usually ends with a concert performed by famous singers.
축제는 보통 유명한 가수가 공연하는 콘서트로 막을 내린다.

My university holds a three day festival every October. It begins with an opening ceremony by a celebrity and it attracts a lot of people. The good thing is that there are generally no classes. That's why students really like the festival a lot. During the festival, various departments hold different events such as games and contests. However, most departments prefer to simply set up a bar. Students often sell their drinks and side dishes to raise money for their departments. Finally, the festival usually ends with a concert performed by a famous singer. Since it is always a really fun time for everyone involved, it's an event that students and staff alike look forward to.

우리 학교는 매년 10월에 사흘 동안 축제를 합니다. 유명 인사의 개회식으로 축제가 시작되고 많은 사람을 유치합니다. 축제의 좋은 점은 일반적으로 축제 기간에 수업이 없다는 점입니다. 그래서 학생들은 축제를 무척 좋아합니다. 축제 기간에는 많은 학과가 게임이나 경연대회 같은 다양한 행사를 합니다. 그러나 대부분 학과에서는 주점을 차리기를 좋아합니다. 학생들은 학과를 위해 돈을 모으려고 음료수와 음식을 팝니다. 마지막으로 축제는 주로 유명한 가수의 콘서트로 막을 내립니다. 축제는 모든 사람에게 항상 재미 있는 행사이기 때문에 학생과 직원 모두 축제를 기다립니다.

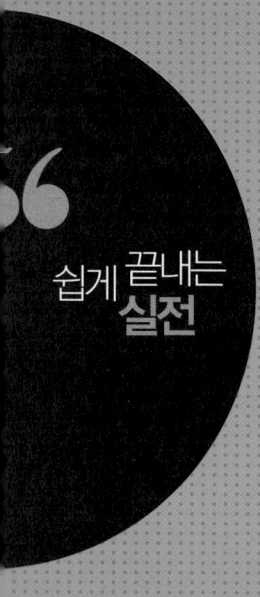

56 쉽게 끝내는 실전

사는 곳

UNIT 05 사는 곳
UNIT 06 이웃

05 사는 곳

출제 경향

1. 사는 곳 묘사하기
2. 사는 동네 묘사하기
3. 자신의 방 묘사하기
4. 현재 사는 집과 과거의 집 비교하기
5. 집 안에 있는 가구 설명하기
6. 최근에 산 가구 설명하기
7. 방 묘사하기
8. 집에 있는 방 묘사와 자신이 좋아하는 방 묘사
9. 어른들과 어린이들이 하는 일 이야기하기
10. 집에서 일어났던 기억에 남는 추억 이야기하기

사는 곳에 관한 문제는 사는 곳 묘사, 사는 동네 묘사, 본인의 방 묘사, 현재 사는 집과 과거에 살았던 집 비교, 이 밖에도 집 안에 있는 가구, 최근에 산 가구나 가전제품 소개, 자신이 좋아하는 방 묘사, 어른들과 어린이들이 하는 일, 집에서 일어났던 기억에 남는 추억 이야기하기 등 많은 문제가 출제되고 있습니다. 요즘에는 콤보 질문이라고 해서 같은 주제에 대해 세 가지 이상 출제되는 문제들로 OPIc 문제가 출제됩니다. 따라서 각 문제가 요구하는 특징을 잡고 주어진 문제에 충실하게 대답하는 것이 중요합니다. 특히 사는 곳과 관련된 주제는 출제 빈도가 높아서 여러분이 답안을 따로 만들고 반복해서 연습하는 것이 가장 좋은 방법입니다.

  Please tell me about where you live. Do you live in a house or an apartment? Please give me a detailed description of your home.

▶▶ 당신이 어디에 살고 있는지 말해 주세요. 주택에 사나요 아니면 아파트에 사나요? 당신 집에 대해 자세히 설명해 주세요.

주거지에 대한 문제는 시험에서 자주 출제되는 유형 중 하나입니다. 여러분이 사는 곳 내부나 외부를 모두 이야기할 수도 있고 내부만 이야기할 수도 있습니다. 특히 여러분이 답을 할 때 집의 위치, 거주 기간, 집의 크기, 전망, 내부의 구조 설명 등 집에 대한 이야깃거리는 아주 많을 것입니다. 예를 들어, 서울에서 아파트

10층에 살고, 방은 3개이며 거실과 화장실이 있다고 서술하고, 방의 용도를 설명하며 이야기를 전개할 수 있습니다. 마지막 문장에 경치, 교통, 사는 곳에 대한 내 느낌으로 마무리하면 좋은 답변이 될 수 있습니다.

Brainstorm

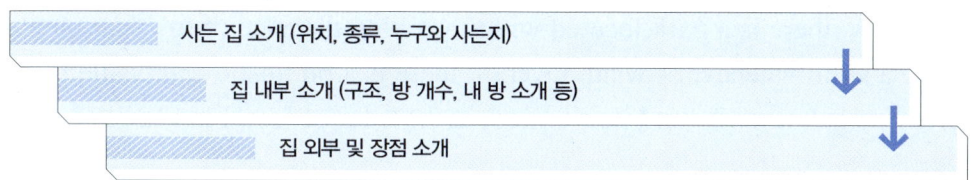

사는 집 소개 (위치, 종류, 누구와 사는지)

집 내부 소개 (구조, 방 개수, 내 방 소개 등)

집 외부 및 장점 소개

Possible story

저는 부천에 있는 아파트 13층에 살고 있습니다. 저는 이곳에서 제 가족과 20년 동안 살고 있습니다. 우리 집에는 방 네개, 화장실 두 개, 그리고 거실이 하나 있습니다. 이곳은 제 가족에게 적당한 크기입니다. 예전에는 동생하고 같이 방을 썼는데, 지금은 제 방이 있어서 지내기 아주 편합니다. 우리 집은 서울에서 가깝지만, 서울로 가는 버스는 단 두대뿐입니다. 때로, 첫 번째 버스를 놓치면, 다음 버스를 오랜 시간 동안 기다려야 합니다. 우리 집은 근처에 병원, 식당, 가게, 슈퍼마켓, 체육관이 편리하게 자리잡고 있습니다. 또한 집에서 걸어갈 수 있는 거리에 공원이 있어서 원할 때마다 산책하러 갈 수 있습니다. 전반적으로, 우리 동네는 조금 시끌벅적하지만 개의치 않습니다. 사실 저는 그런 시끌벅적한 점을 좋아합니다.

문장 ❶ 저는 부천에 위치한 아파트 13층에 살고 있습니다 (live on the 13th floor).
문장 ❷ 저는 이곳에서 제 가족과 20년 동안 살고 있습니다 (have lived here for 20 years).
문장 ❸ 우리 집에는 방 네 개, 화장실 두 개, 그리고 거실이 하나 있습니다.
문장 ❹ 이곳은 제 가족에게 (for my family) 적당한 크기입니다 (decent sized).
문장 ❺ 예전에는 동생하고 같이 방을 썼는데 (used to share a room), 지금은 제 방이 있어서 (have my own room) 지내기 아주 편합니다 (very comfortable).
문장 ❻ 우리 집이 서울에서 가깝지만 (close to Seoul), 서울로 가는 버스는 (bound for Seoul) 단 두 대 (only two buses) 뿐입니다.
문장 ❼ 때로, 첫 번째 버스를 놓치면 (miss the first bus) 다음 버스를 오랜 시간 동안 기다려야 합니다 (wait for a long time).
문장 ❽ 우리 집은 근처에 병원, 식당, 가게, 슈퍼마켓, 체육관이 편리하게 자리잡고 있습니다 (is conveniently located).
문장 ❾ 또한 집에서 걸어갈 수 있는 거리에 (within walking distance of my apartment) 공원이 있어서 원할 때마다 (whenever I want) 산책하러 갈 수 있습니다 (take a stroll).
문장 ❿ 전반적으로, 우리 동네는 조금 시끌벅적하지만 (a bit hustle and bustle) 개의치 않습니다. 사실 (as a matter of fact) 저는 그런 시끌벅적한 점을 좋아합니다.

Sample

  I live on the 13th floor of an apartment building in Bucheon. I've lived here for 20 years with my family. There are 4 bedrooms, 2 bathrooms and a living room. It's decent sized for my family. I used to share a room with my younger brother but now I have my own room that is very comfortable. My home is very close to Seoul, but there are only two buses bound for Seoul. Sometimes, I have to wait for a long time if I miss the first bus. My apartment is conveniently located near the hospital, some restaurants, shops, a supermarket and a local gym. Additionally, there is a park located within walking distance of my apartment, so I can take a stroll whenever I want. Overall, there is a bit hustle and bustle that goes on in my neighborhood, but I don't mind, as a matter of fact, I kind of like it.

Expression

'아파트 13층'이라고 표현할 때는 전치사 of와 같이 연결해 주어서 **live on the 13th floor of an apartment**라고합니다.

'괜찮은', '적절한 크기'를 이야기할 때는 **a decent size**라고 합니다. 회화에서 **decent**라는 단어를 잘 사용하는데, 예를 들어, **a decent salary**라고 하면 '괜찮은 월급'을 말하고, **a decent grade**라고 하면 '괜찮은 학점'을 말합니다.

'서울행 버스'는 **bound for**라는 숙어로 표현할 수 있습니다. **a bus bound for Seoul** 또는 **a bus for Seoul**, **a bus heading toward Seoul** 모두 '서울행 버스'를 이야기하는 말이 됩니다.

'집에서 걸어갈 수 있는 거리'는 **within walking distance of my apartment**라고 하며 '쉽게 걸어갈 수 있는 거리'라고 해서 **within easy walking distance**라고도 표현할 수 있습니다.

hustle and bustle이라는 표현은 '소란스러움', '시끌벅적함'을 말하는 표현으로 특히 복잡한 도시를 이야기할 때 자주 쓰입니다.

집의 종류
a two-bedroom apartment 방 2개짜리 아파트 ∥ **a house** 주택 ∥ **a studio** 원룸 ∥ **dormitory** 기숙사 ∥

사는 곳 소개
I live in an apartment.
나는 아파트에 산다.

My house is located in Daegu.
우리 집은 대구에 있다.

I live in the suburbs of Seoul.
나는 서울 외곽에 산다.

I live in an apartment on the 7th floor.
나는 아파트 7층에 산다.

I live 5 minutes away from downtown.
나는 도심에서 5분 거리에 산다.

부수적인 설명
I used to live in Busan.
나는 부산에서 살았다.

I grew up in Cheonan.
나는 천안에서 자랐다.

I used to live in Seoul, but I recently moved to a different city.
나는 서울에 살다가 최근 다른 도시로 이사했다.

The living room is furnished with a television and sofas.
거실에 TV와 소파가 딸려 있다.

My house was remodeled[renovated].
우리 집은 개조되었다.

I spent my childhood in this house.
나는 이 집에서 어린 시절을 보냈다.

Housing prices are going up.
집값이 오르고 있다.

집 내부 및 활동

We have four bedrooms, two bathrooms, and a living room.
우리 집은 방이 네 개 화장실이 두 개 그리고 거실이 있다.

There is a large kitchen that has been fully modernized[updated].
현대식 큰 주방이 있다.

I watch TV or relax in the living room.
나는 거실에서 텔레비전을 보거나 쉰다.

I have a desk and a queen sized bed in my room.
내 방에는 책상과 퀸 사이즈 침대가 있다.

dresser 화장대 ‖ **shelf** 선반 ‖ **drawer** 서랍장 ‖ **bed** 침대 ‖ **closet** 옷장 ‖
dining table 식탁 ‖ **chair** 의자 ‖ **bookshelf** 책장 ‖ **home theater system** 홈시어터 ‖

집에 관한 장점

It has a lovely[great/ nice] view.
전망이 좋다.

It is surrounded by woods.
숲으로 둘러싸여 있다.

It overlooks the Han River.
한강이 내려다보인다.

Public transportation is developed.
교통편이 발달되어 있다.

We have easy access to the public transportation.
우리는 대중교통을 쉽게 이용할 수 있다.

Q2 What is around your house? Are there buildings, parks or schools? Please tell me about your neighborhood in as much detail as possible.

▶▶ 당신의 집 근처에는 무엇이 있나요? 건물이나, 공원 또는 학교가 있나요? 당신이 사는 동네를 가능한 한 자세히 이야기해 보세요.

우선 여러분이 사는 동네를 생각해 보세요. 여러 지역이 있지만, a residential area(거주 지역), a commercial area(상가지역), a suburb(교외 지역) 등을 생각해 볼 수 있을 겁니다. 이렇게 사는 동네를 먼저 설명하고 다음에 주변에 무엇이 있는지 묘사해 봅니다. 마지막으로 이웃에 대한 내 생각으로 정리하면 훌륭한 답변이 될 것입니다. 예를 들어, 집 주위에는 편의점, 빨래방, 식료품점, 식당, 병원 등이 있을 것입니다. 이러한 상업지역이 얼마나 편리한지를 설명하면서 마무리할 수도 있습니다.

Brainstorm

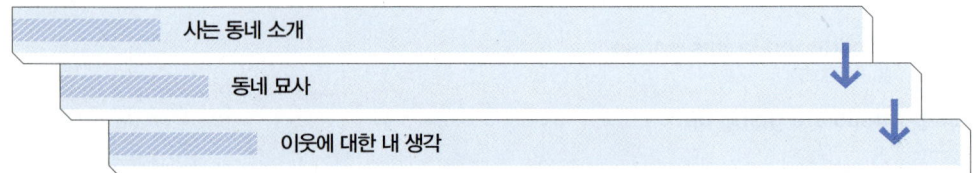

사는 동네

It is a commercial and residential area.
그곳은 상업 및 거주지역이다.

I live in the southern part of Seoul, which is a residential area.
나는 서울 남쪽에 살고 있는데 그곳은 거주지역이다.

주위 묘사 (집 주위에 있는 것)

a grocery store 식료품점 ‖ **a convenience store** 편의점 ‖ **a restaurant** 식당 ‖
a laundromat 빨래방 ‖ **a playground** 놀이터 ‖ **a parking space[lot]** 주차장 ‖
a bank 은행 ‖ **a post office** 우체국 ‖ **a hospital** 병원 ‖ **a community center** 지역 주민 센터 ‖
a movie theater 영화관 ‖ **a sports complex** 종합운동장 ‖

There are many convenience stores near my house.
집 근처에 편의점이 많다.

There is always a lot of hustle and bustle with so many shops, schools, and restaurants around.
주변에는 많은 상점, 학교, 식당들로 항상 시끌벅적하다.

There are plenty of places to eat and shop.
외식하고 쇼핑할 곳이 많다.

이웃에 대한 내 생각

It is really convenient to live here because it has everything that I need.
내가 필요한 것이 모두 있어서 여기에 사는 것이 아주 편리하다.

The only thing that really concerns me is safety.
내가 정말 걱정하는 점은 안전에 대한 문제이다.

What I like about my apartment building is that there is plenty of parking.
우리 아파트가 좋은 점은 주차 공간이 많다는 것이다.

It is convenient to live here because everything is easily accessible from here.
모든 것을 쉽게 얻을 수 있어서 이곳에서 살기가 편리하다.

The thing I really like about my apartment is that it is very safe.
우리 집에서 가장 마음에 드는 점은 아주 안전하다는 점이다.

A I live in an apartment located in Seoul. It suits me fine since shops, restaurants, and public transportation are all very close to my place. There are plenty of places to eat and shop. It is really convenient to live here because it has everything I need. Additionally, there is a gym and the Han River is located 10 minutes away on foot, so I can take a stroll and work out. The only thing I don't like is that there is a terrible traffic jam during peak hours. When I move to other places by car, it takes me a long time to get there. I am a city person, so I prefer the busy life of Seoul. Even though there are drawbacks to living in a big city, it is still where I like to live.

나는 서울에 있는 아파트에 삽니다. 이곳은 가게, 식당, 대중교통 등이 아주 가까워서 나에게 아주 딱 맞는 곳입니다. 먹을 곳도 많고 쇼핑할 곳도 많습니다. 내가 필요한 것이 모두 있어서 여기에 사는 것이 아주 편리합니다. 또한, 걸어서 10분만 가면 체육관과 한강이 있는데 산책을 할 수도 있고 운동을 할 수도 있습니다. 단 한 가지 내가 싫어하는 점은 바쁜 시간에 교통 체증이 심하다는 것입니다. 차로 다른 곳을 이동하게 되면, 시간이 오래 걸립니다. 나는 도시 사람이라 서울의 바쁜 일상이 좋습니다. 큰 도시에서 살면 단점도 있지만 그래도 이곳은 내가 살고 싶은 곳입니다.

Q3 I want to know what your room is like. What things do you have in your room? Please describe it in as much detail as possible.

▶▶ 당신의 방이 어떤지 알고 싶습니다. 방에 어떤 것들이 있나요? 가능한 한 상세하게 당신의 방을 묘사해 보세요.

방에 처음 들어가면 무엇이 보이는지 한 폭의 그림을 그리듯이 묘사해 보세요. 방의 위치와 크기가 어떤지를 먼저 이야기하고, 어떤 물건들이 있는지, 가구는 어떤 것들이 있으며 주로 이 공간에서 어떤 활동을 하는지 등을 추가로 이야기해 보세요. 전체에서 부분으로 가는 방법을 이용하여 전체적으로 방을 설명하고 나서 자세하게 방안을 묘사해 봅니다.

Brainstorm

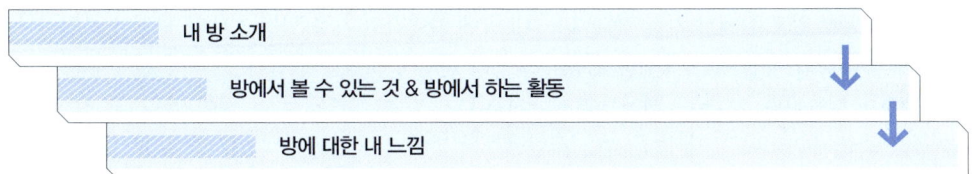

전체적인 방 설명
a large[medium/ small] sized room 큰[중간/ 작은] 크기의 방 ‖

My room is next to my brother's and it is the smallest in the house.
내 방은 형 방 옆에 있고 집에서 가장 작다.

When I enter my room, the first things that I see are my bed and desk.
내 방에 들어가면, 침대와 책상이 가장 먼저 보인다.

furniture 가구 ‖ **laptop** 노트북 ‖ **frame** 액자 ‖ **bed** 침대 ‖ **musical instrument** 악기 ‖ **bookshelf** 책장 ‖ **DVD player** DVD 플레이어 ‖ **video game** 비디오 게임 ‖ **electronic appliances** 전자제품 ‖ **closet** 옷장 ‖

I have a stereo system so that I can always listen to music in my room.
내 방에는 스테레오가 있어서 방에서 항상 음악을 들을 수 있다.

There is a television between the tables.
테이블 사이에 텔레비전이 있다.

There is a computer on the desk.
책상 위에 컴퓨터가 있다.

There is a bookshelf where I put my books.
내가 책을 넣어 두는 책장이 있다.

내 느낌

I spend most of time in my room because it is my personal space and has everything that I need.
나는 대부분의 시간을 내 방에서 보낸다. 왜냐하면 이곳은 나만의 공간이고 내게 필요한 모든 것이 있기 때문이다.

I love my room because I decorated it myself.
나는 나 스스로 방을 꾸몄기 때문에 내 방이 좋다.

Although my room is small, it is still very comfortable.
내 방은 작지만 아주 편안하다.

🎧**A**   My room is next to my brother's and it is the smallest in the house. When I enter my room, the first things I see are my bed and desk. There is a computer on the desk. I mostly spend my time working on the computer. On the left side of the desk, there is a bookshelf where I put my books. I also have a stereo and lots of DVDs. I love lying on the bed while listening to music when there is nothing to do. My room is a place where I can escape and have some privacy, and I spend a lot of time in it. Although it is a small room, I spend most of time here because it has everything I need. I don't need a whole lot of space, as long as I have my room.

내 방은 형 방 옆에 있고 집에서 가장 작습니다. 내 방에 들어가면 가장 먼저 침대와 책상이 보입니다. 책상 위에는 컴퓨터가 있습니다. 나는 대부분 컴퓨터 작업을 하면서 시간을 보냅니다. 책상 왼쪽에는 내 책을 넣어 두는 책장이 있습니다. 또한, 스테레오와 많은 DVD가 있습니다. 나는 할 일이 없을 때, 침대에 누워서 음악을 듣는 것을 좋아합니다. 내 방은 많은 사람에게서 벗어나 나 혼자만의 시간을 갖고 많은 시간을 보낼 수 있는 곳입니다. 비록 크기는 작지만 필요한 것이 모두 있기 때문에 이곳에서 시간을 보냅니다. 내 방이 있는 한 큰 공간은 필요 없습니다.

06 이웃

출제 경향

1. 이웃 사람들에 대해 묘사하기
2. 이웃과 만났을 때 주로 하는 일이나 대화 말해 보기
3. 이웃과 기억에 남는 일에 대해 이야기하기
4. 이웃과 처음 만난 날 묘사하기
5. 이웃과 마지막 만난 날 묘사하기
6. 최근 이웃과 한 일 이야기하기

이웃에 관한 문제는 사는 곳과 연관해서 시험에 많이 등장하는 문제 중 하나입니다. 우선 이웃 사람들에 대해서 어떤지 물어보는 질문, 이웃과 만나면 무슨 일을 주로 하는지, 그리고 여러분이 겪은 이웃과의 경험을 자세하게 이야기하는 등 여러 가지 질문이 있을 수 있습니다. 최근에 시험 문제로 이웃과 처음 만난 날 묘사, 마지막 만난 날 묘사, 최근 이웃과 한 일에 대한 묘사 등 더욱 구체적인 문제가 등장하고 있습니다. 이웃 관련 문제는 출제 빈도가 높고 학생들이 이웃과의 경험이 별로 없어 특히 어려워하는 문제 중의 하나입니다. 어떤 요소를 답변에 넣을지 생각해 보고 미리 답을 만들어 연습해 보는 것이 좋은 방법입니다.

 Q1 Please tell me about your neighborhood. Where do you live? What are your neighbors like? Are you close with them?

▶▶ 당신이 사는 이웃에 대해 이야기해 보세요. 당신은 어디에 삽니까? 이웃은 어떻습니까? 이웃과 가깝게 지내나요?

우선 이 문제의 핵심은 이웃에 대한 자세한 소개입니다. 이웃을 언제 어떻게 알게 되었고, 현재 관계는 어떻고 이웃 주민들의 성격이나 특징이 무엇인지 생각해 봅니다. 특히 학생이라면, 이웃을 잘 모르는 경우가 많은데요, 새로 이사를 와서 친해질 기회가 없었다든지, 또는 그냥 지나칠 때 가벼운 인사 정도만 한다고 이야기 해도 됩니다. 아파트에 사는 경우, 엘리베이터에서 이웃을 만나 간단히 이야기를 하거나 안부 인사를 묻는 경우가 많을 텐데요, 그러한 상황도 같이 말해 보면 좋습니다. 이웃과 사이가 좋지 않을 경우, 어떤 이유로 사이가 좋지 않은지, 앞으로 어떻게 지내고 싶은지에 대한 바람을 이야기해도 차별화된 답이 될 것입니다.

Brainstorm

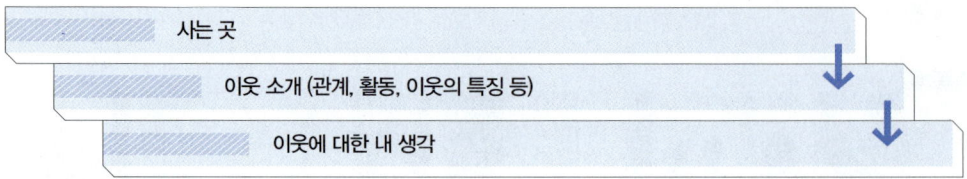

Possible story

저는 서울에 있는 아파트에 살고 있고 이곳에서 5년 동안 살았습니다. 제 이웃은 아주 친절합니다. 저는 보통 엘리베이터 안에서 이웃을 만나는데 우리는 서로 웃으면서 인사합니다. 그중 몇 명은 우리 가족과 가깝게 지냅니다. 엄마는 이웃에게 김치를 종종 보내거나 체육관에 가서 같이 운동하기도 하고 사우나도 같이 가십니다. 때로 이웃들이 파티를 열면 우리 가족을 초대하기도 합니다. 이 파티에서는, 모든 사람들이 음식과 음료수를 가져옵니다. 이러한 파티는 이웃과 제가 갖고 있는 문제를 이야기할 수 있기 때문에 서로를 더 잘 알 수 있는 기회가 됩니다. 최근 파티에서, 저는 "Bike Tornado"라는 동호회를 만들었습니다. 이 모임은 주말마다 자전거 타는 것을 즐기는 사람들을 위한 모임입니다. 요즘 우리는 일주일에 한 번씩 만나 자전거를 타러 갑니다. 결론적으로, 저는 이웃을 좋아합니다. 이웃을 알면 알수록 좋기 때문에 더 편하고 안전하다고 느낍니다.

문장 ❶ 저는 서울에 있는 아파트에 살고 있고 (live in an apartment) 이곳에서 5년 동안 살았습니다 (have lived here).

문장 ❷ 제 이웃은 아주 친절합니다 (very friendly).

문장 ❸ 저는 보통 엘리베이터 안에서 이웃을 만나는데 (see them in the elevator) 우리는 서로 웃으면서 (with smiles) 인사합니다 (greet each other).

문장 ❹ 그중 몇 명은 (some of the neighbors) 우리 가족과 가깝게 지냅니다 (have close relationships).

문장 ❺ 엄마는 이웃에게 김치를 종종 보내거나 (send my neighbors Kimchi) 체육관에 가서 (go to the gym) 같이 운동하기도 하고 사우나도 같이 가십니다.

문장 ❻ 때로는 이웃들이 파티를 열면 (throw parties) 우리 가족을 초대하기도 합니다 (invite my family).

문장 ❼ 이 파티에서는 (on these occasions), 모든 사람들이 음식과 음료수를 (food and beverages) 가져옵니다.

문장 ❽ 이러한 파티는 이웃과 제가 갖고 있는 (we might have) 문제를 이야기할 수 있기 때문에 (talk about some problems) 서로를 더 잘 알 수 있는 기회가 됩니다 (provide an opportunity).

문장 ❾ 최근 파티에서 (at one recent party), 저는 "Bike Tornado"라는 동호회를 만들었습니다 (was able to form a club).

문장 ❿ 이 모임은 주말마다 (on the weekends) 자전거 타는 것을 즐기는 (enjoy biking) 사람들을 위한 모임입니다.

문장 ⓫ 요즘 (these days) 우리는 일주일에 한 번씩 (on a weekly basis) 만나 자전거를 타러 갑니다 (go for bike rides).

문장 ⓬ 결론적으로, 저는 제 이웃을 좋아합니다.

문장 ⓭ 이웃을 알면 알수록 좋기 때문에 더 편하고 (more comfortable) 안전하다고 느낍니다 (secure).

Sample

  I live in an apartment in Seoul and have lived here for about 5 years. My neighbors are very friendly. I usually see them in the elevator and we greet each other with smiles. Some of the neighbors have very close relationships with my family. My mother often sends my neighbors Kimchi or they sometimes even go to the gym to exercise and then to the sauna together. Sometimes my neighbors will throw parties and invite my family. On these occasions, everyone brings food and beverages. These parties provide an opportunity for us to get to know each other better as neighbors and I talk about some problems we might have. At one recent party, I was able to form a club called "Bike Tornado." It was for people who enjoy biking on the weekends. These days, we meet on a weekly basis and go for bike rides. In conclusion, I like my neighbors; knowing them makes me feel more comfortable and secure.

Expression

'아파트 단지'는 **an apartment complex**, '대 단지'는 **a large apartment complex**를 씁니다.

'가깝게 지내다'는 형용사로 **close, close-knit** 또는 **have a close relationship**를 씁니다.

'파티를 열다'는 **have a party, hold a party, throw a party**로 표현합니다.

'동아리'는 **club**으로 표현합니다. '동아리에 가입하는 것'은 **join a club**, '동아리를 만드는 것'은 **form a club**으로 표현합니다.

'매주'라는 표현은 **on a weekly basis**, '매일'은 **on a daily basis**, '매년'은 **on a yearly basis**로 말합니다.

'자전거 타러 가다'는 **go for a bike ride**로 숙어적인 표현입니다.

make는 대표적인 5형식 동사이고, '**make** +목적어+목적보어'의 형태로 **comfortable, secure** 등의 형용사를 목적보어로 취합니다.

이웃의 특징/ 관계

generous 관대한 ‖ **helpful** 도움이 되는 ‖ **friendly** 친절한 ‖ **close** 가까운 ‖ **respectful** 존경할 만한 ‖ **rude** 무례한 ‖ **dependable** 믿을 만한 ‖ **sociable** 사교적인 ‖ **considerate** 사려 깊은 ‖ **get along with neighbors** 이웃과 잘 지내다 ‖

My neighbors are very friendly.
이웃은 아주 친근하다.

I have a good relationship with my neighbors.
나는 이웃과 좋은 관계를 유지하고 있다.

I know most of my neighbors.
나는 이웃 대부분을 안다.

I just moved in a few weeks ago.
나는 몇 주전에 이사 왔다.

I would like to become friends with my neighbors.
나는 이웃과 친구가 되고 싶다.

Since I moved in, I have been trying to get to know my neighbors better.
이사 온 후로, 나는 이웃과 더 친해지려고 노력하고 있다.

I have a good[poor] relationship with my neighbors.
나는 이웃과 사이가 좋다[사이가 좋지 않다].

I do not know the person who lives next door to me.
나는 옆집에 누가 사는지 모른다.

I do not even know their names.
나는 그들의 이름조차 알지 못한다.

My neighbors are not very close.
나는 이웃과 그다지 가깝지 않다.

이웃과 하는 일

greet them/ say hello to them 그들에게 인사하다 ∥ invite them over for dinner 그들을 저녁식사에 초대하다 ∥

We have a neighborhood meeting[community gathering] every month.
우리는 매달 반상회를 한다.

We share stories.
우리는 이야기를 나눈다.

We clean together.
우리는 함께 청소를 한다.

We help out each other.
우리는 서로 돕는다.

We say "hello" when we pass each other.
우리는 서로 지나칠 때 인사한다.

We chat[have small talk] in the elevator.
우리는 엘리베이터 안에서 가벼운 대화를 나눈다.

They sometimes keep an eye on my place when I am away on a business trip.
이웃들은 내가 출장을 가면 가끔 우리 집을 봐 준다.

We take care of each other's pets when we go away on trips.
우리는 여행을 가는 동안 서로의 애완동물을 돌봐 준다.

I stop by[drop by] my neighbor's place to chat.
나는 이웃에 들러 수다를 떤다.

이웃과 말하는 것

We talk about[discuss] several issues.
우리는 몇몇 문제에 대해 이야기한다.

We talk about recycling.
재활용에 대해 이야기한다.

We discuss what can be done to separate our garbage more efficiently.
우리는 분리수거를 좀 더 효과적으로 하고자 우리가 할 수 있는 일에 대해 의논한다.

대화 가능한 주제 (Possible issues)

safety/ crime prevention 안전/ 범죄 예방 ∥ pollution 오염 ∥ education 교육 ∥
public transportation 대중교통 ∥ new facilities 새로운 시설 ∥ property price 집값 ∥
family issues/ domestic problems 집안일 ∥ daily life 일상생활 ∥

이웃에 대한 내 느낌

It's really nice that I get to know the people who live around me.
나는 이웃을 아는 것이 아주 좋다.

I can count on my neighbors if I ever need help.
내가 도움이 필요할 때 이웃에게 의지할 수 있다.

Knowing my neighbors provides me with a sense of security.
나는 이웃을 알기 때문에 안전하게 느껴진다.

이웃과의 문제점

The people upstairs are noisy.
윗집에 사는 이웃은 아주 시끄럽다.

We complain to our neighbor about the noise.
우리는 집주인에게 소음에 대해 불평한다.

They get on my nerves sometimes.
이웃들은 때때로 내 신경을 건드린다.

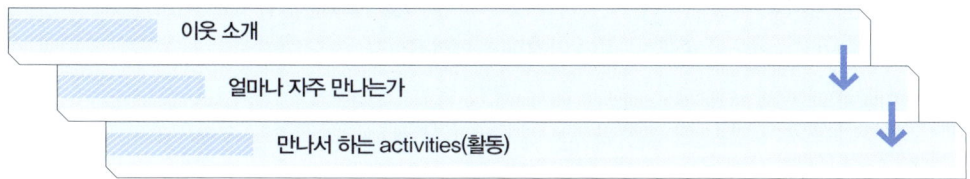

How often do you see your neighbors? What do you usually do together?

▶▶ 얼마나 자주 이웃을 만납니까? 그들과 보통 무엇을 합니까?

이 질문은 얼마나 이웃과 가깝게 지내고 자주 만나는지 그리고 만나면 무엇을 하는지를 물어보는 질문입니다. 앞서 제시한 예문을 사용해서 이야기를 해 보세요. 이사 와서 잘 모르는 경우, 예전 이웃과는 어떻게 지냈는지, 어떤 활동을 같이 했는지 이야기해 볼 수도 있습니다. 대부분의 학생들은 이웃과 하는 일이 거의 없다고 말하는데요, 여러분들이 여기서 배운 내용을 통해서 어떤 활동을 하는지 가상으로 이야기를 만들어 보세요. OPIc 시험에서는 현실에서 여러분들이 하는 행동보다는 그 문제에 맞춰서 어떻게 스토리를 만들어가는 가가 더 중요합니다.

Brainstorm

- 이웃 소개
- 얼마나 자주 만나는가
- 만나서 하는 activities(활동)

얼마나 자주

I haven't had a chance to meet my neighbors yet.
나는 이웃을 만날 기회가 없었다.

I see my neighbors on a daily basis.
나는 매일 이웃을 본다.

I don't talk to my neighbors because I rarely see them.
나는 이웃을 볼 기회가 없어서 이웃과 이야기를 하지 않는다.

I see my neighbors once in a while[occasionally].
나는 가끔 이웃을 본다.

무엇을 하나

I say hello to my neighbors whenever I pass them.
나는 이웃을 지나칠 때마다 인사한다.

I invite them over for dinner.
나는 이웃을 저녁식사에 초대한다.

We have a get-together.
우리는 모임을 한다.

We cook together and share dishes.
우리는 함께 음식을 만들고 같이 먹는다.

We have a monthly neighborhood meeting with our neighbors.
우리는 이웃과 한 달에 한 번 반상회를 한다.

A I meet my neighbors occasionally. When I meet them in the elevator, they greet me with a smile. Some of them have a close relationship with my mother. My mother makes Kimchi with them and they exercise together. Also, we talk about problems with the neighborhood and share some information. In my case, I formed a club called "Bike Tornado" with my neighbors who enjoy riding bikes. I meet them on a weekly basis and we ride bikes together. We ride around the neighborhood, and sometimes we go far into other areas. It's a great opportunity to talk with each other, making us more intimate. Overall, I like my neighbors and it makes our home more comfortable.

나는 가끔 이웃을 만납니다. 엘리베이터에서 이웃을 만나면, 웃으면서 인사합니다. 몇몇 분은 우리 엄마와 아주 가깝게 지냅니다. 엄마는 이웃과 함께 김치를 담그고 운동도 같이합니다. 또한, 우리는 이웃에 대한 문제를 이야기하고 정보를 공유합니다. 내 경우 자전거 타는 것을 좋아하는 이웃과 '바이크 토네이도'라는 동호회를 만들었습니다. 우리는 일주일에 한 번씩 만나서 자전거를 탑니다. 동네 근처에서 자전거를 타는데 때로는 다른 지역까지 가서 타기도 합니다. 자전거를 같이 타면 서로 이야기를 할 좋은 기회가 되고 서로 친해지게 됩니다. 대체로 나는 이웃이 좋고 이 점이 안전하게 느껴집니다.

Q3 Please tell me about the most memorable event you shared with your neighbors. Tell me what happened and why the event was so memorable.

▶▶ 이웃과 함께한 일 중 가장 기억에 남는 일을 이야기해 보세요. 무슨 일이 일어났는지 그리고 왜 그 일이 기억에 남는지 이야기해 보세요.

이런 문제가 시험에 나올 때, 학생들이 이웃과 친하지 않으면 많이 당황을 하게 됩니다. 하지만 너무 어렵게 생각하지 말고, 만나서 외식하거나 여행을 같이하거나 스포츠를 같이 즐겼다 등의 답을 생각하면서 어떤 일이 무슨 계기로 일어나게 되었는지, 흥미로웠던 순간이나 잊을 수 없는 순간은 없었는지를 세부적으로 묘사하면 됩니다. 이 문제가 조금 다르게 변형이 되더라도 (예를 들어, 이웃과 운동한 경험이나 여행한 경험을 이야기해 보세요.) 비슷하게 답을 구사하면 됩니다.

Brainstorm

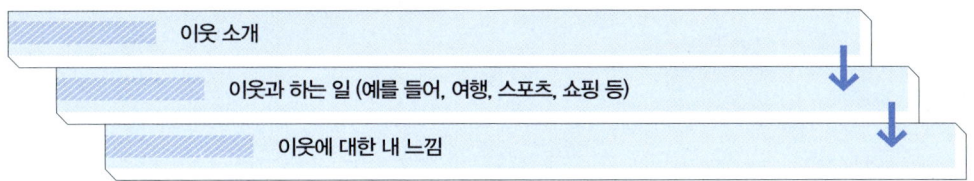

- 이웃 소개
- 이웃과 하는 일 (예를 들어, 여행, 스포츠, 쇼핑 등)
- 이웃에 대한 내 느낌

이웃과 무엇을 했나

I threw a party for my neighbors last year.
나는 작년에 이웃을 위해 파티를 열었다.

I love baseball and occasionally play a game with my neighbors.
나는 야구를 좋아해서 때로 이웃 사람들과 야구를 한다.

We played computer games.
우리는 컴퓨터 게임을 했다.

We went shopping together
우리는 같이 쇼핑하러 갔다.

We did outdoor activities such as hiking and skating.
우리는 하이킹과 스케이트 같은 야외 활동을 했다.

We had a lot of fun playing sports together.
우리는 스포츠를 즐기면서 즐겁게 지냈다.

We are members of the same fitness center and often work out together.
우리는 같은 헬스클럽 회원이며 종종 함께 운동한다.

My neighbors and I went to a public bath.
이웃 사람들과 나는 목욕탕에 갔다.

A I have known my neighbors for a long time since I moved into this area. Last month, I threw a party for my neighbors since they are moving soon. It was like a farewell party. I cooked some dishes and prepared some gifts for them. Since we played sports together and went shopping together, we felt so close. Especially we loved sharing food, and we cooked all different kinds of delicious food. Living together and sharing so many things, we have become like a part of each other's families. Even though they are moving far away, I know that we will keep in touch. I plan to help them move on the moving day and say good bye. It will be a very sad day.

이 지역에 이사 온 후로 나는 오랫동안 이웃을 알고 지냈습니다. 지난주 나는 이사 가는 이웃을 위해 파티를 열었습니다. 송별회 같은 파티였습니다. 나는 음식을 만들고 선물을 준비했습니다. 우리는 스포츠도 같이하고 쇼핑도 같이 다녀서 아주 가깝게 지냈습니다. 특히 음식을 나누고 다양한 종류의 음식을 만들었습니다. 같이 살고 많은 것을 나누면서 우리는 서로 가족같이 느꼈습니다. 이웃이 먼 곳으로 이사하지만 계속 연락을 할 것입니다. 나는 이사하는 날에 짐을 옮겨 주고 작별 인사를 하려고 합니다. 아마 슬픈 날이 될 것입니다.

56 쉽게 끝내는 실전

여가 시간

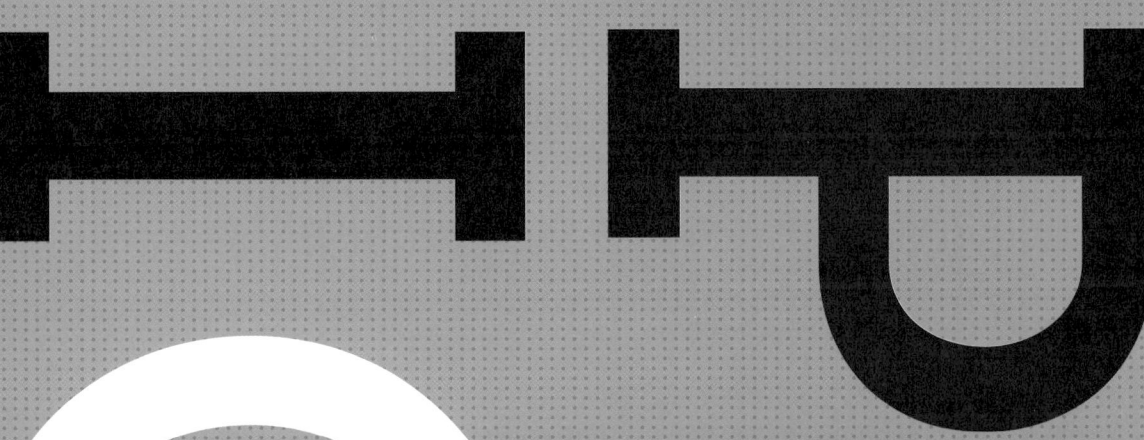

UNIT 07 쇼핑
UNIT 08 영화 보기
UNIT 09 외식하기
UNIT 10 콘서트 관람
UNIT 11 박물관
UNIT 12 공원
UNIT 13 스포츠 관람
UNIT 14 집안일
UNIT 15 병원

07 쇼핑

출제 경향

1. 쇼핑 가는 장소 묘사하기
2. 쇼핑 가서 무엇을 사는지 왜 그곳을 자주 가는지 이야기하기
3. 주로 사는 품목 이야기하기
4. 최근에 했던 쇼핑 이야기하기
5. 구입하는 식료품 이야기하기
6. 기억에 남는 쇼핑 경험 이야기하기

쇼핑 관련 문제는 학생들이 설문에서 대부분 표기하는 주제이고 출제 빈도도 높습니다. 우선 자주 가는 쇼핑 장소에 대해서 묘사하는 문제가 나오거나, 어떤 물건을 사는지, 그리고 전형적인 OPIc 유형인 최근의 쇼핑 경험을 이야기하는 질문이 많이 등장합니다. 이러한 문제에서는 여러분의 쇼핑 습관이나 특별한 쇼핑 경험을 이야기할 수도 있는데, 이 과에서는 우선 쇼핑에서 특히 어떤 표현을 자주 사용하는지 알아보고 말로 자연스럽게 익혀 보세요.

 Q1 You indicated in the survey that you enjoy shopping. Please describe where you like to shop. How often do you go shopping? What kinds of items do you usually buy when you go there?

▶▶ 설문에서 당신은 쇼핑을 즐긴다고 했습니다. 어디에서 쇼핑하는 것을 좋아하는지 이야기해 보세요. 쇼핑을 얼마나 자주 가나요? 당신은 그곳에 가면 어떤 종류의 물건을 주로 사나요?

쇼핑에 대해서는 여러분이 많은 경험을 했을 줄 압니다. 그러나 경험이 많이 있더라도 OPIc이 원하는 스토리텔링으로 이야기하는 것은 생각보다 쉽지 않습니다. 그것이 우리가 브레인스톰을 해야 하는 이유입니다. 우선 쇼핑 장소로 어디를 가는지, 누구와 얼마나 자주 가는지, 가게 되면 어떤 물건을 사게 되는지, 특정한 쇼핑 장소를 자주 가는 이유는 무엇인지 등에 대한 말할 거리를 생각해 보는 게 좋습니다. 특히 이유를 이야기할 경우, 가격에 대한 이야기(예를 들어, 다른 상점에 비해, 가격이 저렴하다 등)나 상품의 질, 상품의 상태 또는 서비스에 대한 표현을 덧붙일 수 있습니다.

Brainstorm

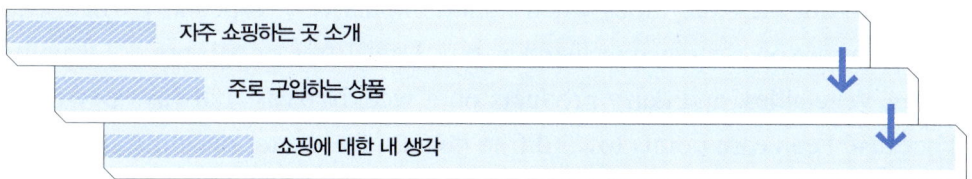

Possible story

저는 일주일에 한 번 식료품과 제 개인적인 물건을 사려고 쇼핑을 합니다. 보통 제 아파트 근처에 있는 H 슈퍼마켓에 갑니다. 그곳은 다양한 상품을 파는 큰 창고형 매장입니다. H 슈퍼마켓은 대량으로 물건을 팔기 때문에 가격이 소매점보다 저렴합니다. 쇼핑을 가기 전에, 저는 보통 살 것을 적어 놓습니다. 그러나 정리 판매, 1+1, 반값 상품을 보게 되면 물건을 충동적으로 구매합니다. 저는 보통 일주일에 한 번 식료품, 야채, 유제품을 삽니다. 신용 카드로 물건을 사면 포인트를 적립해 사은품을 받을 수 있어서 항상 신용 카드로 삽니다. 일단 카트 안이 가득 차면 제 기분이 좋아집니다. 저는 많은 점에서 쇼핑이 스트레스를 해소해 준다고 생각합니다.

문장 ❶ 저는 일주일에 한 번 (once a week) 식료품과 제 개인적인 물건을 (groceries and personal items) 사려고 쇼핑을 합니다 (go shopping).

문장 ❷ 보통 제 아파트 근처에 있는 (located near my apartment) H 슈퍼마켓에 갑니다.

문장 ❸ 그곳은 다양한 상품을 파는 (a wide variety of products) 큰 창고형 매장입니다 (a huge warehouse).

문장 ❹ H 슈퍼마켓은 대량으로 (in bulk) 물건을 팔기 때문에 가격이 소매점보다 (retail stores) 저렴합니다.

문장 ❺ 쇼핑을 가기 전에, 저는 보통 살 것을 적어 놓습니다 (make a shopping list).

문장 ❻ 그러나 정리 판매 (items are on clearance), 1+1, 반값 상품을 (buy 1 get 1 free or half price) 보게 되면, 물건을 충동적으로 구매합니다.

문장 ❼ 저는 보통 일주일에 한 번 (on a weekly basis) 식료품, 야채, 유제품을 삽니다.

문장 ❽ 신용 카드로 물건을 사면 포인트를 적립해 (earn points) 사은품을 (free items) 받을 수 있어서 항상 신용 카드로 삽니다 (pay by credit card).

문장 ❾ 일단 카트 안이 가득 차면 (my shopping cart is full) 제 기분이 좋아집니다.

문장 ❿ 저는 많은 점에서 (in a lot of ways) 쇼핑이 스트레스를 해소해 준다고 (relieve stress) 생각합니다.

Sample

I go shopping once a week to buy groceries and personal items. I usually go to the H supermarket located near my apartment. It is a huge warehouse that sells a wide variety of products. H supermarket sells products in bulk, that's why their prices are lower than retail stores. Before I go shopping, I usually make a shopping list but there are times when I shop impulsively; especially when I realize that the items are on clearance or listed as buy 1 get 1 free or half price. I usually buy groceries, vegetables, and dairy products on a weekly basis. I always pay by credit card because I can earn points toward free items. I feel better once my shopping cart is full. I think in a lot of ways, shopping is a good way to relieve stress.

Expression

'쇼핑하러 가다'는 **go shopping, go on a shopping trip**이라고 합니다.
'식료품'을 표현할 때는 보통 복수인 **groceries**로 말합니다.
'식료품 가게'는 **a grocery store**, '창고형 매장'은 **a warehouse**로 표현합니다.
'그래서 ~야', '그 때문이야'라고 표현할 때는 '**that's why** 주어 + 동사'로 표현합니다.
'충동구매하다'는 **shop impulsively**, '충동구매하는 사람'은 **an impulsive buyer[shopper]**로 표현합니다.
'창고 정리 판매'는 **a clearance sale**로 표현합니다.
'신용카드로 지급하다'는 **pay by credit card**, '현금으로 내다'는 **pay by cash**로 표현합니다.
'포인트를 적립하다'는 **get points, earn points**로 표현합니다.
'많은 점에서'라는 표현은 **in many ways, in a lot of ways**로 씁니다.

쇼핑 가기

I like to window shopping.
나는 윈도쇼핑을 좋아한다.

I go shopping whenever I have some free time.
나는 시간이 날 때마다 쇼핑한다.

I often shop online.
나는 온라인 쇼핑을 자주 한다.

My favorite place to shop is at the Lotte Department Store.
내가 좋아하는 쇼핑 장소는 롯데 백화점이다.

I do not enjoy shopping but I go grocery shopping out of necessity.
쇼핑을 좋아하지 않지만, 필요할 때는 식료품을 사러 간다.

On weekends, I like to go to COSTCO, which is a warehouse that sells items in bulk.
주말마다 나는 물건을 대량으로 파는 큰 창고형 매장인 COSTCO에 가는 것을 좋아한다.

쇼핑 장소

market place 시장 ∥ **flea market/ used store/ thrift store/ secondhand store** 중고품 상점 ∥ **department store** 백화점 ∥ **souvenir shop** 기념품 가게 ∥ **retail store** 소매점 ∥ **warehouse** 창고형 매장 ∥ **food/ grocery store** 식료품 가게 ∥ **wholesale market** 도매 시장 ∥ **outlet** 아울렛 ∥ **supermarket** 슈퍼마켓 ∥ **duty free shop** 면세점 ∥ **underground shopping mall** 지하상가 ∥ **electronics store** 전자제품 상점 ∥

쇼핑 습관

I'm just looking[browsing].
나는 사지 않고 둘러보기만 한다.

I am looking for new products.
나는 새로운 제품을 찾고 있다.

I haggle with the merchants when I shop.
나는 쇼핑할 때 판매원과 가격을 흥정한다.

I sometimes buy things that I do not really need.
나는 때때로 필요하지도 않은 물건을 산다.

I go to many different stores and compare prices.
나는 많은 가게에 들러 가격을 비교해 본다.

Before I go, I make a shopping list.
쇼핑 가기 전에 살 것들을 적는다.

I use coupons to save money.
나는 돈을 아끼려고 쿠폰을 이용한다.

I buy impulsively.
나는 충동 구매를 한다.

인터넷 쇼핑

I shop online.
나는 인터넷 쇼핑을 한다.

I can find what I am looking for online more easily than I can at the local mall.
나는 상점에서 보다 인터넷으로 내가 원하는 물건을 더 쉽게 찾을 수 있다.

Prices are much cheaper.
가격이 훨씬 더 싸다.

I compare prices on products before I buy them.
나는 물건을 사기 전에 물건의 가격을 비교한다.

I can find deals on just about anything.
나는 어떤 물건이든지 좋은 가격을 찾을 수 있다.

I research products to find out more information about them.
나는 상품에 대해 더 많은 정보를 얻으려고 상품을 조사한다.

This store sells a wide variety of goods.
이 상점은 다양한 상품을 판다.

I can order as many items as I want online.
나는 온라인에서 내가 원하는 만큼 많은 상품을 주문할 수 있다.

쇼핑몰 묘사

It is the largest shopping center in Seoul.
이것이 서울에서 가장 큰 쇼핑몰이다.

It has a wide range of goods from antique furniture to clothes.
그곳은 고전 가구부터 옷에 이르기까지 다양한 종류의 상품을 판다.

It sells a variety of items at reduced prices.
그곳은 다양한 상품을 할인 가격에 판다.

Shop attendants are very friendly.
점원이 아주 친절하다.

가격

I can receive a [big/ huge] discount.
나는 (많이) 할인을 받을 수 있다.

I get a full refund.
나는 전액 환불받는다.

I received a 30 percent discount.
나는 30퍼센트 할인받았다.

The price is reasonable[affordable].
가격이 저렴하다.

I got ripped off.
나는 바가지를 썼다.

The price is ridiculously high.
가격이 말도 안 될 정도로 비싸다.

The item is over-priced.
가격이 너무 비싸다.

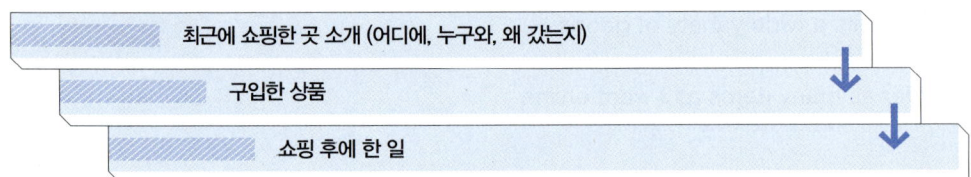

Please tell me about your recent shopping experience. Where did you go? Who did you go with? What did you buy? What did you do after you finished shopping?

▶▶ 당신의 최근 쇼핑 경험을 이야기해 보세요. 어디에 갔나요? 누구와 갔나요? 무엇을 샀나요? 쇼핑 후에 당신은 무엇을 했나요?

여러분의 경험을 묻는 전형적인 유형입니다. 누구와 어디에 갔고 무엇을 샀는지 차례대로 이야기해 보세요. 쇼핑하는 과정을 생각해 보거나 특별히 기억에 남았던 일을 이야기해도 좋습니다. 물건을 싸게 샀다거나, 백화점에서 일어났던 특별한 일을 이야기해도 좋습니다. 그리고 쇼핑 후 무엇을 했는지 이야기해 보세요.

Brainstorm

- 최근에 쇼핑한 곳 소개 (어디에, 누구와, 왜 갔는지)
- 구입한 상품
- 쇼핑 후에 한 일

쇼핑한 곳

I went shopping with one of my friends to a recent sale at the mall.
나는 내 친구와 함께 최근 세일 중인 쇼핑몰에 갔다.

A few days ago, I went to a shopping mall downtown.
며칠 전에 나는 시내에 있는 쇼핑몰에 갔다.

A couple of days ago, I stopped at the department store on my way home.
며칠 전 집에 가는 도중에 백화점에 들렀다.

구입한 상품

I purchased clothes at a reasonable price.
나는 저렴한 가격으로 옷을 샀다.

I really wanted to buy an MP3 player, but I am waiting until it is on sale.
나는 MP3 플레이어를 정말 사고 싶었지만 세일할 때까지 기다리는 중이다.

I got it at the half price.
나는 그것을 반값에 샀다.

It was a real bargain.
정말 저렴했다.

I felt so lucky that I finally got a freebie.
나는 운이 좋게도 경품을 받았다.

쇼핑 후

After grocery shopping, my friends and I went to the food court to get some snacks.
식료품을 산 후에 친구와 나는 간식을 먹으려고 푸드코트에 갔다.

I just went straight home because I was exhausted.
나는 너무 피곤해서 곧바로 집으로 갔다.

After shopping, I hung out with my friends.
쇼핑 후 나는 친구와 시간을 보냈다.

I usually go shopping at the mall downtown. A couple of days ago, I stopped at the department store on my way home. I wanted to buy some blouses for change in season. I searched all the stores to find one with reasonable prices. Finally, I found a blouse with 75% off. It was a real bargain! I could not believe that I found this item with cheap price. After the shopping, I went straight home because I was exhausted.

나는 보통 시내에 있는 쇼핑몰로 쇼핑을 갑니다. 며칠 전 집에 가는 길에 백화점에 들렀습니다. 계절이 바뀌어서 블라우스를 사려고 했습니다. 저렴한 가격의 블라우스를 찾으려고 모든 가게를 다 뒤졌습니다. 마침내 75퍼센트 세일하는 블라우스를 발견했습니다. 정말 싼 가격이었습니다. 이렇게 싼 가격에 이 물건을 샀다는 것을 믿을 수가 없었습니다. 쇼핑 후에는 너무 지쳐서 집으로 곧장 갔습니다.

  Do you have any interesting shopping experiences you wish to share? If so, please provide a detail account of your experience.

▶▶ 당신은 나누고 싶은 재미있는 쇼핑 경험을 한 적이 있나요? 만일 있으면, 당신의 경험을 자세하게 설명해 주세요.

이 문제는 쇼핑을 하다가 특별히 경험했던 일에 중점을 두고 이야기하는 문제입니다. 예를 들어 물건이 없어서 사고 싶은 물건을 못 샀거나, 충동구매를 한 경험이나 공짜로 물건을 받았다든지 등의 여러 가지 상황이 있을 수 있습니다. 언제 있었고, 무슨 일이 일어났는지, 느낌이 어땠는지에 대한 여러분의 경험을 이야기하면 됩니다. 특히 스토리텔링의 문제이므로 어떤 일이 일어나서 결과는 어떻게 됐는지 그래서 내 느낌은 어땠는지의 순으로 이야기하는 것이 중요합니다.

Brainstorm

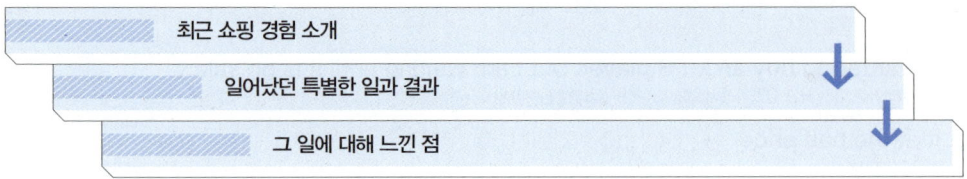

특별한 사건 + 그 결과

The product I was looking for was out of stock. 내가 찾는 상품이 없었다.	⇒ **So, I placed a special order for it.** 그래서 특별 주문을 했다.
There was a clearance sale going on. 점포 정리 세일을 하고 있었다.	⇒ **I was pleased that I found some good bargains.** 좋은 가격으로 물건을 사서 기분이 아주 좋았다.
A famous entertainer visited the department store. 유명 연예인이 백화점에 왔다.	⇒ **I was so excited because I got an autograph.** 나는 사인을 받아서 기분이 매우 들떴다.
There were so many people at the mall. 쇼핑몰에 사람들이 너무 많았다.	⇒ **So, it was difficult for me to find the items I wanted.** 그래서, 내가 원하던 물건을 찾기 어려웠다.
I had no intention of buying it. 나는 물건을 살 생각이 없었다.	⇒ **However, once I saw it, I couldn't resist buying it.** 그러나, 상품을 보자, 사지 않을 수 없었다.
There was a gift card promotion for customers who spend more than $100. 100달러 이상 구매하는 사람들에게 상품권을 주는 행사가 있었다.	⇒ **I received a $30 gift card for spending $300.** 나는 300달러 이상을 사서 30달러짜리 상품권을 받았다.

A I recently went shopping just to buy personal items. Since I tend to buy things impulsively, I make sure to list all the things that I need before I go shopping. When I was passing by the women's section, I saw a pair of black shoes that looked just great. I really liked the color and design. Although I had no intention of buying them, I could not resist. I thought to myself this was my last day to shop impulsively. Still now, I go to the shopping mall and look for other items to buy. For me, shopping is like a guilty pleasure. It is good therapy when I'm feeling down or if I'm upset about something. But sometimes I buy too many things that I just don't need.

최근 개인용품을 사러 쇼핑을 갔습니다. 나는 물건을 충동적으로 사는 편이라 쇼핑을 하기 전 필요한 것을 모두 리스트로 만듭니다. 여성코너를 지나가면서 정말 예쁜 검은색 구두를 발견했습니다. 색깔과 디자인이 무척 맘에 들었습니다. 살 의향은 없었지만, 상품을 안 살 수가 없었습니다. 나는 충동적인 구매는 이번이 마지막 날이라고 생각했습니다. 지금도 여전히 나는 백화점에 가서 살 물건들을 봅니다. 쇼핑이 나에게는 가책을 느끼는 즐거움입니다. 내 기분이 안 좋거나 화가 날 때 쇼핑은 좋은 치료법입니다. 그러나 가끔 나는 필요 없는 물건을 너무 많이 삽니다.

08 영화 보기

출제 경향

1. 영화 보러 가는 습관 이야기하기
2. 극장 묘사하기
3. 최근에 본 영화 이야기하기
4. 과거에 본 영화와 요즘에 본 영화 비교하기
5. 가족들이 보는 영화 이야기하기
6. 좋아하는 영화배우 묘사하기
7. 영화 보기 전후에 하는 활동 이야기하기

영화 관련 문제들은 크게 영화를 얼마나 자주 보며 누구와 보러 가는지, 어디로 가는지, 또는 자주 가는 극장에 대해서 단독으로 물어보는 문제가 많이 등장합니다. 또한 최근에 본 영화를 묘사하는 문제, 그와 비슷하게 기억에 남을 만한 영화에 대한 소개도 나옵니다. 그 외에도 과거에 본 영화와 요즘에 본 영화 비교, 가족들이 보는 영화, 좋아하는 배우, 영화 보기 전후에 하는 활동 묘사 등이 시험에 출제되고 있습니다. 영화 보기 주제는 학생들이 설문에서 가장 많이 택하는 주제 중 하나이지만, 특히 영화 내용에 관한 소개는 학생들에게 생소할 수 있고 즉흥적인 스토리텔링으로 답을 전개하기 어려운 부분입니다. 이 단원에서는 영화의 내용을 어떻게 이야기하는지를 자세히 알아보도록 하겠습니다.

 Q1 You indicated in the Survey that you like to go to the movies. How frequently do you go to the movies? Who do you usually go to the movies with and what type of movies do you enjoy watching? Please tell me using as much detail as possible.

▶▶ 당신은 영화 보러 가는 것을 좋아한다고 설문에서 응답했습니다. 얼마나 자주 영화 보러 가나요? 보통 누구와 함께 가고 어떤 종류의 영화를 보는 것을 좋아하나요? 가능한 한 자세히 이야기해 주세요.

이 문제에서는 극장에 가는 습관을 물어보고 있습니다. 특히 새로운 영화가 개봉되면, 많은 사람들이 극장에 가게 됩니다. 또한 좋은 이야기나 유명한 배우가 나오는 영화가 상연 되면 극장을 찾기도 하고 큰 스크린에서 볼 수 있는 흥행작이 있으면 자주 가기도 합니다. 이 답변에서는 특히 내가 언제 극장에 가는지, 얼마나 자주 가는지, 누구와 가는지, 어느 영화관에 가는지를 소개해 보세요. 또한, 최근에 극장에서 본 영화가 있으면 주연이 누구였고, 어떤 종류의 영화였는지에 대해 설명해 보고 영화에 대한 내 느낌으로 마무리하면 좋은 답변이 될 수 있습니다.

Brainstorm

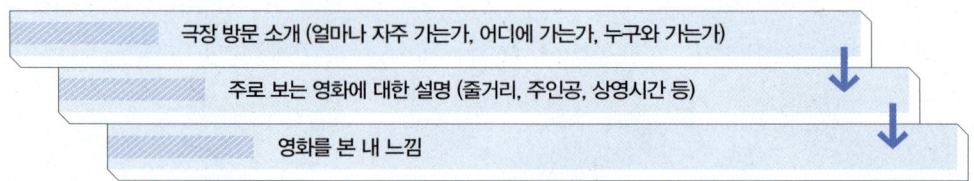

Possible story

보통, 저는 제 친구들과 한 달에 한 번 영화를 보러 갑니다. 저희는 주로 메가박스 극장에 가는데 그곳은 서울 시내에 있습니다. 친구와 저는 영화가 개봉하는 주말에 영화를 보러 갑니다. 그러나, 영화가 볼만한지 알아보기 위해 영화평을 꼭 읽어 봅니다. 저는 내용이 좋고 유명한 배우가 나오는 영화를 좋아합니다. 또한, 큰 스크린에서 즐길 수있는 영화를 선호합니다. 특히 저는 로맨틱 영화와 공상 과학 영화 보는 것을 좋아합니다. 제가 가장 좋아하는 영화는 휴 그랜트 주연의 "러브 액츄얼리"입니다. 저는 이 영화를 영화관에서도 봤고 제가 원할 때마다 볼 수 있도록 DVD도 샀습니다. 영화관에 가는 것을 좋아하지만, 가끔은 집에서 영화 보는 것이 더 좋습니다. 집에서 영화를 보면, 극장에서 제 옆에 앉은 사람들로부터 방해받는 것에 대해 걱정할 필요가 없습니다.

문장 ❶ 보통, 저는 제 친구들과 한 달에 한 번 (once a month) 영화를 보러 갑니다 (go to the movies with my friends).

문장 ❷ 저희는 주로 메가박스 극장에 가는데 그곳은 서울 시내에 있습니다 (in downtown Seoul).

문장 ❸ 친구와 저는 영화가 개봉하는 주말에 (on their opening weekend) 영화를 보러 갑니다 (catch the movies).

문장 ❹ 그러나, 영화가 볼 가치가 있는지 알아보기 위해 (the film is worth seeing) 영화평을 꼭 읽어 봅니다 (read the reviews).

문장 ❺ 저는 내용이 좋고 (a good storyline) 유명한 배우가 (well known actors) 나오는 영화를 좋아합니다.

문장 ❻ 또한, 큰 스크린에서 (on the big screen) 즐길 수 있는 영화를 선호합니다.

문장 ❼ 특히 로맨틱 영화와 공상 과학 영화 보는 것을 좋아합니다 (especially like).

문장 ❽ 제가 가장 좋아하는 영화는 (my all time favorite movie) 휴 그랜트 주연의 "러브 액츄얼리"입니다 ("Love Actually" starring Hugh Grant).

문장 ❾ 저는 이 영화를 영화관에서도 봤고 제가 원할 때마다 볼 수 있도록 (so that I can watch it whenever I want) DVD도 샀습니다.

문장 ❿ 영화관 가는 것을 좋아하지만 (although I like to go to the movie theater), 가끔은 집에서 (at home) 영화 보는 것이 더 좋습니다.

문장 ⓫ 집에서 영화를 보면, 극장에서 제 옆에 앉은 사람들로부터 (I am by the people sitting around me) 방해받는 것에 대해 (being distracted) 걱정할 필요가 없습니다 (do not have to worry about).

Sample

I usually go to the movies with my friends about once a month. We go to the Mega Box Theater in downtown Seoul. My friends and I try to catch the movies on their opening weekend. However, we read the reviews to determine if the film is worth seeing. Personally, I like movies that have a good story line or well known actors. Furthermore, the movie has to be one that I would prefer seeing on the big screen. I especially like romance and science fiction films. My all time favorite movie is "Love Actually" starring Hugh Grant. I saw the movie in the theater and bought the DVD so I can watch it whenever I want. Although I like to go to the movie theater, I sometimes prefer to watch movies at home. When I watch movies at home, I do not have to worry about being distracted like I am at the theater by the people sitting around me.

Expression

'영화 보러 가다'는 **go to a movie theatre, go to see a movie**로 표현합니다.

'개봉하는 첫 주'를 이야기할 때는 **opening weekend** 또는 문장으로 **when it first came out** (영화가 개봉되었을 때)로 표현합니다.

책이나 영화, 작품, 식당 등을 평가하는 것은 **review**로 표현합니다.

worth는 '가치가 있는'이라는 의미로 '**is worth + ~ing**' 형태로 많이 쓰이며 이때의 품사는 형용사입니다. **is worth seeing** (볼 가치가 있다), **is worth visiting** (방문할 가치가 있다) 등으로 사용합니다.

'영화의 줄거리'는 **plot, story line**이라고 합니다.

distract는 '정신을 산만하게 하다'라는 의미의 타동사로 여기서는 '방해를 받는다'는 의미로 사용하므로 앞에 **be distracted**라는 수동으로 표현합니다. 이와 비슷하게 **be disturbed, be interrupted** 도 '방해받다'의 의미로 쓰입니다.

영화

comedy film 코미디 영화 ‖ **thriller** 스릴러 영화 ‖ **horror movie** 공포 영화 ‖
action film 액션 영화 ‖ **science fiction film** 공상 과학 영화 ‖ **romantic movie** 로맨스 영화 ‖

I recently saw a film titled "Toy story."
나는 최근 "Toy story"라는 영화를 봤다.

It is a newly released movie.
새로 개봉한 영화이다.

I go to see a movie[watch a movie].
나는 영화 보러 가다[영화를 본다].

purchase a ticket 표를 사다 ‖ **buy[purchase] a ticket in advance** 표를 미리 구매하다 ‖
blockbuster (영화의) 초대작 ‖

영화 소개하기

영화 제목 **is a thriller by** 영화배우 ‖
영화배우 **starred in the comedy** ‖
영화 제목 **is a horror movie starring** 영화배우 ‖

영화배우 plays in an action film titled 영화 제목 ∥

Jodie Foster starred in "Panic Room."
조디 포스터는 "패닉룸"이라는 영화에서 연기했다.

It's a movie made for young girls.
이 영화는 여자 아이들이 보기 좋은 영화다.

It is a comedy for the whole family.
이 영화는 가족이 보기에 좋은 코미디 영화다.

a cast 배역 ∥ main actor[actress] 주인공 ∥

영화 설명

This is a new comedy based on the true story of 사람 이름.
~의 실화를 바탕으로 한 새로운 코미디이다.

The movie is based on a true story.
이 영화는 실화를 바탕으로 한다.

This movie is based on a popular novel.
이 영화는 인기 소설을 토대로 한다.

I heard the film was supposed to be really good.
아주 좋은 영화라고 들었다.

I couldn't actually follow the movie's plot.
나는 사실 영화 줄거리를 이해할 수 없었다.

The story line was interesting.
줄거리가 재미있었다.

영화 제목 is directed by Stephan Joe.
영화는 Stephan Joe가 감독했다.

Ashley plays as a bank teller named Sue.
Ashley는 영화에서 Sue라는 이름의 은행원으로 연기한다.

In the movie, the main character tries to rescue a girl from abusive parents.
영화에서 주인공은 폭력적인 부모로부터 여자 아이를 구하려고 한다.

그 외 영화 표현

review (영화)평 ∥ audience 관람객 ∥ moviegoer 자주 영화 보러 가는 사람 ∥
box office/ ticket booth 매표소 ∥ recently released movie 최근 개봉된 영화 ∥
a big movie fan 영화 애호가 ∥ plot/ story 영화 줄거리 ∥ special effects 특수 효과 ∥
ticket taker 표 받는 사람 ∥ get a full[partial] refund 전액[일부] 환불받다 ∥ a preview 시사회 ∥
sit in front 앞에 앉다 ∥ sit at the back 뒤에 앉다 ∥ subtitle 자막 ∥ now showing 영화관에서 상영하다 ∥

  Can you tell me about your favorite movie theater? Where is it? Why do you like this specific theater?

▶▶ 당신이 자주 가는 극장에 대해 이야기해 주시겠습니까? 어디에 있나요? 왜 이 극장에 가는 것을 좋아하나요?

장소에 관한 문제는 외부에서 내부로 이동하는 방향 또는 내부에서 외부로 이동하는 방향을 따라 묘사하면 쉽게 느껴질 것입니다. 특히 첫 번째를 고르면 우선 극장에 관한 일반적인 설명, 예를 들어 위치, 크기, 이름, 외관 등에 대해 이야기할 수 있겠습니다. 구체적으로 극장의 편의 시설, 극장 주변 식당, 매점, 오락실, 직원 서비스에 대해 이야기를 할 수도 있습니다. 상영관(screening room)에 들어서면, 좌석은 어떤지, 얼마나 많은 사람들을 수용할 수 있는지, 스크린은 얼마나 큰지 등 자세히 이야기해 볼 수 있습니다.

우리가 어떤 주제에 대해 말할 때에 좋은 점만 있을 수는 없습니다. 어떤 점을 제외하고는 아주 훌륭하다고 할 수도 있으므로 내가 자주 가는 극장에 대한 단점도 이야기하면서 부각시킬 수 있습니다. 이럴 때 The only thing I don't like about the movie theater is that ~ (그 극장에 대해 좋아하지 않는 유일한 이유는 ~)으로 문장을 시작할 수도 있습니다.

Brainstorm

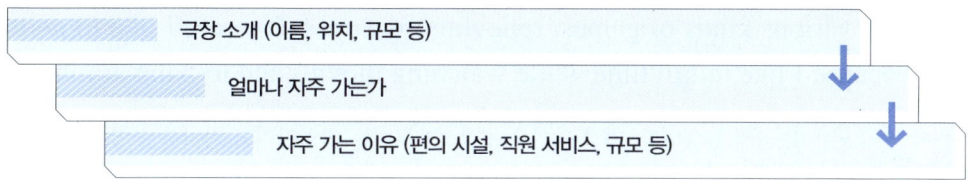

극장 소개

There are several theaters in my neighborhood.
우리 집 주위에 극장이 몇 개 있다.

My friends and I have been going to this theater since it opened.
내 친구와 나는 극장이 생긴 후 쭉 이 극장에만 간다.

I go to a theater that is located in a shopping complex.
나는 쇼핑센터에 있는 극장에 간다.

자주 가는 이유

Not only is it (a ticket) way cheap, but the food is good.
그곳은 영화표가 훨씬 쌀뿐만 아니라 음식도 훌륭하다.

The theater offers a discount.
그 극장에서는 할인을 받을 수 있다.

Unlike other theaters, this theater has plenty of parking spaces around it.
다른 극장과 달리 이 극장은 주위에 주차 공간이 많다.

There are great restaurants nearby to eat at before or after the show.
영화 시작 전후에 먹을 수 있는 좋은 식당들이 가까이에 있다.

The sound system (quality) is great[excellent/ fantastic].
음향효과가 훌륭하다.

CGV provides an excellent theatrical experience.
CGV 영화관에 가면 훌륭한 극장 경험을 할 수 있다.

There is an arcade inside the theater so that we can play games after the movie.
극장 내에 오락실이 있어서 영화 후 게임을 할 수 있다.

극장에 대한 단점

The movie tickets are overpriced.
영화 관람비가 너무 비싸다.

The seats are not comfortable.
좌석이 편하지 않다.

The theater is always crowded when I go there.
그 극장은 내가 갈 때마다 항상 붐빈다.

 There are several theaters in my neighborhood. The nearest one is a CGV and it is within walking distance. I usually go there when I finish my mid-terms or finals with my friends. The reason I like to go there is that it has good sound quality. The quality of sound is very important especially when I watch blockbuster movies. Also, there are so many places for entertainment other than theater itself. Among them, the arcade is one of my favorite places to spend time. After the movie, I like to play various kinds of games, relieving my stress. Overall, I like to go to the theater because I like to kill time while watching movies and looking around areas.

집 근처에는 극장이 몇 군데 있습니다. 가장 가까운 곳은 CGV라는 영화관이고 걸어갈 수 있는 거리에 있습니다. 중간고사 또는 기말고사가 끝나면 나는 친구들과 함께 그곳에 갑니다. 내가 그곳에 가는 것을 좋아하는 이유는 음질이 좋기 때문입니다. 특히 블록버스터 영화를 볼 때는 음질이 아주 중요합니다. 또한, 극장 말고도 즐길 수 있는 곳이 많습니다. 그중에서 오락실은 내가 아주 좋아하는 곳입니다. 영화가 끝나면 나는 다양한 게임을 하면서 스트레스를 풀기도 합니다. 대체로 영화를 보고 주변을 구경하며 시간을 보낼 수 있기 때문에 나는 극장에 가는 것을 좋아합니다.

 Q3 You said in the Background Survey that you like to go to the theater. What is the most recent movie you've seen? Can you briefly describe the plot and the actors that starred in the film?

▶▶ 당신은 극장에 가는 것을 좋아한다고 설문에서 대답했습니다. 당신이 가장 최근에 본 영화는 무엇인가요? 영화 줄거리를 간략하게 설명하고 영화배우들에 대해 말해 주시겠어요?

이 문제에서는 우선 영화를 본 계기가 어떠했는지 설명해 봅니다. 새로운 영화가 개봉하거나 좋아하는 배우가 나오는 영화를 모두 보는 사람도 많이 있을 겁니다. 때로는 큰 화면이나 음향이 좋아서 극장을 찾는 분들도 있을 것입니다. 이와 같이 영화를 보는 계기와 관련된 내용을 처음에 이야기해 보고, 어떤 배우가 나왔는지 이야기해 보세요. 특히 '출연하다'라는 표현을 나타내는 동사로는 play, star를 씁니다. 또한, 주연배우는 a main character 또는 a leading character라고 표현합니다.

Brainstorm

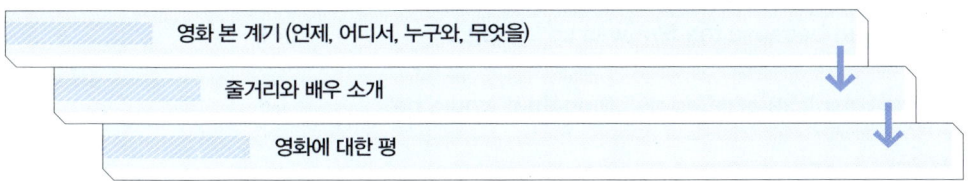

최근에 본 영화와 계기 (언제 + 어디서 + 누구와 + 무엇을)

My friends and I recently watched "Alice in wonderland" starring Mia Wasikowska.
최근 친구와 나는 Mia Wasikowska가 출연하는 "이상한 나라의 앨리스"를 봤다.

I wanted to see this movie when it first came out.
나는 이 영화를 처음 나왔을 때부터 보고싶었다.

I love Johnny Depp and I usually like every movie which he starred in.
나는 Johnny Depp을 좋아해서 그가 출연한 모든 영화를 좋아한다.

I saw that "Titan" is now playing at the theater.
영화 "타이탄"이 상영 중이라는 것을 알았다.

영화 본 후

〈긍정적 표현〉

It was terrific.
훌륭했다.

This was the best movie ever made.
이것은 최고의 영화였다.

I am a huge[big] fan of "The Lord of the Rings."
나는 "반지의 제왕" 광 팬이다.

It was the most enjoyable movie I have seen.
내가 본 영화 중에서 가장 재미있었던 영화다.

The movie was entertaining/ (a lot of) fun.
그 영화는 재미있었다.

This is my favorite movie of all time.
내가 가장 좋아하는 영화다.

I found the movie so interesting that I have watched it three times.
영화가 재미있어서 세 번이나 봤다.

I saw that movie and loved every second of it.
나는 그 영화를 봤고, 영화의 매 순간이 다 좋았다.

The special effects were great.
특수 효과가 좋았다.

I think it's worth seeing.
영화가 볼만했다.

〈부정적 표현〉

It was the worst movie I have ever seen.
지금까지 본 영화 중 최악의 영화였다.

I fell asleep in the middle of the movie.
나는 영화 상영 중간에 잠들었다.

It was horrible[terrible/ boring].
영화가 끔찍했다[지루했다].

We walked out because the film was so boring.
너무 지루해서 우리는 영화를 보다가 중간에 나왔다.

The movie wasn't as exciting as I thought it would be.
그 영화는 내가 생각한 것만큼 재미있진 않았다.

영화 추천

Everybody should go and see this film.
모두 이 영화를 봐야 한다.

This film is a must see.
꼭 봐야 하는 영화다.

I would highly recommend this movie.
나는 이 영화를 추천하고 싶다.

A

I recently watched a movie called "Shutter Island". I wanted to see this movie when it first came out because I liked the main actor, Leonardo DiCaprio. The story of the movie was about a man who twists his memory intentionally because he cannot admit the truth that he killed his wife. After he realizes what he did, he chooses to die. At the beginning of the movie, it was somewhat boring. However, it got interesting towards the end. The storyline of this movie was dramatic, and it really made me think about what a person's mind is capable of doing. Leonardo DiCaprio, who starred in the movie, acted very well. Thus, I would highly recommend this movie to others.

나는 최근에 영화 "셔터 아일랜드"를 봤습니다. 나는 이 영화의 주인공, 레오나르도 디카프리오를 좋아해서 처음 영화가 나왔을 때 이 영화를 꼭 보고 싶었습니다. 영화의 줄거리는 자기 아내를 죽인 사실을 인정할 수 없어서 고의적으로 자신의 기억을 왜곡시키는 남자에 대한 이야기입니다. 주인공은 자신이 한 일을 알고, 그 후 죽음을 선택하게 됩니다. 영화 초반부에서는 다소 지루한 면이 있지만 후반부에 가면서 영화는 점점 흥미로웠습니다. 영화의 줄거리가 극적이어서 나는 사람의 마음이 할 수 있는 것에 대해 생각해 보게 되었습니다. 이 영화에서 레오나르도 디카프리오는 열연을 펼쳤습니다. 나는 다른 사람들에게 이 영화를 적극적으로 추천하고 싶습니다.

09 외식하기

출제 경향

1. 누구와 얼마나 자주 외식하는지 설명하기
2. 음식점에서 있었던 특별한 경험 이야기하기
3. 좋아하는 음식 묘사하기
4. 자주 가는 식당 이야기하기
5. 최근에 한 외식 경험에 대해 이야기하기
6. 유명한 음식점 묘사하기
7. 외식할 때 즐겨 찾는 메뉴 이야기하기

외식에 관한 문제는 크게 나누어 좋아하는 음식점이나 메뉴 설명, 외식 습관, 특별한 외식 경험, 자주 가는 식당, 최근에 한 외식 경험, 유명한 음식점, 외식할 때 즐겨 찾는 메뉴 등을 이야기해 보는 형태로 나오게 됩니다. 이 문제는 많은 학생이 경험을 토대로 말하기 때문에 다른 문제에 비해서 난이도가 높다고 느껴지지는 않지만, 많은 학생이 음식에 대해 표현할 때 자연스럽게 말을 이어가지 못하는 경우가 많습니다. 따라서 음식에 관한 표현이나 음식점에 대해 묘사할 때 어떤 내용과 표현을 쓰는지 알아 두면 외식관련 문제는 여러분에게 유리한 질문이 될 수 있습니다.

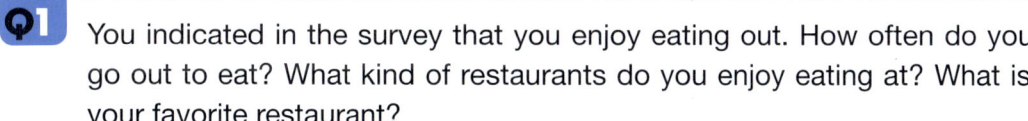

Q1 You indicated in the survey that you enjoy eating out. How often do you go out to eat? What kind of restaurants do you enjoy eating at? What is your favorite restaurant?

▶▶ 설문에서 당신은 외식을 즐긴다고 했습니다. 얼마나 자주 외식을 하나요? 당신은 어떤 종류의 음식점에 갑니까? 당신이 정말 좋아하는 식당은 어디인가요?

이 문제는 외식과 관련한 전형적인 문제입니다. 이야기 도입부에는 자주 가는 식당을 소개하고 묘사해 보세요. 식당에 얼마나 자주 가는지, 어떤 종류의 음식을 요리하는지, 음식은 어떤지, 분위기가 다른 식당과 달리 어떤지를 묘사할 수 있습니다. 특히 서비스에 대해서 안 좋은 경우에는 poor로, 좋은 경우에는 good이나 excellent로 표현합니다. 또한 식당 직원들에 대한 설명도 같이 넣을 수 있습니다. 마지막에 이런 이유들을 종합해서 여러분이 그 식당에 자주 가는 이유를 이야기하거나 추천하고 싶은 이유에 대해 설명하면 훌륭하게 마무리됩니다.

Brainstorm

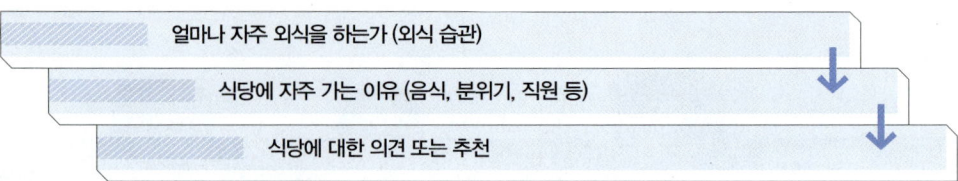

Possible story

저는 제 친구들과 유명한 식당에서 외식하는 것을 좋아합니다. 저는 친구들과 저녁을 먹으러 가능한 한 자주 만납니다. 우리는 주로 뷔페에 가는데 그 이유는 저렴하고 한국 음식부터 중국 그리고 일본 음식에 이르기까지 선택할 수 있는 음식이 다양하기 때문입니다. 제가 좋아하는 식당 중 한 곳은 마리스코입니다. 마리스코라는 이름은 스페인 어로 '맛있다'라는 뜻입니다. 그곳은 해산물 음식을 전문으로 합니다. 그곳 분위기는 아주 우아하고 직원들은 매우 정중하고 능숙합니다. 마리스코는 전채 음식과 디저트를 포함한 메뉴를 가지고 있습니다. 훌륭한 음식뿐만 아니라, 그곳 요리사들은 테이블 바로 앞에서 음식을 요리해서 즐거움을 제공해 줍니다. 저는 기억에 남을 만한 외식 경험을 원하는 사람이라면 누구든지 마리스코에 가 볼 것을 적극적으로 추천합니다.

- 문장 ❶ 저는 제 친구들과 (with my friends) 유명한 식당에서 (at famous restaurants) 외식하는 것을 좋아합니다 (love to dine out).
- 문장 ❷ 저는 친구들과 저녁을 먹으러 가능한 한 자주 (as often as we can) 만납니다.
- 문장 ❸ 우리는 주로 뷔페에 가는데 (go to buffets) 그 이유는 저렴하고 (inexpensive) 한국 음식부터 중국 그리고 일본 음식에 이르기까지, 선택할 수 있는 음식이 다양하기 (a wide variety of cuisine) 때문입니다.
- 문장 ❹ 제가 좋아하는 식당 중 한 곳은 (one of my favorite restaurants) 마리스코입니다.
- 문장 ❺ 마리스코라는 이름은 스페인 어로 '맛있다'라는 뜻입니다 (Spanish for delicious).
- 문장 ❻ 그곳은 해산물 음식을 전문으로 합니다 (specialize in seafood).
- 문장 ❼ 그곳 분위기는 (the atmosphere) 아주 우아하고 직원들은 매우 정중하고 능숙합니다 (polite and professional).
- 문장 ❽ 마리스코는 전채 음식과 디저트를 포함한 (include appetizers and desserts) 메뉴를 가지고 있습니다.
- 문장 ❾ 훌륭한 음식뿐만 아니라 (in addition to the wonderful cuisine), 그곳 요리사들은 테이블 바로 앞에서 (right at your table) 음식을 요리해서 즐거움을 제공해 줍니다 (provide entertainment).
- 문장 ❿ 저는 기억에 남을 만한 외식 경험을 원하는 사람이라면 (want a truly memorable dining experience) 누구든지 마리스코에 가 볼 것을 적극적으로 추천합니다 (highly recommend Marisco).

Sample

I love to dine out at famous restaurants with my friends. My friends and I meet for dinner as often as we can. We usually go to buffets because they are inexpensive and offer a wide variety of cuisine to choose from such as traditional Korean, Chinese and Japanese dishes. One of my favorite restaurants to eat at is Marisco. The name Marisco is Spanish for delicious. Marisco specializes in seafood. The atmosphere there is very elegant and the staff is both polite and professional. Marisco has an extensive menu that includes appetizers and desserts. In addition to the wonderful cuisine, the chefs provide entertainment by cooking your food right at your table. I highly recommend Marisco to anyone who wants a truly memorable dining experience.

Expression

'외식하다'는 **dine out, eat out, go out for dinner, go out to eat** 등으로 표현합니다.

'가능한 한 자주'는 **as often as we can, as often as possible** 등으로 표현합니다. '**as** + 형용사[부사] + **as**'는 '~만큼 ~한'이라는 의미가 있습니다.

'~를 전문으로 하다'라는 표현은 '**specialize in** 명사[동명사] + 목적어'로 씁니다. 식당에서뿐만 아니라 회사에서의 전문 분야, 개인의 전문 분야를 말할 때도 사용됩니다.

'음식'이나 '요리'는 **cuisine, dish, food, meal** 등으로 쓰고, 특히 **cuisine**은 '특별한 요리'를 이야기할 때 자주 쓰입니다.

'테이블 바로 앞에서'라는 표현을 쓰고 싶을 때 **right at your table** 또는 **right in front of you**로 나타낼 수 있습니다.

적극적으로 추천하고 싶으면 **recommend** 앞에 **highly**라는 부사를 넣으면 됩니다. 이때 **highly**는 '높게'라는 뜻이 아니라 정도를 나타내는 '매우'라는 뜻입니다.

외식하기

eat out/ go out to eat/ dine out/ eat at a restaurant 외식하다 ‖
have a meal 식사를 하다 ‖

I take my kids out to eat.
나는 아이들을 데리고 외식한다.

음식

food/ cuisine/ dish 음식 ‖ **authentic Mexican cuisine** 진짜 멕시코 음식 ‖
ingredients 음식 재료 ‖ **vegetarian** 채식주의자 ‖

자주 가는 식당 소개

The restaurant is famous for their Korean dishes.
그 식당은 한국 요리로 유명하다.

I go to a seafood buffet that is called Marisco.
나는 마리스코라고 불리는 해산물 뷔페에 간다.

It is a wonderful family-oriented restaurant.
그곳은 가족들을 위한 훌륭한 레스토랑이다.

The restaurant can serve up to 100 people.
그 식당은 100명까지 수용할 수 있다.

I sometimes take my family to a Chinese restaurant for lunch.
가끔 점심 먹으러 가족을 데리고 중국 식당에 간다.

The restaurant specializes in Galbi.
그 식당은 갈비를 잘한다.

식당 묘사

The exterior[interior] of the restaurant is wonderful.
식당의 외관[실내장식]은 멋있다.

The atmosphere is exotic.
분위기가 이국적이다.

The restaurant has a very unique appearance.
그 식당의 외관은 아주 독특하다.

We are entertained by the chefs.
주방장은 우리를 즐겁게 해준다.

The restaurant has an extensive selection of dishes.
그 식당에는 음식들이 다양하다.

자주 가는 이유

The waitress is pleasant and helpful.
종업원이 상냥하고 잘 도와준다.

I was impressed with the amazing cuisine and the wonderful service.
훌륭한 음식과 서비스가 인상적이었다.

The restaurant has received good reviews.
그 식당은 좋은 평가를 받고 있다.

Everything I tried was delicious.
내가 먹은 것은 모두 맛있었다.

The food is reasonably priced[affordable].
음식값이 저렴하다.

The restaurant offers a wide variety of dishes.
그 식당은 다양한 음식을 제공한다.

I would recommend this restaurant to anyone who enjoys savory cuisine.
나는 맛있는 음식을 먹고 싶은 사람에게 이 식당을 추천하고 싶다.

They serve their food faster than the other restaurants.
다른 식당보다 서비스가 빠르다.

식당에 가면

We choose the smoking or non-smoking section.
우리는 금연석인지 흡연석인지 결정한다.

We look at the menu.
메뉴를 본다.

We place an order.
주문한다.

The waiter takes an order
웨이터가 주문을 받는다.

We order beverages.
음료를 시킨다.

The waiter serves us our appetizer.
웨이터가 우리에게 애피타이저를 준다.

The waiter recommends today's special.
웨이터는 오늘의 특별 요리를 추천한다.

I order Galbitang for my main course.
주 요리로 나는 갈비탕을 주문한다.

I pay my bill.
계산을 한다.

음식의 맛

The food is delicious[excellent/ tasty].
음식이 맛있다.

They serve great[excellent] meals.
그들은 훌륭한 음식을 제공한다.

They serve the best food in the city.
그들은 그 도시에서 최고의 음식을 제공한다.

The food isn't too bad.
음식이 나쁘지 않다.

The dish tasted awful.
음식이 맛이 없다.

음식의 맛을 표현하는 형용사

sweet 단 ‖ **sour** 신 ‖ **spicy** 매운 ‖ **bland** 싱거운 ‖
salty 짠 ‖ **bitter** 쓴 ‖ **tender** 부드러운 ‖

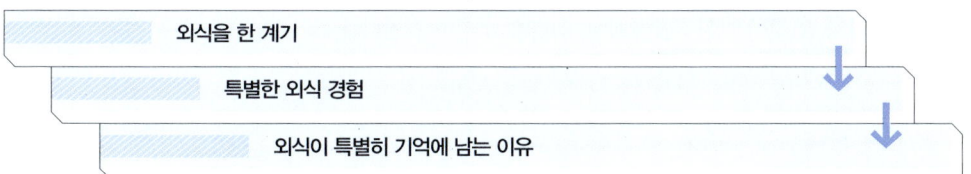

You indicated in the survey that you like to eat out. Please tell me about your most memorable dining experience. Where was it? What did you eat and why was it so memorable?

▶▶ 설문에서 당신은 외식을 한다고 했습니다. 가장 기억에 남을 만한 외식 경험에 대해 이야기해 보세요. 언제였나요? 무슨 음식을 먹었고 왜 기억에 남나요?

Brainstorm

| 외식을 한 계기 |
| 특별한 외식 경험 |
| 외식이 특별히 기억에 남는 이유 |

특별한 날

My husband and I went to Outback Steakhouse for our 25th wedding anniversary.
남편과 나는 결혼 25주년을 기념하려고 아웃백 스테이크로 갔다.

I sometimes go to Spagettia on special occasions.
나는 가끔 특별한 날에 스파게티아에 간다.

음식, 서비스 묘사

The staff is very friendly and helpful.
직원들은 아주 친절하고 도움을 준다.

The food tasted good and was well prepared.
음식은 맛있었고 잘 준비되었다.

I was very pleased with my meal, the service, and the overall atmosphere.
나는 식사, 서비스, 분위기에 아주 만족스러웠다.

The menu has many exceptional dishes.
메뉴에는 맛있는 음식이 많다.

The restaurant is worth visiting.
그 식당은 가 볼 만한 곳이다.

I have eaten here many times over the past 5 years and have never been disappointed.
나는 지난 5년 동안 이 식당에서 여러 번 식사하였는데 한 번도 실망한 적이 없다.

This is the best Chinese food I have ever eaten.
이것은 내가 먹어 본 중국 음식 중 최고이다.

A I would like to talk about the restaurant I recently visited on my birthday. I can't remember the name of the restaurant because it is written in Japanese, but it was located near Shin-chon. The staff spoke Japanese while they were working. Although I did not understand what they were talking about, it was very interesting to listen to. The most popular items on their menu were Japanese fried noodles and a Japanese pizza. These dishes were so tasty that I still remember the flavor of them. Beer went well with both dishes, so I ordered beer with them. I was very pleased with the meals, the service, and the overall atmosphere. I will definitely go back to this restaurant, and recommend it to friends.

최근 내 생일에 갔던 식당에 대해 이야기해 보려고 합니다. 식당 이름은 일본어로 적혀 있어서 정확히 기억은 나지 않지만 신촌에 있었습니다. 직원들은 일하면서 모두 일본어로 이야기했습니다. 나는 그 사람들이 무슨 말을 하는지 이해하지는 못했지만 정말 신기했습니다. 메뉴에서 가장 인기 있는 음식은 일본식 볶음 우동과 피자였습니다. 이 음식은 너무 맛이 있어서 나는 지금도 생생하게 그 맛을 기억합니다. 맥주가 모든 음식에 잘 어울려서 나는 맥주도 시켰습니다. 나는 그곳의 식사, 서비스, 분위기 모두 만족스러웠습니다. 다음에 이 식당에 꼭 다시 갈 것이고 친구들에게 이 식당을 추천할 것입니다.

Q3 You indicated in the survey that you like to eat out. Please tell me about one of your favorite dishes at the restaurant. What is the dish called? How is it prepared? Why do you like it?

▶▶ 당신은 외식을 좋아한다고 설문에서 표기했습니다. 그 식당에서 좋아하는 음식에 대해 이야기해 주세요. 그 음식의 이름은 무엇인가요? 어떻게 요리되나요? 당신은 왜 그것을 좋아합니까?

이 문제는 예전에 여러분이 한 번 정도는 말해 봤을 만한 문제입니다. 좋아하는 음식을 이야기할 때 언제, 어디서 먹었으며, 맛은 어떻고, 어떻게 조리해야 하는지 등을 생각해 보면 됩니다. 가장 좋아하는 음식은 my all time favorite food로 표현합니다.

Brainstorm

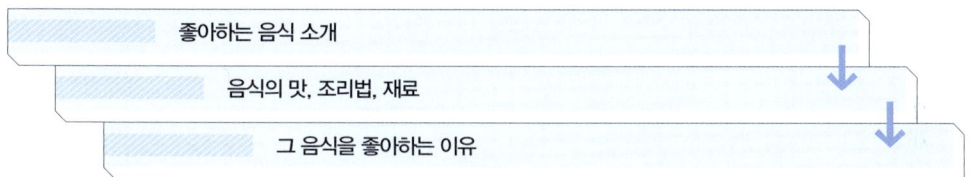

좋아하는 음식 소개

There are so many different foods that I like.
내가 좋아하는 음식이 너무 많다.

I love all kinds of food.
나는 모든 종류의 음식을 좋아한다.

I prefer healthy food.
나는 건강에 좋은 음식을 선호한다.

I prefer my food sweet or spicy.
나는 단 음식이나 매운 음식을 선호한다.

My all time favorite food is Mexican.
내가 가장 좋아하는 음식은 멕시코 음식이다.

음식의 맛, 조리법, 재료 등

I love pork mixed with vegetables.
나는 야채를 곁들인 돼지고기 요리를 좋아한다.

Thai dishes use fresh and authentic ingredients.
타이 음식은 신선하고 믿을 만한 재료를 사용한다.

I especially like pizza with extra cheese and mushrooms
난 특히 치즈와 버섯이 많이 들어간 피자를 좋아한다.

A I love all kinds of Korean food. Among them, "Bibimbap" is my all time favorite. To make it, I simply put rice in a bowl, and add all kinds of vegetables and meat. Then, I serve it with sesame oil and hot pepper paste. Lastly, I mix it up and eat it. The great thing is that it is easy to cook and prepare it at home. When

I invite my friends over for dinner, I often cook it. Even when I go out to eat, it is good to choose "Bibimbap" because it increases my appetite. "Bibimbap" is also one of the healthiest foods we can eat. It is low in fat, and it has all the important food groups in it. It is even popular in countries outside of Korea. The most important fact is that it tastes great.

나는 모든 종류의 한국 음식을 좋아합니다. 그 중 비빔밥은 내가 가장 좋아하는 음식입니다. 비빔밥을 만들려면 우선 공기에 밥을 넣고 모든 종류의 야채와 고기를 같이 넣습니다. 그리고 나서 참기름과 고추장을 음식과 같이 내면 됩니다. 마지막으로 같이 섞어서 먹습니다. 비빔밥이 좋은 점은 집에서 요리하고 준비하기 편하다는 점입니다. 그래서 친구를 저녁 식사에 초대하면 나는 비빔밥을 자주 요리합니다. 외식을 할 때도 나는 비빔밥을 고르곤 하는데, 그 음식을 먹으면 식욕이 돋기 때문입니다. 비빔밥은 또한 건강식 중의 하나입니다. 비빔밥에는 지방이 적고 중요한 식품군이 들어 있습니다. 외국에서도 인기가 좋습니다. 가장 중요한 점은 정말 맛있다는 것입니다.

10 콘서트 관람

출제 경향

1. 콘서트에 가게 된 계기와 빈도 이야기하기
2. 콘서트에서 하는 활동 이야기하기
3. 콘서트에서 겪은 기억에 남는 일 이야기하기
4. 콘서트장 묘사하기
5. 콘서트가 열리기 전후에 하는 활동 묘사

콘서트에 관한 문제는 크게 콘서트에 가게 된 계기와 빈도, 콘서트에서 하는 활동, 콘서트에서 겪은 기억에 남을 만한 일 등에 대한 것입니다. 이 외에도 콘서트장에 대한 묘사, 실내 또는 실외 콘서트 묘사, 콘서트 열리기 전후에 하는 활동 등에 대해 질문을 받게됩니다. 많은 학생이 선택하는 주제는 아니지만, 음악과 관련된 주제를 설문에서 표기하는 분이라면 콘서트 관련 주제도 같이 준비를 해 두시는 것이 좋습니다. 또한, 여러분이 설문에서 선택한 주제만 시험에 나오지 않고 생소한 주제도 출제되고 있기 때문에, 다양한 주제에 대해 준비하는 것이 필요합니다. 이 단원에서는 특히 가수, 활동, 분위기, 관객의 행동, 공연장의 묘사 등 특정 어휘와 표현을 익히고, 브레인스토밍을 통해 여러분만의 고유한 답을 만들어 봅니다.

 **Q1** You responded to the survey that you go to concerts. Please describe with as much detail as possible a recent concert you attended.

▶▶ 당신은 설문에서 콘서트에 간다고 응답했습니다. 가능한 한 자세하게 당신이 갔던 최근 콘서트에 대해 묘사해 주세요.

콘서트장에 대한 묘사는 특히 위치, 이름, 종류 등으로 먼저 이야기를 전개할 수 있습니다. 그리고 외관이나 실내의 묘사, 예를 들어 악기, 좌석, 조명, 무대, 구조 등을 이야기해 볼 수 있습니다. 또한 가수의 음악은 어떤지, 콘서트 동안 어떤 일이 일어났는지, 전체적인 공연장 분위기는 어떤지를 자세하게 설명해 보세요.

Brainstorm

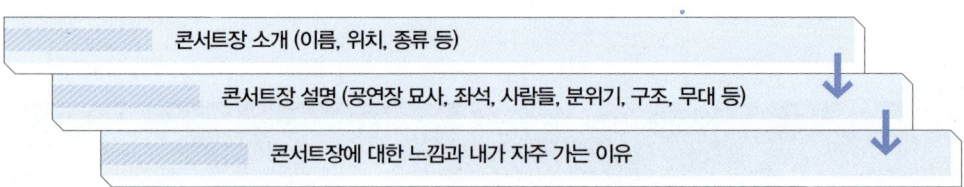

Possible story

친구와 저는 콘서트를 보러 올림픽 경기장에 자주 갑니다. 그 경기장은 서울의 편리한 위치에 있고 밖에서 보면 아주 큽니다. 콘서트 표가 빨리 매진되어 정문에서 거의 살 수 없어서 우리는 대부분 미리 티켓을 예약하는 편입니다. 콘서트가 시작하기 전, 무대에는 위에 다양한 종류의 악기와 큰 스크린을 볼 수 있습니다. 올림픽 경기장의 가장 큰 특징은 자리 배치인데, 어디에 앉아도 무대를 잘 볼 수 있습니다. 음향 효과는 아주 좋아서 음악가들이 그 경기장이 음악을 하기에 최고로 좋은 곳 중 하나라고 말하기도 합니다. 콘서트의 분위기는 항상 흥분으로 가득 차 있고, 보안이 항상 엄격합니다. 그러나 주차가 제한되어 있고 근처에 주차할 공간을 찾기가 쉽지 않습니다. 주차 문제가 있지만, 우리는 콘서트를 보러 경기장에 갈 때마다 좋은 시간을 보냅니다.

- 문장 ❶ 친구와 저는 (my friends and I) 콘서트를 보러 (for concerts) 올림픽 경기장에 자주 갑니다 (often go to).
- 문장 ❷ 그 경기장은 서울의 편리한 위치에 (conveniently located in Seoul) 있고 밖에서 보면 아주 큽니다 (look massive from the outside).
- 문장 ❸ 콘서트 표가 빨리 매진되어 (sell out quickly) 정문에서 거의 살 수 없어서 (seldom available at the gate) 우리는 대부분 미리 (in advance) 티켓을 예약하는 편입니다 (book concert tickets).
- 문장 ❹ 콘서트가 시작하기 전 (before the concert begins), 무대에 다양한 종류의 (a variety of musical instruments) 악기와 큰 스크린을 (a large/ big screen) 볼 수 있습니다.
- 문장 ❺ 올림픽 경기장의 가장 좋은 특징 중 하나는 자리 배치인데 (seating), 어디에 앉아도 (wherever you sit) 무대를 잘 볼 수 있습니다 (can see the stage).
- 문장 ❻ 음향 효과는 (acoustics) 아주 좋아서 (good/ excellent) 음악가들이 그 경기장이 음악을 하기에 최고로 좋은 곳 중 하나라고 (one of the best places) 말하기도 합니다.
- 문장 ❼ 콘서트의 분위기는 (the atmosphere in the concert hall) 항상 흥분으로 가득 차 있고 (is filled with) 보안이 (security) 항상 엄격합니다 (tight).
- 문장 ❽ 그러나 주차가 (parking) 제한되어 있고 (limited) 근처에 주차할 공간을 찾기가 쉽지 않습니다 (difficult to find a close space).
- 문장 ❾ 주차 문제가 있지만, 우리는 콘서트를 보러 경기장에 갈 때마다 (every time we go to the stadium) 좋은 시간을 보냅니다 (have a great time).

Sample

My friends and I often go to Olympic Stadium for concerts. The stadium is conveniently located in Seoul and looks massive from the outside. We usually book concert tickets in advance because most concerts sell out quickly and tickets are seldom available at the gate. Before the concert begins, I can see a variety of musical instruments and a large screen set up on stage. One of the nicest features of the Olympic Stadium is the seating because you can see the stage from wherever you sit. The acoustics are so good that musicians say that the stadium is one of the best places that they have ever played at. The atmosphere in the concert hall is always filled with excitement and security is always tight. However, parking is limited and it is difficult to find a close space. Despite the parking, every time we go to the stadium for a concert, we have a great time.

Expression

'편리한 위치에 있다'는 **is conveniently located, can be conveniently found**라고 표현할 수 있습니다.

'예매하다'는 동사로 **book**이라고 합니다. 여기서는 '미리 예약하다'라는 의미로 **in advance**라는 전치사구와 같이 쓰였습니다.

'정문에서'라는 표현은 **at the gate, at the main gate, at the entrance**라고 합니다.

'가장 멋있는 특징 중의 하나'라고 말할 때는 **one of the best features, one of the nicest features**로 표현하며 이때 **feature**라는 말은 여기서 '특징'이라는 명사로 쓰입니다.

'음향 효과'는 **acoustics, sound effects**로 표현할 수 있습니다.

'매우 좋아서 ~하다'라는 표현은 **so ~ that** 구문을 사용하여 **the acoustics are so good that** ~라 쓰고, 결과적인 의미로 표현합니다.

'보안이 엄격하다'는 **security is tight**라는 표현을 쓰며, 명사구로 나타내고자 할 때는 '엄격한 보안(**tight security**)'로 표현합니다. 이때 **tight**은 '단호한, 엄격한'이라는 의미로 쓰입니다.

'~할 때마다'라는 표현은 우리가 잘 아는 **whenever**라고 써도 되고 **each time, every time**으로 써도 됩니다. 이때 **each time, every time**은 접속사로 쓰여 뒤에 완전한 절이 옵니다.

공연장 묘사

The Olympic Stadium is the biggest concert hall in Seoul.
올림픽 경기장은 서울에서 가장 큰 콘서트장이다.

The acoustics are excellent.
음향 효과가 뛰어나다.

Fortunately, we had front row seats.
운이 좋게도 우리는 앞줄에 앉았다.

I had the best seat.
나는 가장 좋은 자리에 앉았다.

I was surprised to see how clean they kept the stadium[concert hall/ auditorium].
경기장[콘서트장/ 강당]이 너무 깨끗한 것을 보고 놀랐다.

There was a big stage with a variety of musical instruments.
다양한 악기가 있는 큰 무대가 있었다.

The lighting in the concert hall was beautiful.
콘서트장의 조명이 아름다웠다.

The concert hall holds about 300 people.
이 공연장은 약 300명의 사람을 수용한다.

The concert hall is an excellent example of modern architecture.
그 공연장은 현대 건축물의 훌륭한 예이다.

The auditorium is full of people.
강당은 사람들로 꽉 찼다.

콘서트 설명

at a concert 콘서트에서 ‖ **go to a concert** 콘서트를 가다. ‖
attend a concert 콘서트에 가다 ‖

I am a huge[big] fan of Michael Jackson.
나는 마이클 잭슨의 열성팬이다.

The singing and dancing in the show went on for over two hours.
그 공연에서 노래와 춤이 2시간 넘게 계속되었다.

Over 5000 people gathered from all over the country.
5000명이 넘는 사람들이 전국에서 모였다.

Tickets were sold out quickly.
티켓이 빨리 매진되었다.

People were waiting in line to get into the concert hall.
사람들이 콘서트장에 들어가려고 줄을 서 있었다.

The singer thanked the audience for coming.
가수는 관객에게 보러 온 것에 대한 고마움을 전했다.

The auditorium was too crowded.
강당은 아주 붐볐다.

콘서트 관람 빈도

I have never been to a concert.
콘서트에 한 번도 가보지 않았다.

Once, I went to a rock concert.
나는 록 콘서트에 한 번 간 적이 있다.

I go to concerts whenever I possibly can.
나는 갈 수 있을 때마다 콘서트를 보러 간다.

Whenever a famous singer comes to town, I attend their concert.
유명한 가수가 올 때마다, 나는 콘서트에 간다.

콘서트에 대한 느낌

I was excited because my seat was in the first row.
맨 앞줄에 앉아서 나는 너무 신났다.

The music was fantastic and the atmosphere was filled with excitement.
음악은 훌륭했고 분위기는 열기로 가득 찼다.

I did not enjoy the concert because the music was too loud.
음악이 너무 시끄러워서 콘서트를 즐길 수 없었다.

The music was really loud, but I still had fun.
음악이 매우 시끄러웠지만 너무 재미있었다.

I burst into tears because the song was sentimental.
그 노래가 너무 감동적이어서 나는 울음을 터뜨렸다.

I was exhausted from standing at the back of the stage for the entire show.
나는 무대 뒤에서 공연 내내 서 있어서 피곤했다.

I had such a great time.
나는 좋은 시간을 보냈다.

I was so into the show.
나는 공연에 푹 빠졌다.

It was an outstanding performance.
뛰어난 공연이었다.

The concert was so crowded that I almost passed out[fainted].
콘서트가 너무 혼잡해서 거의 기절할 뻔했다.

The show was disappointing.
콘서트는 실망스러웠다.

The performance was superb[awesome/ splendid/ excellent/ great/ incredible/ fantastic/ outstanding/ spectacular].
공연이 훌륭했다.

The performance was awful[bad/ disappointing/ terrible].
공연이 형편이 없었다.

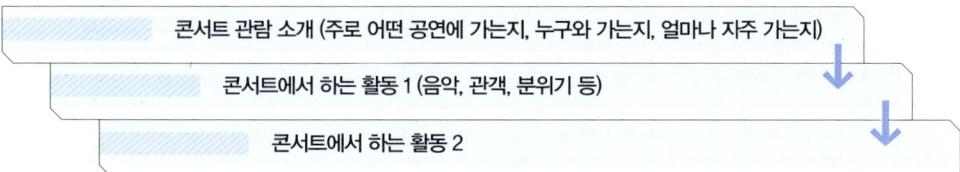

You indicated in the survey that you go to see a concert. Please tell me about your activities before, during and after the concert.

▶▶ 당신은 설문에서 콘서트를 보러 간다고 했습니다. 당신이 콘서트 전, 중간, 후에 어떤 활동을 하는지 자세히 이야기해 주세요.

콘서트에 가면 가수뿐만 아니라, 관객, 분위기, 무대 등에 대해 설명할 거리가 많이 있을 겁니다. 특히 가수의 노래를 따라 부르기도 하고, 어떤 사람들은 거의 앉아 있기도 하고, 또 어떤 사람들은 서서 노래를 감상하며, 콘서트 내내 뛰어다니면서 음악을 즐기는 팬들도 있습니다. 또한, 많은 사람이 박수갈채를 보내거나 공연 내내 소리를 지르기도 합니다. 공연 중간에, 가수가 옷을 갈아입는 동안, 비디오를 보여 주거나, 댄서들이 나와 춤을 추거나, 다른 이벤트를 보여 주기도 합니다. 이러한 콘서트 활동을 하나의 그림을 그리듯이 생생하게 묘사해 보세요.

Brainstorm

| 콘서트 관람 소개 (주로 어떤 공연에 가는지, 누구와 가는지, 얼마나 자주 가는지) |
| 콘서트에서 하는 활동 1 (음악, 관객, 분위기 등) |
| 콘서트에서 하는 활동 2 |

콘서트에서 일어나는 일

The audience screamed when the stars made their entrances.
스타들이 등장할 때 관중이 소리질렀다.

People crowd surfed.
사람들이 가수를 위로 올려 옮겼다.

The audience got up on stage and sang along.
관중이 무대에 올라가 노래를 따라 불렀다.

People sang along the songs.
사람들이 노래를 따라 불렀다.

People stood throughout the entire show and waved their arms.
사람들이 콘서트 내내 서서 팔을 흔들었다.

People jumped up and down.
사람들이 펄쩍펄쩍 뛰었다.

I danced to the music.
나는 음악에 따라 춤을 추었다.

The singer told stories between songs.
곡 중간마다 가수가 이야기를 들려 주었다.

Sometimes, the singers threw things to the audience.
때로는, 가수들이 관객에게 물건을 던졌다.

After the concert, I purchased CD's from the group.
콘서트 후에 그 그룹의 CD를 샀다.

A I do not usually go to a concert often. However, when a popular band is coming to town, I try to buy tickets in advance. During the concert, I can see people are screaming and singing along with the singer. Some people dance to the music or jump up and down. That's why I like the atmosphere of the concert. It's great to be in the crowd when everyone is feeling good and excited. However, I don't always like to be pushed around if there is a big crowd. I'm not very tall, so people step on my feet and that hurts. After the show, I usually go home because I usually get tired of standing for a long time.

나는 콘서트에 자주 가지 않습니다. 그러나 인기 있는 밴드가 근처에 오게 되면, 미리 티켓을 사려고 합니다. 콘서트를 하는 동안 많은 사람은 소리를 지르고 가수와 같이 노래를 부릅니다. 몇몇 사람들은 노래에 맞춰서 춤을 추거나 펄쩍펄쩍 뛰기도 합니다. 그래서 나는 콘서트 분위기를 좋아합니다. 기분이 좋고 흥분이 될 때, 많은 사람들 사이에 있는 것이 좋습니다. 그러나 너무 사람이 많으면 사람들이 밀쳐서 싫습니다. 내 키가 그렇게 크지 않아서 사람에게 발을 밟히면 다칩니다. 공연이 끝나면 나는 장시간 서 있었던 피로로 보통 집에 갑니다.

Q3 You have indicated in the survey that you like to go to concerts. Tell me about some memorable things that happened at the concert.

▶▶ 당신은 설문에서 콘서트 보는 것을 좋아한다고 했습니다. 콘서트장에서 당신 기억에 남는 일에 대해 이야기해 주세요.

콘서트를 가본 분이라면 기억에 남는 일들이 많을 것입니다. 그것은 좋은 기억일 수도 있고, 좋지 않은 기억일 수도 있습니다. 예를 들어, 운이 좋게도 좋아하는 밴드를 직접 만나서 사인을 받거나 이야기를 나눌 수도 있고 사진을 찍을 수도 있습니다. 어떤 공연에서는 사람들이 너무 많아서 충돌로 인해 부상을 당할 수도 있고, 예기치 않은 사고가 일어날 수도 있습니다. 이러한 내용을 자세히 설명하고 마지막으로 공연이 나에게 왜 인상적이었는지 자신의 감정과 같이 묘사해 보세요.

Brainstorm

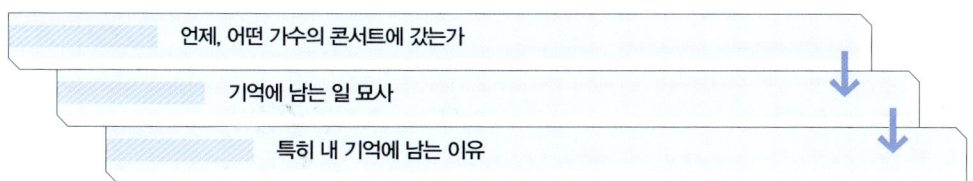

기억에 남는 콘서트

He was crowd surfing and fell to the ground.
그는 크라우드 서핑을 하다가 땅에 떨어졌다.

Several people were injured.
몇 사람이 상처를 입었다.

There were a lot of drunken people.
술 취한 사람이 많았다.

I met my favorite band after the show.
나는 공연이 끝나고 좋아하는 밴드를 만났다.

After the concert, I took pictures with the singers.
공연 뒤, 나는 가수들과 사진을 찍었다.

The crowd started singing along with him.
사람들이 그 가수와 같이 노래를 부르기 시작했다.

Everybody was standing and clapping their hands.
모든 사람들이 서서 손뼉을 쳤다.

I got an autograph from the singer.
가수에게 사인을 받았다.

As soon as we shouted 'encore', the singer sang two more songs.
우리가 앙코르를 외치자마자, 가수가 두 곡을 더 불렀다.

A   I went to a Rumble Fish concert when I was a freshman. I didn't actually intend to go there because they were not one of my favorite bands, but the tickets were discounted as a promotion, so I was kind of lucky. I went there with my friend and the concert ended up being a lot of fun. The concert hall was not that big, but a lot of people came to the show. Rumble Fish is a rock band, and they really know how to put on a good show. I didn't expect much before going into the show but I really enjoyed it for the whole time. As soon as we shouted 'encore', the singer sang two more songs. It was the most memorable moment I have ever experienced.

나는 1학년 때 럼블 피쉬 콘서트에 갔습니다. 사실 그 밴드는 내가 아주 좋아하는 밴드가 아니었기 때문에 콘서트에 갈 생각은 안 했지만, 표를 할인가격으로 사게 되어 콘서트에 가게 되었습니다. 제가 운이 좋았던 편이었습니다. 친구와 같이 갔고 콘서트는 아주 재미있었습니다. 공연장은 아주 크지 않았지만 많은 사람이 그 공연을 보러 왔습니다. 럼블 피쉬는 록밴드이고 공연을 아주 잘합니다. 나는 공연에 많은 기대를 하지 않았지만 공연 내내 아주 즐거웠습니다. 우리가 앙코르를 외치자 가수가 2곡을 더 불렀습니다. 그 공연은 내가 본 공연 중 아주 기억에 남는 공연이었습니다.

11 박물관

출 제 경 향

1. 박물관에 주로 언제 누구와 같이 가는지 이야기하기
2. 박물관 묘사하기
3. 기억에 남는 박물관 묘사하기
4. 최근에 갔던 박물관 이야기하기

박물관 관련 OPIc 문제는 크게 박물관을 가는 습관, 박물관 장소에 대한 묘사, 기억에 남는 박물관 또는 최근에 갔던 박물관 묘사 등을 묻습니다. 특히 예술품을 묘사하거나 박물관에 대해 묘사하는 것은 학생들에게 생소하게 느껴질 수 있고 관련 표현을 모르게 되면 시험장에서 당황하기 쉽습니다. 전시회와 관련해서 여러분의 답을 풍부하게 할 수 있는 내용과 표현을 익히고 여러분의 고유한 답을 만드는 것이 중요합니다. 이 과에서는 박물관에 관한 표현을 배워보고 어떻게 브레인스토밍을 하는지 알아보도록 하겠습니다.

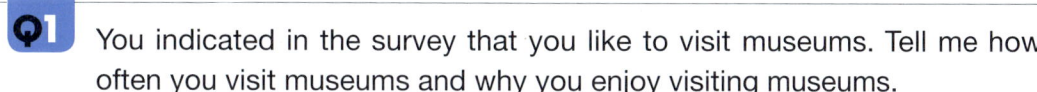

You indicated in the survey that you like to visit museums. Tell me how often you visit museums and why you enjoy visiting museums.

▶▶ 설문에서 당신은 박물관에 가는 것을 좋아한다고 했습니다. 박물관에 얼마나 자주 가는지, 그리고 왜 가는 것을 즐기는지 설명해 주세요.

이 문제에서는 어떤 박물관에 가고 위치가 어디이며, 박물관 운영시간은 어떤지 등에 대해 이야기할 수 있겠습니다. 특히 박물관의 종류는 여러 가지가 있는데, Art museum(예술 박물관), Science museum(과학박물관), History museum(역사박물관), Fork museum(민속 박물관) 등이 대표적입니다. 여러분이 자주 방문하는 박물관의 종류를 이야기하고, 박물관에 자주 가는 이유를 설명해 보세요. 예를 들어, 다양한 예술품을 볼 수 있거나, 교육 목적으로 갈 수 있기도 하고, 그 분야에 흥미가 있어서 자주 갈 수도 있습니다.

Brainstorm

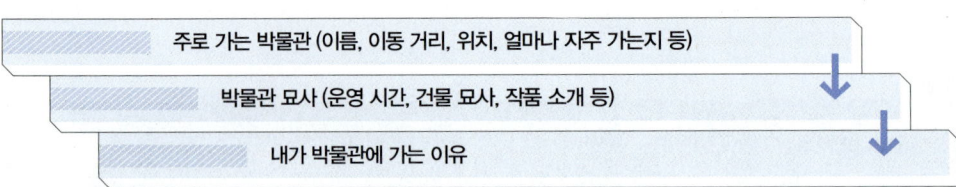

Possible story

저는 친구들과 국립공원 옆에 있는 박물관에 자주 갑니다. 그곳은 집에서 차로 30분 정도 걸립니다. 박물관은 월요일에서 금요일, 오전 10시부터 오후 5까지 운영합니다. 박물관은 보통 복잡하지만 깨끗하고 잘 관리되어 있습니다. 방문객들은 피카소, 모네와 같은 예술가의 전시회를 보러 옵니다. 저는 그곳에 갈 때마다 새로운 것을 발견합니다. 뛰어난 예술품을 보면 감흥을 받습니다. 또한 박물관에 가면, 배울 수 있는 것이 아주 많습니다. 박물관의 가장 좋은 점은 전시회가 아주 유익하고 제 속도대로 전시품을 볼 수 있다는 점입니다. 때때로 저는 그저 그림과 각 전시품의 설명을 보느라 하루 종일 시간을 보내기도 합니다. 저는 어렸을 때 박물관에 자주 가지는 않았습니다. 그러나 나이가 들면서 저는 박물관을 정말 좋아하게 되었고, 가능한 한 자주 방문하는 편입니다.

문장 ❶ 저는 친구들과 국립공원 옆에 있는 (located near) 박물관에 (museum) 자주 갑니다 (often go to).

문장 ❷ 그곳은 집에서 (from my place[home]) 차로 (by car) 30분 정도 걸립니다 (takes about 30 minutes).

문장 ❸ 박물관은 월요일에서 금요일 (Monday through Friday), 오전 10시부터 오후 5까지 운영합니다.

문장 ❹ 박물관은 보통 복잡하지만 (crowded) 깨끗하고 잘 관리되어 있습니다 (well maintained).

문장 ❺ 방문객들은 피카소, 모네와 같은 (like Picasso and Monet) 예술가의 전시회를 (exhibits) 보러 옵니다 (come to view).

문장 ❻ 저는 그곳에 갈 때마다 (every time I visit there), 새로운 것을 (something new) 발견합니다 (discover).

문장 ❼ 뛰어난 예술품을 보면 감흥을 받습니다 (inspiring). 또한, 박물관에 가면 (visiting museums) 배울 수 있는 것이 아주 많습니다 (learn so much).

문장 ❽ 박물관의 가장 좋은 점은 (the best part of the museum) 전시회가 아주 유익하고 (informative) 제 속도대로 (at my own pace) 전시품을 볼 수 있다는 점입니다.

문장 ❾ 때때로 저는 그저 그림과 (paintings) 각 전시품의 설명을 (descriptions) 보느라 하루 종일 시간을 보내기도 합니다 (spend the whole day).

문장 ❿ 저는 어렸을 때 (when I was young) 박물관에 자주 가지는 않았습니다 (did not visit).

문장 ⓫ 그러나 나이가 들면서 (as I have gotten older) 저는 박물관을 정말 좋아하게 되었고, (a big fan of museums) 가능한 한 (as often as I can) 자주 방문하는 편입니다.

Sample

I often go to the art museum located near the National park with my friends. I drive there by car and it usually takes about 30 minutes from my place. The museum is open Monday through Friday from 10 a.m. to 5 p.m. The museum is usually crowded but it is clean and well maintained..Tourists come to view exhibits dedicated to artists like Picasso and Monet. Every time I visit there, I discover something new. I find it very inspiring to view great works of art. One can learn so much from visiting art museums. The best part of the museum is that the exhibits are very informative and I can examine them at my own pace. Sometimes, I spend the whole day just looking at paintings and reading their descriptions. When I was young, I did not visit museums very often. However, I have become a big fan of museums as I have gotten older, visiting them as often as I can.

Expression

요일을 이야기할 때 '월요일부터 금요일까지'는 **Monday through Friday, from Monday to Friday**로 표현할 수 있습니다.

'전시회'를 표현할 때는 **an exhibition, an exhibit**, '전시회를 열다'는 **hold an exhibition**, '전시회가 열리다'는 수동태로 **An exhibition is held.**로 말합니다.

'잘 관리되어 있다'의 표현은 **be well maintained, be well taken care of** 등으로 이야기할 수 있으며, **well** 부사는 뒤에 p.p 형태를 많이 사용합니다. 그 예로, **well known**(잘 알려진), **well informed**(잘 알고 있는) 등의 표현이 있습니다.

'예술 작품'은 **work of art**로 표현합니다.

'하루 종일 ~하면서 보낸다'는 **spend the whole day ~ing, spend the entire day ~ing**로 표현하고 이때 **whole**(전체의) 앞에는 항상 정관사 **the**가 쓰입니다.

'박물관에 가다'라는 표현은 **go to a museum**, '박물관에 잘 가는 사람'은 **a museumgoer**라고 합니다.

박물관 관련 용어

visit a museum/ go to a museum 박물관에 가다 ‖ **exhibition/ exhibits** 전시회 ‖
hold an exhibition 전시회를 열다 ‖ **on display** 전시되어 있다. ‖ **collection** 수집품 ‖
masterpiece 걸작 ‖ **artifact** 공예품 ‖ **historical remains** 유적 ‖ **pieces of art** 예술품 ‖

박물관 가는 습관

A special exhibition was held at the museum.
박물관에서 특별 전시회가 열렸다.

The museum is one of my favorite places to visit.
박물관은 내가 방문하기 좋아하는 곳 중 하나이다.

I go to the museum about three times a year.
나는 일 년에 세 번 정도 박물관에 간다.

I go to museums to learn new things.
나는 새로운 것을 배우러 박물관에 간다.

I make new discoveries each time I go to the museum.
나는 박물관에 갈 때마다 새로운 것을 발견한다.

I go to the museum to see a new exhibit.
나는 새로운 전시회를 보러 박물관에 간다.

I go to the museum when they offer free admission.
나는 무료로 입장할 수 있을 때 박물관에 간다.

박물관 종류

Art museum 미술관 ‖ **Science museum** 과학박물관 ‖
History museum 역사박물관 ‖ **Oceanographic museum** 해양박물관 ‖
Children's museum 어린이박물관 ‖ **National Museum of Contemporary Art** 국립현대미술관 ‖
Natural History museum 자연사박물관 ‖

박물관 설명

The museum displays a number of artifacts.
그 박물관은 많은 공예품을 전시하고 있다.

There are works of art on display by the best artists.
훌륭한 예술가들의 예술품이 전시되어 있다.

Picasso's masterworks are on exhibit at the museum.
피카소의 걸작들이 그 박물관에 전시되어 있다.

We are not allowed to take pictures.
사진 촬영이 금지되어 있다.

I always take the guided tour that the museum offers.
나는 항상 박물관에서 제공하는 가이드 투어를 한다.

Paintings from all over the world are displayed in the museum.
세계 각국의 그림들이 박물관에 전시되어 있다.

The museum is always crowded.
박물관은 항상 붐빈다.

The museum is clean and well maintained.
박물관은 깨끗하고 잘 관리되어 있다.

  You indicated in the survey that you like to visit museums. Please tell me about one of your recent museum visits.

▶▶ 설문에서 당신은 박물관에 가는 것을 좋아한다고 했습니다. 최근에 방문한 박물관 중 하나를 자세히 이야기해 주세요.

여러분이 최근 방문한 박물관에 대해 묘사하는 문제입니다. 우선 이름과 위치, 방문 목적, 크기 등을 설명해 보세요. 그다음에 박물관에 대해 자세히 설명해 보세요. 예를 들어, 어떤 작품을 주로 볼 수 있고, 시설은 어떤지, 분위기는 어떤지, 얼마나 많은 사람이 있는지 등에 대한 설명을 붙여 볼 수 있습니다. 마지막으로 그 박물관에 가는 이유 또는 느낌으로 마무리하면 좋겠습니다.

Brainstorm

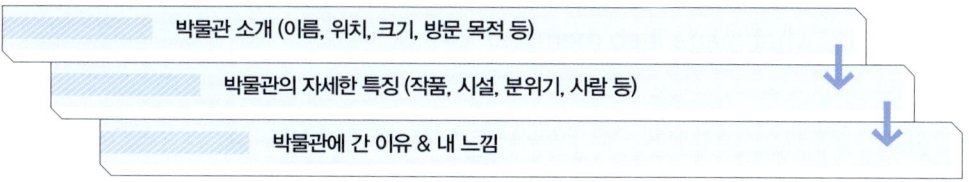

박물관 소개 (이름, 위치, 크기, 방문 목적 등)

박물관의 자세한 특징 (작품, 시설, 분위기, 사람 등)

박물관에 간 이유 & 내 느낌

박물관에 대한 내 느낌

Each exhibit features a different perspective of artists or works.
각각의 전시회는 예술가와 작품에 대해 새로운 관점을 보여 준다.

I was very impressed with the art gallery.
나는 미술관에 아주 감명받았다.

The exhibit was a once in a lifetime opportunity.
그 전시회는 평생에 한 번 있을 법한 것이었다.

I take pleasure in viewing relics.
나는 유적을 보는 것이 기쁘다.

The display is inter-active.
그 전시는 직접 경험을 해 볼 수 있다.

I find the museum very interesting.
박물관은 아주 흥미로웠다.

I get inspired every time I visit the museum.
나는 박물관이 갈 때마다 영감을 받는다.

Visiting the museum is a lot of fun.
박물관을 가는 것은 아주 재미있다.

A

When I visited New York last year, I happened to visit a museum. I am not a museumgoer, actually. Thus, I did not expect too much about going there. The museum was located near Central Park, and it seemed quite famous. When I entered the building, I was impressed with the art gallery because there were many famous art works displayed. Some of the displays were interactive so it was possible for us to touch them, which was really fun. I was also amazed by so many people who appreciated art work. Now I think visiting the museum is a lot of fun.

나는 작년에 뉴욕에 방문했을 때 우연히 박물관에 가게 되었습니다. 사실 나는 박물관에 자주 가는 사람은 아닙니다. 그래서 박물관 가는 것에 기대를 많이 하지는 않았습니다. 박물관은 센트럴 공원 옆에 있었고 아주 유명해 보였습니다. 건물에 들어갔을 때 많은 유명한 예술품들이 진열되어 있어서 인상적이었습니다. 몇몇 전시품들은 손으로 직접 만져 볼 수도 있었는데 아주 재미있었습니다. 그리고 예술품을 관람하는 사람들이 많아서 놀라기도 했습니다. 이제는 박물관에 가는 것이 재미있다고 생각합니다.

Please tell me about your most memorable museum visit. When was the visit and what made it so memorable?

▶▶ 가장 기억에 남는 박물관 방문에 대해 이야기해 주세요. 언제였고 왜 그 방문이 그렇게 기억에 남나요?

이 문제는 박물관 경험에 대한 문제입니다. 앞에 많은 문제들과 마찬가지로, 언제 누구와 어떤 박물관을 갔는지 육하원칙에 따라 이야기해 보세요. 특히 박물관에서 했던 활동이나, 처음 가본 사람이면 길을 잃어버렸다든지, 생각보다 많은 예술품을 봤다든지 그 외의 많은 세부사항을 이야기할 수 있습니다.

Brainstorm

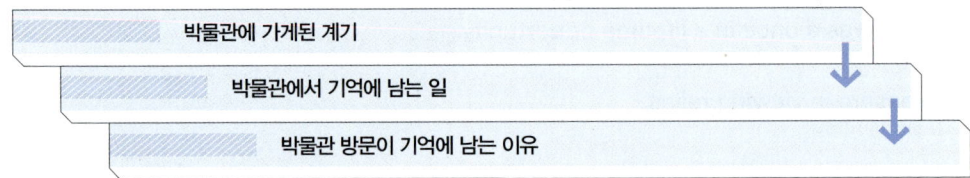

박물관에서 기억에 남는 일

I read the descriptions for every painting.
나는 모든 그림의 설명을 읽었다.

Because the museum was so big, I got lost.
박물관이 너무 커서 길을 잃었다.

There were more things to see at the museum than I had expected.
박물관에서 볼 수 있는 것들이 내가 예상했던 것보다 더 많았다.

I spent the whole day just walking through the museum.
박물관에서 걸어 다니면서 하루 종일 시간을 보냈다.

The visit to the museum was very worthwhile.
박물관을 방문한 것은 꽤 가치가 있었다.

I was surprised by the diversity of the collection.
나는 다양한 작품에 놀랐다.

The paintings were beautifully displayed.
그림들이 아름답게 전시되었다.

Background information was provided for each piece.
각 작품에 대한 배경 정보가 제공되었다.

I was not a huge fan of museums, but I found the visit to be very educational.
나는 박물관을 그다지 좋아하지는 않았지만, 방문이 매우 교육적이라는 것을 알게 되었다.

I particularly enjoyed learning about the different regions of Alaska.
나는 특히 알래스카의 서로 다른 지역을 배워서 좋았다.

A I recently visited a science museum with my family. I could spend an entire week there and still not get tired of it. There were so many more things to see at the museum than I had ever expected. There were lots of hands-on activities and helpful attendants who talked to me about how they worked. I loved that there was a special exhibit on all the scientific highlights such as transportation, technology, energy and so on. What I liked the most about it was that the admission was free.

최근에 나는 가족과 함께 과학박물관에 갔습니다. 그곳에서 1주일은 있을 수 있을 것 같았고 전혀 지루하지 않았습니다. 제가 생각했던 것보다 박물관에 볼 것이 더 많았습니다. 실제로 경험할 수 있는 활동들이 많았고 전시품들이 어떻게 작동하는지 알려주는 친절한 분들도 있었습니다. 나는 특히 교통, 기술, 에너지 등과 같은 과학의 중요함을 보여주는 특별 전시회가 있어서 좋았습니다. 가장 좋았던 부분은 입장료가 무료였다는 점입니다.

12 공원

출제 경향

1. 공원에 가는 습관 이야기하기
2. 자주 가는 공원 묘사하기
3. 공원에 가져가는 것 이야기하기
4. 공원에서 체험했던 잊지 못할 경험 이야기하기
5. 공원에서 사용하는 시설 이야기하기
6. 공원에서 사람들이 하는 활동 이야기하기

공원에 관한 문제는 설문에 여러분이 공원 가기를 표기했다면 출제 빈도가 높으므로 꼭 준비하고 시험을 봐야 합니다. 많은 학생이 설문에서 공원가기를 선택하고 준비합니다. 출제 유형은 크게 나눠 공원에 가는 습관, 자주 가는 공원을 묘사, 또는 공원에 가져가는 물건이나, 기억할 만한 이벤트 또는 잊지 못할 경험, 공원에서 사용하는 시설, 공원에서 사람들이 하는 활동 등이 나옵니다.

 Q1 You indicated in the survey that you like to visit the park. How often do you go the park? What do you do when you are there?

▶▶ 설문에서 당신은 공원에 가는 것을 좋아한다고 했습니다. 당신은 얼마나 공원에 자주 가나요? 공원에서 어떤 활동을 하나요?

이 문제는 다른 주제와 마찬가지로 얼마나 자주 공원에 가는지, 가서 무엇을 하는지를 물어보는 질문입니다. 답변 초반부에는 공원에 얼마나 자주 가는지, 가는 목적은 무엇이며 누구와 가는지, 어떤 종류의 공원에 가는지, 공원에서 볼 수 있는 것은 무엇인지 등으로 이야기를 시작할 수 있습니다. 그다음 활동에 관해서는 휴식, 사진 찍기, 운동이나 조깅, 강아지 산책시키기, 특별한 이벤트 보러 가기 등 여러 가지의 활동에 대해 이야기할 수 있습니다. 마지막으로 공원에 대한 내 생각으로 마무리하면 훌륭한 답이 될 수 있습니다.

Brainstorm

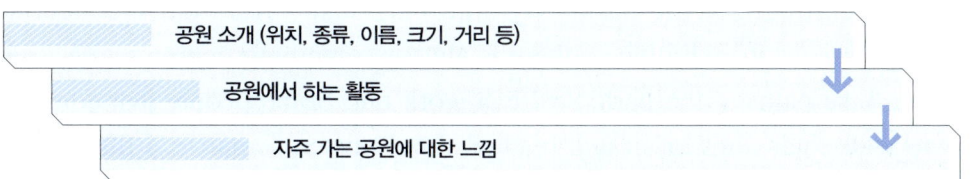

- 공원 소개 (위치, 종류, 이름, 크기, 거리 등)
- 공원에서 하는 활동
- 자주 가는 공원에 대한 느낌

Possible story

저는 일주일에 한 번 집 근처에 있는 공원에 갑니다. 그곳은 올림픽 공원이고 인기 많은 휴식 공간입니다. 그 공원의 이름은 1988년 서울에서 열린 올림픽의 이름을 따서 지어졌습니다. 공원에는 많은 경기장, 수영장 그리고 체육관이 있습니다. 또한 공원에는 멋있는 조각품들이 있습니다. 올림픽 공원에서는 매일 콘서트와 전시회가 있어서 새로운 볼 만한 것들이 항상 있습니다. 또한 공원에 자전거 도로가 있어서 운동을 할 수 있습니다. 많은 사람들은 개를 산책시키고 잔디에 앉아 책을 읽거나 음악을 듣기도 합니다. 그래서 공원 분위기가 아주 평화롭습니다. 제가 잔디에 앉아 있을 때, 때때로 저는 콘서트에서 나오는 음악 소리와 사람들의 함성을 들을 수 있습니다. 저는 이 공원이 운동하고 휴식하기에 훌륭한 곳이라고 생각합니다.

문장 ❶ 저는 일주일에 한 번 (once a week) 집 근처에 있는 (located near my house) 공원에 갑니다.
문장 ❷ 그곳은 올림픽 공원이고 인기 많은 휴식 공간 (a popular recreation spot) 입니다.
문장 ❸ 그 공원의 이름은 1988년 서울에서 열린 올림픽의 이름을 (the 1988 Olympic games) 따서 지어졌습니다 (was named after).
문장 ❹ 공원에는 많은 (a number of) 경기장, 수영장 그리고 체육관이 있습니다.
문장 ❺ 또한 공원에는 멋있는 조각품들이 (incredible sculptures) 있습니다.
문장 ❻ 올림픽 공원에서는 매일 콘서트와 (daily concerts) 전시회가 (exhibits) 있어서 새로운 볼 만한 것들이 (something new to see) 항상 있습니다.
문장 ❼ 또한 공원에 자전거 도로가 (bike paths) 있어서 운동을 할 수 있습니다 (I can work out).
문장 ❽ 많은 사람들은 개를 산책시키고 (walk their dogs) 잔디에 앉아 책을 읽거나 음악을 듣기도 합니다.
문장 ❾ 그래서 공원 분위기가 아주 평화롭습니다 (peaceful).
문장 ❿ 제가 잔디에 (on the grass) 앉아 있을 때, 때때로 저는 콘서트에서 나오는 음악 소리와 (hear the music) 사람들의 함성을 들을 수 있습니다.
문장 ⓫ 저는 이 공원이 운동하고 (work out) 휴식하기에 (relax) 훌륭한 곳이라고 (an excellent place) 생각합니다.

Sample

I go to the park which is located near my house once a week. It is called Olympic Park and it is a popular recreation spot. The park was named after the 1988 Olympic games that were held in Seoul. There are a number of stadiums, an Olympic swimming pool and a gym in the park. There are also incredible sculptures throughout the park. Olympic Park also offers daily concerts and regularly changes its exhibits; so there is always something new to see. Moreover, there are bike paths at the park, so I can work out. Some people just come to the park to walk their dogs or sit and read or simply listen to music. I find the park's atmosphere very peaceful. When I sit on the grass, sometimes I can hear the music and people shouting from the concert. I find the park to be both an excellent place to work out and relax.

Expression

'이름을 따서 만들었다'는 **name after**라는 표현을 씁니다. 여기서는 이름을 따서 만들어졌기 때문에 수동태를 사용해서 **be named after**라고 표현되었습니다.

'공원에서'라고 말할 때는 **at a park, in the park, through the park** 등을 모두 사용할 수 있습니다. '놀이공원'은 **an amusement park**라고 합니다. 참고로 놀이공원에서 '롤러코스터를 타다'라고 할 때는 쓰는 표현은 **ride a roller coaster**라고 씁니다.

'개를 산책시킨다'라고 할 때는 **walk the dog, walk one's dogs**라고 표현하면 됩니다.

'자전거 도로'는 **a bike path**라고 표현합니다. '수 킬로미터로 연결된 자전거 도로'라고 표현할 때는 관계사 **that**을 같이 사용하여 **a bike path that goes on for kilometers**라고 표현합니다.

'운동하다'는 **exercise, work out** 등으로 표현할 수 있습니다. **workout**은 '운동'이라는 명사로 쓰이고, **work out**은 '운동하다'라는 동사로 쓰입니다. 참고로 적당한 운동을 할 때는 **do moderate exercise**라고 하고, 규칙적인 운동을 할 경우 **do regular exercise**라고 표현합니다.

공원 소개 & 묘사

I usually go to the park near my house.
나는 보통 집 근처에 있는 공원에 간다.

The park is located in my neighborhood and provides spectacular scenic views.
공원은 우리 동네에 있고 경치가 훌륭하다.

The park I go to is not far from my apartment.
내가 가는 공원은 집에서 멀지 않다.

The park is within 10 minutes of my house.
공원은 집에서 10분 안에 갈 수 있다.

It is a famous national park in the center of the city.
도시 중심부에 있는 유명한 국립공원이다.

This is the most popular park I have ever visited.
이곳은 내가 가본 곳 중 가장 유명한 공원이다.

공원에 가는 이유 & 빈도

I rarely go to a park.
나는 공원에 거의 가지 않는다.

I used to go to the park.
나는 공원에 가곤 했다.

I visit the park on weekends.
나는 주말마다 공원에 간다.

I go to the park twice a week.
일주일에 두 번 정도 공원에 간다.

I go for a walk in the park every week.
나는 매주 공원에서 산책한다.

Sometimes I am too busy to go to the park.
때로는 너무 바빠서 공원에 가지 못한다.

I prefer to walk in the park when it is less crowded.
나는 덜 붐빌 때 공원에서 거니는 것을 좋아한다.

공원에서 하는 활동

There are a plenty of things to do at the park.
공원에서 할 수 있는 것이 많다.

I ride a bike.
나는 자전거를 탄다.

We are going to a picnic at the park.
우리는 공원에 소풍을 간다.

I take a stroll every weekend at the park.
나는 주말마다 공원에서 산책한다.

I walk my dog at the park whenever I have time.
나는 시간이 날 때마다 공원에서 개를 산책시킨다.

I play badminton with my friends.
나는 친구와 같이 배드민턴을 한다.

I enjoy going to outdoor concerts in the summer.
나는 여름에 야외 콘서트를 즐긴다.

We have a cookout with my family.
가족과 야외 요리를 해 먹는다.

There is a playground in the park where children play.
공원에는 아이들이 노는 운동장이 있다.

I jog early in the morning.
아침 일찍 조깅을 한다.

I walk along the river.
강을 따라 산책한다.

I sometimes see a music festival at the park.
가끔 공원에서 음악 축제를 본다.

When it is a beautiful day, I take pictures of the scenery.
날씨가 좋을 때 나는 풍경 사진을 찍는다.

I like to read a book in the shaded areas.
나는 그늘진 곳에서 책을 읽는 것을 좋아한다.

공원에서 이용할 수 있는 시설

We have easy access to all of the park's amenities.
모든 공원 시설을 쉽게 이용할 수 있다.

There is a well maintained tennis court in the park.
공원에 잘 관리된 테니스 코트가 있다.

The park is huge and has excellent facilities.
공원은 크고 시설이 좋다.

The park has a golf course.
공원에 골프 시설이 있다.

The park has some exercise facilities and a fountain.
공원에 운동기구와 분수대가 있다.

There is a swimming pool and a picnic area.
수영장과 피크닉할 수 있는 곳이 있다.

There is a great bike path in the park.
멋진 자전거 도로가 있다.

The park has very poor amenities.
그 공원의 시설은 형편없다.

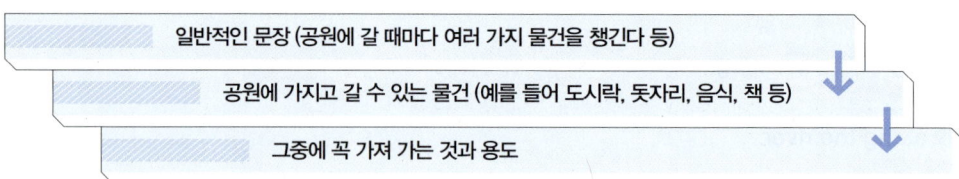

You indicated in the survey that you enjoy going to the park. What do you bring with you to the park?

▶▶ 당신은 설문에서 공원에 가는 것을 즐긴다고 했습니다. 공원에 당신은 어떤 것들을 가져가나요?

이 문제는 여행과 관련한 문제와 아주 비슷한 문제입니다. 여행 관련 문제에서도 자신이 가져가는 물건에 대한 묘사 문제가 있었습니다. 우선 공원에 갈 때 무엇을 주로 가져가는지, 또 용도는 무엇인지 생각해 보세요. 첫 문장에서는 일반적으로 가져가는 것을 잠깐 소개해 볼 수 있습니다. 그다음으로 공원 갈 때 가져가는 구체적인 물건을 용도와 함께 이야기해 보세요. 그중에 꼭 가져가야 하는 것은 무엇인지 강조를 해준다면 더욱 더 차별화된 답이 될 것입니다.

Brainstorm

- 일반적인 문장 (공원에 갈 때마다 여러 가지 물건을 챙긴다 등)
- 공원에 가지고 갈 수 있는 물건 (예를 들어 도시락, 돗자리, 음식, 책 등)
- 그중에 꼭 가져 가는 것과 용도

가져가는 것 (일반적으로 말하기)

There are many items that I usually take with me to the park.
나는 보통 공원에 갈 때 많은 물건을 챙긴다.

There are many essential items that I need to bring.
내가 챙겨야 할 필수품이 많다.

구체적으로 공원에 가져가는 것

I usually bring water, sunscreen and a light snack with me to the park.
나는 보통 공원에 물, 자외선 차단제, 그리고 간식을 가져간다.

I bring an extra set of clothes in case there is a change in the weather.
날씨가 바뀔지 몰라서 나는 여분의 옷을 가져간다.

I always take a hat with me to avoid getting sunburned.
나는 햇볕에 타는 것을 피하기 위해 항상 모자를 가져간다.

I always bring a jacket with me in case it gets cooler in the evening.
저녁에 추워지는 것을 대비해서 나는 항상 재킷을 가지고 간다.

I always bring a camera with me.
나는 카메라를 꼭 갖고 다닌다.

I always bring my cell phone with me in case of an emergency.
비상시를 대비해 나는 항상 휴대전화를 가지고 다닌다.

There is a small park within walking distance of my house. I usually go there often because there are grass covered grounds where I can play soccer. There are many items I usually take with me to the park. I usually bring water, sunscreen and a light snack with me to the park. I also like to bring a camera because I love to take pictures of the scenery. The most important thing to carry is a cell phone. I always carry it because I need to make phone calls. However, when it is rainy, I carry as little as possible. The park is a great place to relieve stress and unwind after a long day. I like to take a walk in the park even in the winter time.

우리 집에서 걸어갈 수 있는 거리에 조그만 공원이 있습니다. 나는 그곳에 자주 가곤 하는데 그 이유는 그곳에는 축구를 할 수 있는 잔디로 덮인 장소가 있기 때문입니다. 공원에 갈 때 나는 많은 물건을 가지고 갑니다. 나는 주로 물, 자외선 차단 크림, 간식 등을 가지고 갑니다. 또한, 나는 사진 찍는 것을 좋아해서 카메라도 가지고 갑니다. 내가 꼭 가지고 가야 하는 물건은 휴대전화입니다. 나는 항상 전화를 하는 편이라 휴대전화를 가지고 다닙니다. 그러나 비가 오면, 나는 가능한 한 물건을 적게 가지고 가려고 합니다. 공원은 하루의 스트레스를 풀 수 있는 좋은 장소입니다. 겨울에도 공원에서 산책하는 것을 좋아합니다.

Q3 You indicated in the survey that you go to the park. Please tell me about one of your memorable experiences at the park.

▶▶ 설문에서 당신은 공원에 간다고 했습니다. 공원에서 경험했던 기억에 남을 만한 일 중 하나를 자세히 이야기해 보세요.

공원에서 있었던 기억에 남을 만한 이야기를 생각해 보세요. 좋은 일이 될 수도 있고, 나쁜 일이 될 수도 있습니다. 또는 여러분이 처음 시도해 보았던 활동이라든지 계절에 따른 기억나는 행사나 축제를 생각해 보세요. 어떤 계기였는지, 무슨 일이 있었는지, 결과적으로 어떻게 되었는지, 그리고 마지막으로 내 느낌은 어땠는지 등에 대한 설명을 뒤에 덧붙이면 좋은 답변이 될 수 있습니다.

Brainstorm

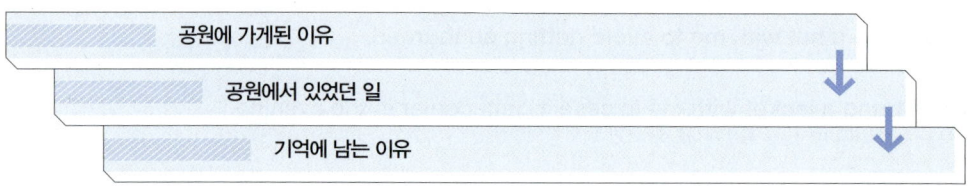

공원에서 있었던 일

I went to the park to watch sports games and had a great time.
나는 스포츠 게임을 보러 공원에 갔고 좋은 시간을 보냈다.

I was not a big fan of roller coasters but the ride was awesome.
나는 롤러코스터를 그다지 좋아하지는 않았지만 그때 탄 롤러코스트는 정말 굉장했다.

I enjoyed the jazz concert.
나는 재즈 콘서트를 즐겼다.

It was the first time I went to an art festival.
예술제를 보러 간 것은 처음이었다.

내 느낌

The park was just what we were looking for.
그 공원은 바로 내가 찾던 공원이었다.

I was very impressed by the great performances.
나는 좋은 공연에 깊은 인상을 받았다.

The staff was friendly and the facilities were excellent.
직원들이 친절했고 시설이 아주 뛰어났다.

I had a great time in the park.
나는 공원에서 즐거운 시간을 보냈다.

From the moment I arrived to the time that I left, I really had a fun.
내가 공원에 도착한 순간부터 끝까지, 나는 즐거운 시간을 보냈다.

A

I have always wanted to visit a national park and finally got my chance last summer. It was a very memorable time. The park was located in the suburban of Seoul and attracted many people. I felt like a kid watching all the shows, which by the way were quite spectacular. I especially enjoyed the animal shows. There were many crowds lining up on each show, but they moved quickly. Overall, I was impressed by all the great performances and the facilities were excellent. There are some national parks which are not as well run or looked after. However, I truly recommend this park to families because all can enjoy it.

나는 항상 국립공원에 가 보고 싶었는데 드디어 작년 여름에 갈 기회가 생겼습니다. 아주 기억에 남을 만한 시간이었습니다. 그 공원은 서울 외곽에 있었고 많은 사람이 왔습니다. 모든 공연은 굉장히 화려했고 공연을 보면서 나 자신이 어린 아이가 되는 것 같았습니다. 나는 특히 동물 쇼가 가장 좋았습니다. 모든 공연마다 많은 사람이 줄을 서서 기다렸지만 빨리 이동했습니다. 대체로 훌륭한 공연들과 시설들이 인상적이었습니다. 잘 운영되지 않거나 관리가 안 된 국립공원도 많이 있습니다. 그러나 모두 즐길 수 있기 때문에 가족이 있는 분들께 이 공원을 추천하고 싶습니다.

13 스포츠 관람

출제 경향

1. 좋아하는 스포츠 이야기하기
2. 좋아하는 스포츠팀과 선수 이야기하기
3. 인상 깊었던 스포츠 관람 이야기하기
4. 처음으로 본 스포츠 경기 이야기하기

스포츠 관람을 설문에 표기하는 분이라면, 스포츠에 관련된 기본적인 표현들을 숙지하고 꼭 연습하셔야 합니다. 특히 스포츠 관련 용어들은 다른 용어보다 생소하고 학생들에게 어렵게 느껴지기 때문에 이 주제는 OPIc 시험에서 말하기 어려운 주제 중 하나입니다. 그러나 여러분의 경험에 비추어서 이야기해 보세요. 예를 들어, 축구와 관련해서는 학생들이 월드컵과 응원에 관련된 이야기를 많이 생각하고 답안을 만들기도 합니다. 한국이 월드컵 경기에서 4강에 진출했던 기억을 되살려 생생하게 경기에 대해 표현해 볼 수 있습니다. 또한, 경기에서 우리나라를 응원했던 경험을 떠올리면 생생한 이야기를 만들 수 있습니다. 시험 출제 경향은 크게 나누어 좋아하는 스포츠 이야기, 좋아하는 팀이나 선수, 인상 깊었던 또는 처음으로 본 스포츠 경기 이야기 등의 문제가 나옵니다.

 Q1 You have responded to the survey that you watch a sports game. What kind of games do you watch? Choose one sport and explain why you like that sport in detail.

▶▶ 설문에서 당신은 스포츠 경기를 관람한다고 응답했습니다. 어떤 종류의 게임을 보나요? 스포츠 하나를 정해서 당신이 왜 좋아하는지 자세하게 설명해 보세요.

한국 사람들이 많이 즐겨 하는 스포츠 중에서 자신이 특히 좋아하는 스포츠가 있는지 생각해 보세요. 축구, 야구, 농구 등이 대표적인 스포츠입니다. 그중 자신이 좋아하는 스포츠가 있다면 그 이유가 무엇인지 생각해 보세요. 예를 들어, 뛰어난 선수, 뛰어난 팀, 좋은 경기 내용, 좋은 경기장 분위기 등 많은 이유가 있을 것입니다. 이런 이유를 잘 종합해서 자신의 차별화된 이야기로 만들어 보세요.

Brainstorm

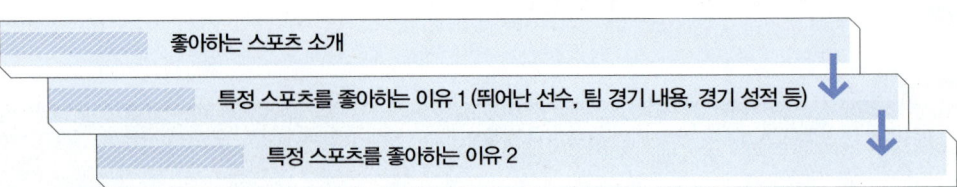

Possible story

저는 야구, 농구, 축구 경기에 많이 가봤지만, 야구를 가장 좋아합니다. 저는 야구의 열렬한 팬이고 시즌 동안 가능한 한 많은 게임을 보려고 합니다. 때로는, 친구들과 야구를 하기도 합니다. 저는 야구를 잘하지는 못하지만, 재미있습니다. 일반적으로 저는 TV와 경기장 모두에서 야구경기를 관람합니다. 그러나 TV에서 보는 것보다 경기장에서 경기를 관람하는 것이 훨씬 재미있습니다. 제가 좋아하는 팀은 기아 타이거즈이고, 그 팀을 응원하는 것을 좋아합니다. 야구가 재미 있는 점은 팀 스포츠이기는 하지만 승패가 개인의 능력에 달렸다는 점입니다. 팀이 이기기 위해서, 각 선수가 이바지해야 하는데 이점이 관람을 아주 재미있게 합니다. 야구 경기를 보는 또 다른 이유는 항상 역전할 수 있는 기회가 있기 때문에 어떤 팀이 이길지 모른다는 것입니다.

문장 ❶ 저는 야구, 농구, 축구 경기에 많이 가봤지만 (have been to), 야구를 가장 좋아합니다 (my favorite sport).

문장 ❷ 저는 야구의 열렬한 팬이고 (a huge baseball fan) 시즌 동안 (during the season) 가능한 한 많은 (as many games as I can) 게임을 보려고 합니다.

문장 ❸ 때로는, 친구들과 야구를 하기도 합니다 (play baseball).

문장 ❹ 저는 야구를 잘하지는 못하지만 (I am not good at it), 재미있습니다.

문장 ❺ 일반적으로 저는 TV와 (on TV) 경기장 (at the stadium) 모두에서 야구경기를 관람합니다 (tend to watch baseball games).

문장 ❻ 그러나 TV에서 보는 것보다 경기장에서 경기를 관람하는 것이 (see a game) 훨씬 재미있습니다 (find it more exciting).

문장 ❼ 제가 좋아하는 팀은 (my favorite team) 기아 타이거즈이고, 그 팀을 응원하는 것을 (cheer for it) 좋아합니다.

문장 ❽ 야구가 재미 있는 점은 (the thing that makes baseball interesting is) 팀 스포츠이기는 하지만 승패가 개인의 능력에 달렸다는 점입니다 (is dependent on individual talents).

문장 ❾ 팀이 이기기 위해서 (in order for a team to win), 각 선수가 이바지해야 하는데 (must contribute) 이점이 관람을 아주 재미있게 합니다.

문장 ❿ 야구 경기를 보는 또 다른 이유는 (another reason) 역전할 수 있는 (come from behind to win) 기회가 항상 있기 때문에 어떤 팀이 이길지 (which team will win) 모른다는 것입니다.

Sample

I have been to many baseball, basketball, and football games but baseball is my favorite sport. I am a huge baseball fan and I try to watch as many games as I can during the season. Sometimes, I play baseball with my friends. Although I am not very good at it, I still have fun. Generally, I tend to watch baseball games either on TV or at the stadium. However, I find it more exciting to see a game at the stadium than to watch it on TV. My favorite team is the Gia Tigers and I love cheering for them. The thing that makes baseball interesting is that it is a team sport, but it is dependent on individual talents. In order for a team to win, each player must contribute something. This aspect makes it very exciting to watch. Another reason to see a baseball game is that you never know which team will win because there is always a chance that one of the teams can come from behind to win.

Expression

'열렬한 팬이다'의 표현은 **a huge fan, a big fan, a die-hard fan**이라고 합니다. '야구경기의 열렬한 팬'을 이야기할 때 **a huge baseball fan**이라고 합니다.

'가능한 한 많은 게임'을 이야기할 때는 **as many games as**로 표현합니다.

'응원하다'는 **cheer for, root for, support**라고 하며 바로 뒤에 선수나 팀을 이야기합니다. 예를 들어, '본인 지역 팀을 응원하다'라고 하려면 **I am rooting for my home team**으로 이야기합니다.

'~에 달려 있다'라고 할 때는 **be dependent on, depends on**으로 표현합니다.

'역전하다'의 표현은 **come from behind to win**이라고 하고 '역전승'은 **a come from behind win**. '근소한 차이로 이기다'는 **win a game by a narrow margin**으로 표현합니다.

스포츠 관련 기본 용어

sports games/ sporting events 스포츠 게임 ‖ **first half (of the game)** 전반전 ‖
second half (of the game) 후반전 ‖ **the final/ the final match/ championship** 결승전 ‖
the semi final/ the semi finals 준결승전 ‖ **overtime** 연장전 ‖

The game went into 3 overtimes[triple overtime].
그 게임은 세 번의 연장전까지 갔다.

come from behind to win 역전승을 하다 ‖
win six to five/ won by a score of six to five 6대 5로 이기다 ‖
be in the lead 선두로 달리다 ‖

My team was in the lead during the first half.
우리 팀이 전반전에 선두로 달리고 있었다.

win the game/ defeat the other team/ beat the other team 이기다 ‖
lose the game/ be defeated 게임을 지다 ‖ **end in a tie/ end in a draw** 동점으로 끝나다 ‖
four games in a row/ four straight games 연속으로 4게임 ‖

스포츠 관람

I went to watch a basketball game.
나는 농구게임을 보러 갔었다.

Our team played against the Kia Tigers.
우리 팀은 기아 타이거즈와 경기를 했다.

LG and Doosan played for the championship.
LG와 Doosan이 결승전을 치렀다.

I have been to hundreds of baseball, basketball, and football games.
나는 수많은 야구, 농구, 축구 경기에 가봤다.

I have been a Samsung Lions fan throughout my life.
나는 평생 삼성 라이온즈의 팬이다.

스포츠 경기 묘사

They won the championship for the first time.
그들은 처음으로 우승했다.

My team won the game.
우리 팀이 경기에서 이겼다.

The game was so close.
게임은 아주 막상막하였다.

The score was tied, five to five.
5대 5로 비겼다.

Our team lost 5 to 2.
우리 팀이 5대 2로 졌다.

My team defeated the other team by a narrow margin.
우리 팀이 가까스로 다른 팀을 이겼다.

We have won four games in a row.
우리는 연속으로 4게임을 이겼다.

We made it to the finals.
우리는 결승전에 진출했다.

경기장 묘사 (장소 & 분위기)

The stadium was packed.
경기장은 꽉 찼다.

There was a long line at the door.
출입구에서 많은 사람들이 기다리고 있었다.

The local football stadium holds 8,000 people.
축구 경기장은 8,000명의 인원을 수용한다.

The cheer leaders put on a good show.
치어리더들이 좋은 쇼를 보여 주었다.

Many people were rooting for the home team.
많은 사람들이 홈팀을 응원하고 있었다.

The stadium was full of energy.
경기장은 에너지로 가득했다.

When the crowd cheered, the noise was deafening.
관중이 응원했을 때, 귀청이 터질 듯했다.

스포츠 관람 습관

I frequently watch sporting events on TV.
자주 텔레비전에서 스포츠 경기를 본다.

I enjoy watching the Olympics on TV
나는 TV로 올림픽 경기를 보는 것을 즐긴다.

During baseball season, I watch at least two games every week.
야구 시즌 동안, 나는 일주일에 적어도 두 번은 게임을 관람한다.

I spend a lot of time watching games during the football season.
축구 시즌 동안 나는 게임을 보면서 많은 시간을 보낸다.

I prefer to watch games in person at the stadium.
나는 경기장에서 경기를 직접 보는 것을 더 좋아한다.

When my team plays in the finals, I never miss any of the games.
내가 응원하는 팀이 결승전에서 경기할 때, 절대 놓치지 않고 본다.

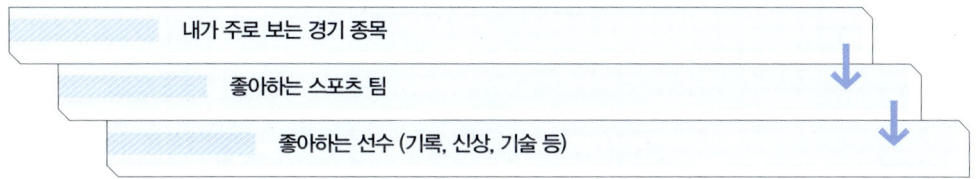

You mentioned that you enjoy watching sports. Do you have a favorite team and player? If so, please describe them and tell me why they are your favorites.

▶▶ 당신은 스포츠 게임을 즐겨 본다고 했습니다. 좋아하는 스포츠팀과 선수가 있나요? 그렇다면 설명해 주시고 왜 여러분이 팀과 선수를 좋아하는지 이야기해 주세요.

우선 많은 스포츠 경기 중에 주로 보는 경기로 이야기를 전개해 봅니다. 그중에 어떤 팀을 좋아하고 어떤 선수를 좋아하는지 이야기할 거리를 생각해 보세요. 앞에 나온 표현처럼 우승한 경험이 있을 수도 있고, 세계 기록을 경신했을 수도 있습니다. 내가 응원하는 선수의 경력 또는 활약에 대해 이야기할 수 있겠습니다.

Brainstorm

- 내가 주로 보는 경기 종목
- 좋아하는 스포츠 팀
- 좋아하는 선수 (기록, 신상, 기술 등)

좋아하는 팀과 선수

I am a huge baseball fan.
나는 야구의 열렬한 팬이다.

My favorite team is the Hanwha Eagles.
나는 한화 이글스팀을 가장 좋아한다.

They won the championship last year.
그들은 작년에 우승했다.

He broke the world record.
그는 세계 기록을 경신했다.

He plays for the Cleveland Indians.
그는 클리블랜드 인디언스팀에서 경기한다.

Chan ho Park is my favorite pitcher.
박찬호는 내가 좋아하는 투수이다.

This team is one of the best in football.
이 팀은 축구를 가장 잘하는 팀 중 하나이다.

I admire his skills and speed.
나는 그의 재능과 속도에 감탄한다.

He is a good free throw shooter.
그는 자유투를 잘 던진다.

She is a gifted tennis player.
그녀는 재능 있는 테니스 선수이다.

I like to see my favorite player hit a home run.
내가 좋아하는 선수가 홈런 치는 것을 보고 싶다.

I like to watch most sports, but I'm a huge fan of baseball. There's nothing better than watching a game with good friends. My favorite team is the Doosan Bears, even though they haven't done so well this season. I have been a fan of this team since I was a kid, so I feel very loyal to them. However, there are players on other teams that I respect for their skill. I especially like Chan ho Park. He is a pitcher for the Pittsburgh Pirates. I like him very much because he is so successful, and he is fun to watch. Baseball is not just a great game to watch on TV, but it's also exciting to be watching live at the stadium.

나는 대부분의 스포츠를 관람하는 것을 좋아하지만, 그중 야구를 정말 좋아합니다. 좋은 친구와 경기를 보는 것보다 더 좋은 것은 없습니다. 내가 가장 좋아하는 팀은 두산 베어스인데 이번 시즌에는 잘하지는 못했습니다. 어렸을 때부터 이 팀의 팬이어서 나는 이 팀에 아주 충성합니다. 그러나 다른 팀의 선수들도 기술 면에서 좋아합니다. 특히 나는 박찬호 선수를 좋아합니다. 그는 피츠버그 파이어리츠의 투수입니다. 그 선수를 좋아하는 이유는 그가 아주 성공적인 선수이고 그의 경기를 관람하는 것이 재미있기 때문입니다. 야구는 단지 TV에서 보는 경기가 아니라 경기장에서 생생하게 보는 것도 재미있습니다.

 Q3 Can you tell me about the most memorable game you ever watched? What sport was it? How did you feel about the game?

▶▶ 당신이 보았던 가장 기억에 남는 경기에 대해 말해 주세요? 어떤 경기였나요? 그 경기에 대해 어떻게 느꼈나요?

스포츠 경기에 대한 여러분의 경험을 묻는 문제입니다. 가장 기억에 남는 경기 중에 어떤 경기를 이야기하고 싶은지 가장 자신 있게 말할 수 있는 스포츠 종목을 골라서 이야기를 전개해 보세요. 우선 언제 어디서 누구와 경기를 보았으며 경기가 어땠는지를 자세하게 설명해 봅니다. 특히 역전승을 하거나 연장전에서 손에 땀을 쥐게 하는 경기를 했거나, 월드컵과 같이 우리나라가 4강에 올라갔던 기억을 떠올리면 좀 더 쉽게 이야기를 만들어 갈 수 있습니다.

Brainstorm

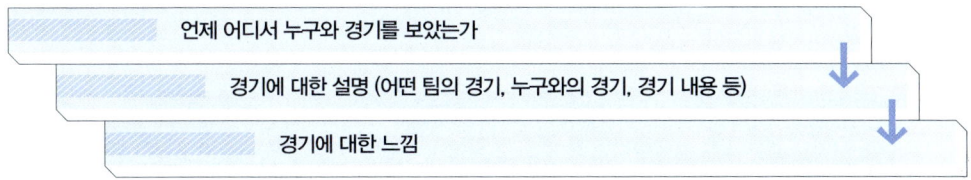

경기 설명 & 경기에 대한 내 느낌

Our team played against Japan.
우리 팀은 일본과 경기를 했다.

His home run was the turning point of the game.
그의 홈런은 그 게임의 전환점이었다.

The crowd noise was deafening.
군중 소리에 귀가 멍멍했다.

The game went into the overtime and finally we won.
그 게임은 연장전에 들어갔고, 우리는 결국 게임을 이겼다.

My team was losing throughout the game, but it came from behind to win the other team in the final minute.
내가 응원하는 팀은 경기 내내 지고 있었는데, 막판에 역전승을 거두었다.

I was very excited when my favorite player won the MVP.
내가 좋아하는 선수가 MVP 상을 탔을 때 너무 신이 났다.

It was a really exciting game.
손에 땀을 쥐게 하는 경기였다.

It was the best game I ever watched.
내가 본 경기 중 최고의 경기였다.

A There is one game that really sticks out in my memory as the most memorable. Our team played against Greece in the 2010 soccer World Cup. I watched it with a huge crowd, and the noise was deafening. It was so exciting to see everyone wearing red to support our team. Even though our team was winning throughout the game, it was still very exciting. Especially when Park Ji-Sung added one more goal in the second half, we almost cried. At the end of the game, the crowd was so happy and excited, and they still cheered long after the game had finished. Korea didn't win the World Cup, but they did win against Greece.

내 기억에 가장 잊을 수 없는 한 경기가 있습니다. 우리 팀은 2010 월드컵에서 그리스와 경기를 했습니다. 나는 많은 사람과 경기를 봤고 군중 소리에 귀청이 떨어질 듯했습니다. 모든 사람이 빨간색 옷을 입고 우리 팀을 응원하는 것을 들으니 너무 흥미진진했습니다. 우리팀이 경기 내내 이기고 있었지만 흥미진진했습니다. 특히 박지성 선수가 후반전에서 한 골을 더 넣었을 때, 우리는 거의 울음을 터뜨렸습니다. 경기 마지막에 많은 사람이 너무 행복하고 흥분해서 게임이 끝나고 나서도 계속 응원했습니다. 한국은 월드컵에서 우승하지는 못했지만, 그리스와의 경기에서 이겼습니다.

14 집안일

출제 경향

1. 집에서 주로 하는 집안일 묘사하기
2. 어렸을 때 했던 집안일 이야기하기
3. 가장 어려운 집안일 이야기하기
4. 다음 주에 할 집안일 설명하기
5. 집안일을 분담하는 방법에 대해 이야기하기

집안일에 관한 문제는 꾸준히 출제되고 있는 OPIc의 전형적인 주제입니다. 몇몇 학생들은 준비하지 않고 시험장에 가서 이 문제를 받고 아주 당황했다고 하는데요, 실전에 대비해서 쓸 수 있는 표현과 브레인스톰을 준비하고 시험장에 갈 것을 권합니다. 집안일에 관련된 문제는 크게 나누어서 집에서 주로 하는 집안일, 어렸을 때 했던 집안일, 가장 어려운 집안일 등으로 나옵니다. 그 밖에도 다음 주에 할 집안일, 집안일을 어떻게 분담하는지 등에 대해 묻기도 합니다.

 Q1 You indicated in the survey that you do housework. What kind of house chores do you usually do?

▶▶ 설문에서 당신은 집안일을 한다고 했습니다. 당신은 보통 어떤 종류의 집안일을 하나요?

자신이 주로 하는 집안일을 생각해 보세요. 시간적인 순서로 어떤 일을 우선으로 하고, 어떤 일을 그다음으로 하는지 이야기해 볼 수 있습니다. 또는 주중과 주말에 나누어서 하는 일을 분류해 볼 수도 있습니다. 바쁠 때는 집안일을 잠시 미룰 때도 있습니다. 책상을 치우거나, 침대를 정리하거나, 청소기를 돌리거나, 먼지를 떨고, 바닥을 닦고, 빨래도 합니다. 그 외에도 많은 일이 있겠는데요. 이것들을 잘 정리해서 여러분의 고유한 답으로 만들어 보세요.

Brainstorm

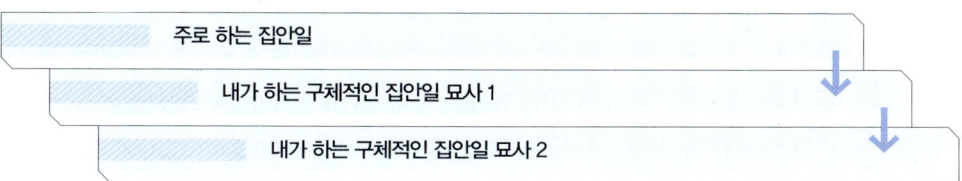

Possible story

저는 혼자 살기 때문에 집에 있을 때, 집안일을 혼자 다 합니다. 제 방은 항상 지저분합니다. 옷은 여기저기 널려 있고 물건들은 정리가 안 되어 있는 편입니다. 그래서 저는 무엇을 먼저 해야 할지를 목록에 적어 놓습니다. 어떤 일은 주중에 하고 어떤 일은 주말에 끝내기도 합니다. 제가 아주 바쁠 때는 집안일을 미루기도 합니다. 저는 가능하면 자주 빨래를 합니다. 빨랫줄에 옷을 널고 (마르면) 개어 놓습니다. 가끔 소파에 빨래를 개지 않고 그대로 두기도 합니다. 주말마다, 저는 먼지를 털고, 청소기를 돌리고 닦는 순서로 집을 깨끗하게 청소합니다. 청소가 끝나면, 설거지를 하고 쓰레기를 버립니다. 이런 식으로 집을 청소하는 데 많은 시간을 보내지만, 그 다음 날엔 다시 지저분해집니다.

문장 ① 저는 혼자 살기 때문에 (since I live by myself) 집에 있을 때 (when I stay at home), 집안일을 혼자 다 합니다 (do chores).

문장 ② 제 방은 항상 지저분합니다 (my room is a constant mess). 옷은 여기저기 널려 있고 (clothes are everywhere) 물건들은 정리가 안 되어 있는 편입니다 (things are not organized).

문장 ③ 그래서 (thus) 저는 무엇을 먼저 해야 할지를 (things that should be done) 목록에 적어 놓습니다 (make a list of).

문장 ④ 어떤 일은 주중에 (during the weekdays) 하고 어떤 일은 주말에 (on the weekends) 끝내기도 합니다 (get done).

문장 ⑤ 제가 아주 바쁠 때는 (when I am extremely busy) 집안일을 미루기도 합니다 (put off some chores).

문장 ⑥ 저는 가능하면 자주 (as often as necessary) 빨래를 합니다 (do the laundry).

문장 ⑦ 빨랫줄에 (on the clothesline) 옷을 널고 (hang clothes) (마르면) 개어 놓습니다 (fold them).

문장 ⑧ 가끔 소파에 (on the sofa) 빨래를 개지 않고 그대로 두기도 합니다 (leave laundry unfolded).

문장 ⑨ 주말에는 (on weekends) 저는 먼지를 털고 (by dusting), 청소기를 돌리고 (vacuuming) 닦는 (mopping) 순서로 (in order) 집을 깨끗하게 청소합니다 (keep the house clean).

문장 ⑩ 청소가 끝나면 (when it is done), 설거지를 하고 (do the dishes) 쓰레기를 버립니다 (empty the trash).

문장 ⑪ 이런 식으로 (in this way) 집을 청소하는 데 (cleaning up my place) 많은 시간을 보내지만 (spend so much time), 그 다음 날엔 (by the next day) 다시 지저분해집니다 (it's always messy again).

Sample

When I stay at home, I do all the chores myself since I live by myself. My room is a constant mess. Clothes are everywhere and things are not organized. Thus, I usually make a list of things that should be done. Some chores get done during the weekdays and others get done on the weekends. When I am extremely busy, I put off some chores, too. I do the laundry as often as necessary. Then, I hang clothes on the clothesline and fold them. Sometimes, I leave laundry unfolded on the sofa. On weekends, I keep the house clean in order by dusting, vacuuming and mopping. When it is done, I do all the dishes and empty the trash. In this way, I spend so much time cleaning up my place, but it's always messy again by the next day.

Expression

보통 장소가 지저분하거나 일이 잘 안 풀릴 때는 **mess**를 씁니다. 여기서는 명사로 쓰였으나 동사로 쓰이면 '엉망으로 만들다'의 뜻이 됩니다. **What a mess!**, **Such a mess!**는 '엉망이군'이란 뜻입니다. 명사로 쓰일 때 주로 단수로 쓰이며 앞에 관사 **a**가 같이 쓰인다는 것을 기억하세요. **messy**는 여기서 '지저분한'이란 뜻의 형용사로 **untidy**(지저분한)와 같이 쓸 수 있습니다.

'~하다'라고 말할 때 **do**를 쓰는 경우와 **make**를 쓰는 경우를 구별해서 정확히 써야 합니다. **do the laundry**(빨래하다), **do the dishes**(설거지하다), **do research on something**(~에 대해 연구하다), **make a decision**(결정하다), **make a presentation**(발표하다), **make a mistake**(실수하다)가 있습니다.

put off는 동사구로 '미루다'라는 뜻이며 목적어가 대명사처럼 짧은 경우 단어 사이에 목적어를 넣습니다. '(집안일을 미루다'는 **put off some chores** 또는 **put them off**를 씁니다.

spend는 '~하는 데 시간[돈]을 소비하다'라는 의미로 '**spend** 시간[돈] + **ing** (동명사)/ **on** + 명사'의 형태로, I spent several hours reading a book.(책을 읽는 데 몇 시간을 보냈다.), I spent $20,000 on a new car. (새 차를 사는 데 2만 달러를 썼다.)라고 씁니다.

집안일 표현

house chores/ household chores/ housework/ home chores/ chores 집안일 ∥
do house chores/ do some chores 집안일을 하다 ∥
indoor chores 집안 내부 일 ∥ **outdoor chores** 집안 외부 일 ∥

집안일 습관

I do all the chores[most of the chores].
나는 집안일을 모두[대부분] 한다.

I clean my room in the morning.
나는 아침에 방 청소를 한다.

I am responsible for cleaning the bathroom.
나는 화장실 청소를 담당한다.

I often do the laundry.
나는 자주 빨래를 한다.

I split chores with my brother.
내 동생과 집안일을 나눈다.

On weekends, I do chores left behind the entire of the week.
주말에 나는 일주일 내내 쌓인 집안일을 한다.

I make a list of chores to do.
나는 집안일 리스트를 적어 놓는다.

My mom usually gives chores to everyone in my family.
엄마가 가족 모두에게 집안일을 시킨다.

집안일의 종류

I clean the house.
나는 집을 청소한다.

I wash the dishes.
나는 설거지를 한다.

I sweep and mop the floor.
나는 마루를 쓸고 닦는다.

I sort the recycling.
나는 재활용품을 분류한다.

I throw away garbage[empty the trash].
나는 쓰레기를 버린다.

I do the laundry and iron clothes.
나는 빨래하고 옷을 다린다.

I water the plant.
나는 화분에 물을 준다.

I walk the dog.
나는 강아지를 산책시킨다.

I help my mom prepare dinner.
나는 엄마가 저녁 준비하는 것을 돕는다.

I feed my pet.
나는 애완동물에게 먹이를 준다.

I tidy my desk.
나는 내 책상을 정리 정돈한다.

make bed 침대를 정리하다 ∥ **do minor repairs** 간단한 수리를 하다 ∥
change bed linens 침대보를 바꾸다 ∥

 **Tell me about your responsibility at home when you were young. Please describe all the house chores you did as much detail as possible.**

▶▶ 어렸을 때 집에서 맡았던 당신의 책임에 대해 말해 주세요. 가능한 한 자세히 당신이 했던 모든 집안일을 묘사해 보세요.

어렸을 때 여러분이 맡았던 책임을 생각해 보세요. 앞에 제시한 표현들 외에 공부를 열심히 하거나, 동생을 돌보거나, 엄마의 가사일을 도와주는 등 여러분이 과거에 맡았던 책임이 있을 것입니다. 답변을 위해 첫 번째로, 얼마나 많은 집안일을 얼마나 자주 했는지를 일반적인 문장으로 이야기를 진행하면서 구체적으로 어떤 집안일을 했는지 2~3개 정도 말해 보세요.

Brainstorm

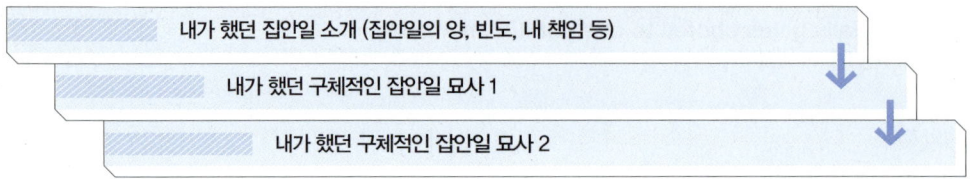

어렸을 적에 했던 집안일

I used to dust my room.
나는 내 방 먼지를 털었다.

I took out trash every day.
나는 매일 쓰레기를 버렸다.

I took care of my younger sister.
나는 내 여동생을 돌봐줬다.

Another chore I did was cleaning the bathroom.
내가 했던 다른 집안일은 화장실 청소였다.

I helped my mom prepare the meals.
나는 엄마가 음식 준비하는 것을 도왔다.

My mom asked me to pick up the mail.
엄마가 나에게 우편물을 가져오라고 시켰다.

I picked up the dirty laundry and put it into the washer.
나는 더러운 빨랫감을 모아서 세탁기에 넣었다.

I put the toys away that were scattered all over the floor.
나는 마루에 여기저기 널려 있는 장난감을 치웠다.

A I had to do a lot of chores around the house when I was young. My room was not really messy because I tried to keep it organized. I remember I made the bed after I got up and I made an effort to hang up my clothes. On the weekends, I always cleaned the house with my mom. My mom dusted the rooms first and then I vacuumed the floor. When we were done cleaning, I sorted the recycling with my brother. Also, I picked up the dirty laundry and put it in the washer. It was hard work, but because we all did it together, it made the load easier. It was even sometimes fun to clean with my brother, as we could play a little bit at the same time. Cleaning the house was a bit of a hassle, but it always felt good after we were finished.

나는 어렸을 때 집안일을 많이 했습니다. 내 방은 스스로 정리하려고 하는 편이라 지저분하지는 않았습니다. 일어나면 침대를 정리하고 옷을 걸어놨습니다. 주말이면 엄마와 함께 집을 항상 청소했습니다. 엄마가 먼저 방 먼지를 떨어내면 나는 진공청소기로 바닥을 청소했습니다. 청소를 마치면 오빠와 함께 재활용을 분류했습니다. 또한, 빨래를 모아서 세탁기에 넣었습니다. 힘든 일이었지만 같이 청소를 하기 때문에 훨씬 쉬웠습니다. 때로는 청소를 하면서 오빠와 같이 놀 수 있어서 재미있기도 했습니다. 집 안 청소는 귀찮은 일이긴 하지만 청소가 끝나면 기분이 좋았습니다.

Q3 What are the hardest chores you have? Why are the chores difficult for you? Please explain them and your reasons why in detail.

▶▶ 당신이 하는 가장 어려운 집안일은 무엇인가요? 왜 그 일이 여러분에게 어렵나요? 어려운 집안일과 이유를 자세히 설명해 주세요.

우선 자신이 주로 어떤 집안일을 하는지 이야기해 보세요. 그중에 어떤 일이 가장 힘든지 몇 가지 어려운 일을 생각해 보세요. 집안 청소, 빨래, 마루 닦기 등 신체적으로 힘든 일들을 생각해 보고 그 결과 생기는 문제를 생각해 볼 수 있습니다. 예를 들어, 집 안 전체를 청소하면 시간도 많이 걸리고 몸이 피곤해지고 허리도 아플 수 있습니다. 이러한 이유를 들어 여러분의 답을 아래의 브레인스톰에 맞춰 만들어 보세요.

Brainstorm

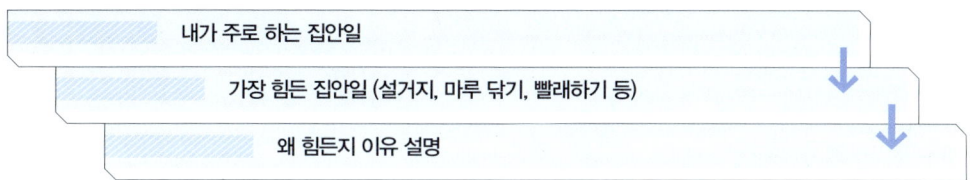

힘든 집안일

One of the hardest chores I do is shoveling the snow.
내가 하는 가장 힘든 일 중 하나는 눈을 치우는 것이다.

Scrubbing the bathtub is so tiring.
욕조를 문질러 닦는 것은 너무 피곤한 일이다.

When I vacuum the living room, I get so exhausted.
거실을 청소할 때, 나는 아주 피곤해진다.

My back hurts after I mop the floor.
마루를 닦으면 허리가 아프다.

Folding the laundry is so irritating.
빨래를 개는 것은 아주 짜증난다.

It is really tiring to clean the whole house.
집 안 전체를 청소하는 것이 정말 피곤하다.

Sweeping the floor is time consuming.
바닥을 쓰는 것은 시간이 오래 걸린다.

Washing clothes by hands is bothering me.
손으로 빨래하는 것은 귀찮다.

A One of the hardest household chores I have is cleaning the bathroom. I have to clean the whole house myself, however the bathroom is the chore I hate the most. It is so difficult to scrub the bathtub, and it never seems to get fully clean. The bathroom is white, so you can see when it's even only a little bit dirty. Also, cleaning the bathroom is so time-consuming. There are five people in our house, so I sometimes have to do it twice a week. Sometimes the smell of the cleaning products makes me dizzy. All household chores are tiring and difficult, but I think cleaning the bathroom is definitely the hardest.

내가 하기 가장 어려운 집안일은 화장실을 청소하는 것입니다. 집 전체를 혼자 청소해야 하지만 화장실 청소는 가장 하기 싫습니다. 욕조를 청소하는 것은 너무 힘들고 아무리 닦아도 절대로 깨끗해지는 것 같지 않습니다. 화장실이 하얀색이라 조금 더러운 부분이 생기면 다 보입니다. 또한, 화장실 청소는 시간이 오래 걸립니다. 우리 집에 5명의 사람이 있어서 가끔은 일주일에 두 번씩 청소를 해야 합니다. 때로는 세제 냄새 때문에 어지럽기도 합니다. 모든 집안일은 힘들고 어렵지만, 화장실 청소가 가장 어렵다고 생각합니다.

15 병원

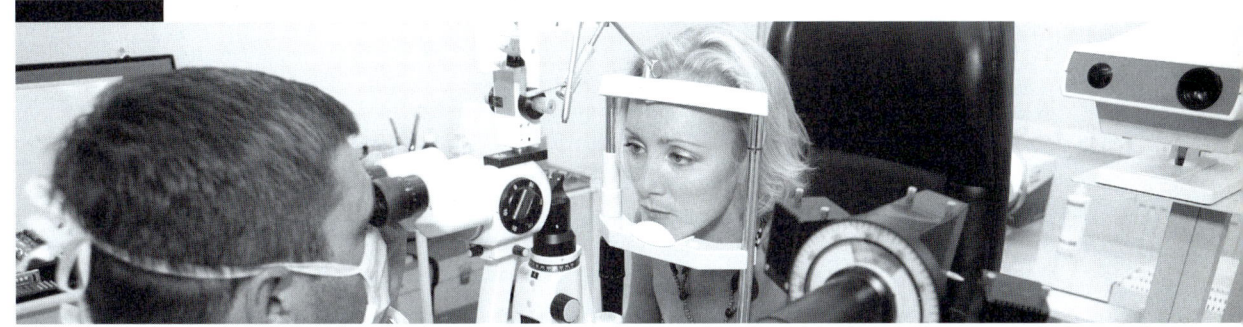

출제 경향

1. 병원에 얼마나 자주 가는가, 거기서 무슨 일이 일어나는지 이야기하기
2. 병원 또는 clinic에 대해 묘사하기
3. 어렸을 때 갔던 병원에서의 경험 이야기하기
4. 병원이나 치과의 의사에 대해 이야기하기
5. 최근 병원 방문 경험 이야기하기

병원 관련 문제는 꾸준히 출제되고 있습니다. 그중에서 많이 출제되는 유형들을 보고 연속되는 시리즈 문제를 준비해 두세요. 콤보 문제는 보통 3문제로 일반적인 주제, 구체적인 주제(병원, 의사, clinic에 대한 묘사), 마지막으로 어렸을 적 병원 관련 경험과 관련된 문제를 묻게 됩니다. 특히 학생이 이 분야에 대한 전문적인 용어를 잘 모르고 많이 이야기해 본 경험이 없어서 병원에 대한 주제를 어려워하는 편입니다. 증상을 이야기할 때 처음으로 쓰는 생소한 표현이나 발음은 꾸준히 연습해야 합니다.

Q1 You have indicated in the survey that you go to see a doctor. Can you tell me how often you go to see a doctor or a dentist? Please tell me what usually happens when you visit your doctor or dentist.

▶▶ 당신은 설문에서 병원에 간다고 했습니다. 얼마나 자주 병원 또는 치과에 가는지 말해 보세요. 병원에 가면 보통 어떤 일이 일어나는지 이야기해 보세요.

이 문제는 우리가 병원에 가게 되면 일어나는 일들을 순서대로 생각해 보면 더욱 쉬울 겁니다. 병원에 처음 들어갔을 때부터 순서대로 어떤 일이 일어나는지 생각해 보세요. 병원에 가면 일반적으로 간호사가 체온을 재거나(take the temperature), 혈압을 재는(take the blood pressure) 경우가 있습니다. 이 외에도 주사를 맞거나, 검사를 좀 더 해 보거나, X-ray를 찍기도 합니다. 또한, 진료 후 처방을 받고 약국에서 약을 사서 복용하는 내용을 말해 볼 수 있습니다.

Brainstorm

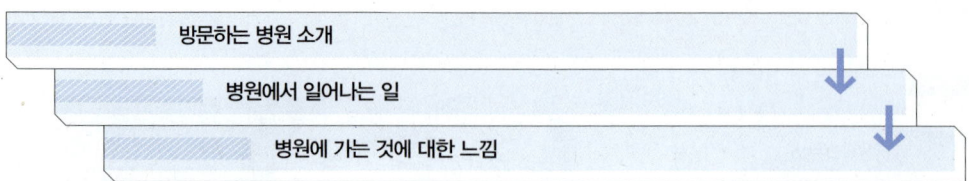

Possible story

저는 6개월마다 정기 검진을 받으러 집에서 5분 떨어져 있는 치과에 갑니다. 치과 방문은 1시간에서 2시간 정도 걸립니다. 치과에서는, 치과 직원 중 한 명이 진찰실로 안내해 주고 치아에 문제가 있는지 보려고 엑스레이를 찍습니다. 그다음, 치과 의사가 엑스레이를 검토하고 충치가 있는지 보려고 제 치아를 검사합니다. 만약 충치가 있다고 확인되면, 충치를 제거하고 때워줍니다. 물론, 의사는 제가 통증을 느끼지 못하도록 주사를 놓습니다. 그 후, 치과 보조사가 제 이에 있는 치석을 제거해서 치아를 깨끗하게 해 줍니다. 병원에서 치료를 잘해 주지만, 저는 냄새 때문에 병원에 가는 것을 좋아하지 않습니다.

- 문장 ❶ 저는 6개월마다 (every six months) 정기 검진을 받으러 (a regular check up) 집에서 5분 떨어져 있는 (five minutes away from) 치과에 갑니다.
- 문장 ❷ 치과 방문은 (visit) 1시간에서 2시간 정도 걸립니다 (lasts one to two hours).
- 문장 ❸ 치과에서는 (at the dentist's office), 치과 직원 중 한 명이 진찰실로 안내해 주고 (escort me into one of the examination rooms) 치아에 문제가 있는지 보려고 (to detect any problems) 엑스레이를 찍습니다 (x-ray my teeth).
- 문장 ❹ 그다음, 치과 의사가 엑스레이를 검토하고 (review the x-rays) 충치가 있는지 보려고 (to see if I have any cavities) 제 치아를 검사합니다 (inspect my teeth).
- 문장 ❺ 만약 충치가 있다고 확인하면 (any cavities), 충치를 제거하고 (clean) 때워줍니다 (fills them).
- 문장 ❻ 물론 (of course), 의사는 제가 통증을 느끼지 못하도록 (I don't feel any pain) 주사를 놓습니다 (give me an injection).
- 문장 ❼ 그 후, 치과 보조사가 제 이에 있는 (on my teeth) 치석을 (plaque) 제거해서 (remove) 치아를 깨끗하게 해 줍니다 (clean my teeth).
- 문장 ❽ 병원에서 치료를 잘해 주지만, 저는 냄새 때문에 (because of their smell) 병원에 가는 것을 좋아하지 않습니다 (do not like to go to hospitals).

Sample

Every six months, I visit a dental clinic located five-minutes away from my place for a regular checkup. The visit usually lasts one to two hours. At the dentist's office, one of the dental professionals will escort me into one of the examination rooms and x-ray my teeth to detect any problems. Then, the dentist reviews the x-rays and inspects my teeth to check to see if I have any cavities. If he sees any cavities, he cleans and fills them. Of course, he first will give me an injection so I don't feel any pain. After that, the dental assistant will clean my teeth by removing any plaque buildup on my teeth. Although they provide good treatment, I do not like to go to hospitals because of their smell.

Expression

'정기 검진'이라는 표현은 **a regular checkup, a routine checkup**이라고 말하며 '정기 검진을 받는다'는 표현은 **have[get] a regular checkup**이라고 말합니다. '일 년에 한 번씩 받는 검진'은 **an annual checkup**으로 말하면 됩니다.

'X-ray를 찍다'는 **X-ray my teeth**라고 표현합니다. 이때 X-ray는 명사가 아니라 동사로 'X-ray를 찍다'라는 뜻입니다. 또는 **take an X-ray**라고 표현해도 됩니다.

'환자 입원실'은 **a patient room**, '진찰실'은 **an examination room**이라고 표현합니다. 참고로 '입원하다'는 **be admitted to the hospital**, '퇴원하다'는 **be discharged from the hospital**이라고 합니다.

'충치를 때우다'의 표현은 동사 **fill**로 씁니다. 예를 들어, **I had four cavities filled (with gold).**라고 하면 '4개의 충치를 (금으로) 때웠다.'라는 의미입니다.

'주사를 놓다'는 **give an injection, give a shot**, '주사를 맞다'는 **get a shot, get an injection**으로 표현합니다.

'치석'은 **plaque** 또는 **plaque buildup**, '치석을 제거하다'는 **remove plaque buildup**으로 씁니다.

'통증을 느끼지 않는다'는 **do not feel any pain**이라고 하고 '통증을 줄이다'의 표현은 **reduce pain, alleviate pain, ease pain**이라고 말합니다.

발음하기 어려운 병원 관련 용어

swollen [swóulən] 부어오른
diarrhea [dàiərí:ə] 설사
alleviate [əlí:vièit] 완화하다
nauseous [nɔ́:ʃəs | -ziəs] 메스꺼운
prescription [priskrípʃən] 처방, 처방전
stethoscope [stéθəskòup] 청진기
anesthetic [ænəsθétik] 마취제

heartburn [háːrtbəːrn] 속쓰림
constipation [kɑ̀nstəpéiʃən / kɔ̀n-] 변비
fever [fíːvər] 열, 고열
immune [imjúːn] 면역성이 있는
operation [ɑ̀pəréiʃən / ɔ̀p-] 수술
floss [flɔ(ː)s | flɑs] 치실 질을 하다
ointment [ɔ́intmənt] 연고

건강 관련 표현

take care of one's health 건강을 관리하다 ‖ **be in good shape/ be fit** 건강을 유지한다/ 건강하다 ‖
neglect one's health 건강관리에 소홀하다 ‖

병원 관련 표현

make an appointment with a doctor 의사와 약속을 하다 ∥
get a medical [routine] check up 건강검진을 받다 ∥
get blood test 혈액검사를 하다 ∥
have one's body[eyes] examined 신체[시력]검사를 받다 ∥
get a prescription 처방을 받다 ∥
get a shot[an injection] 주사를 맞다 ∥
have a surgery[an operation] 수술하다 ∥
be in the hospital/ be hospitalized 입원하다 ∥
take an X-ray[MRI/ CT] X-Ray[MRI/ CT]를 찍다 ∥
have my prescription filled 처방전에 따라 약을 받다 ∥

몸이 안 좋을 때

I don't feel very well./ I feel sick./ I am under the weather./ I am in bad shape.
몸이 안 좋다

get[catch] a cold 감기에 걸리다 ∥ **come down with the flu** 독감에 걸리다 ∥
suffer from a disease 병을 앓다 ∥ **be seriously injured** 심하게 부상당하다 ∥

증상 및 그 외 표현

have a fever 열이 있다 ∥ **have heartburn** 속이 쓰리다. 타다 ∥
have a runny nose 콧물이 나다 ∥ **have a sore throat** 목이 아프다 ∥
have diarrhea 설사하다 ∥ **feel nauseous** 매스껍다 ∥
get cold sweats 식은땀을 흘리다 ∥

My hands are swollen.
내 손이 부었다.

suffer from constipation 변비로 고생하다 ∥ **undergo further tests** 검사를 더 받다 ∥
have weak[poor] eyesight 시력이 안 좋다 ∥ **have braces** 치아 교정기를 하다 ∥
alleviate the pain 통증을 완화하다 ∥ **be not immune to an illness** 면역이 없다 ∥

Q2 Tell me about a doctor or dentist when you go to the hospital. How is he or she? Or what is the clinic like?

▶▶ 병원에 갈 때 만나는 의사나 치과 의사에 대해서 이야기해 보세요. 의사는 어떤가요? 병원은 어떤가요?

처음부터 의사에 대해 묘사를 하는 것보다 병원에 가는 이유나 병원 소개를 먼저 시작하세요. 예를 들어 I usually go to see a dermatologist when I have skin problems.(피부에 문제가 있을 때, 피부과에 갑니다). 참고로 Dermatologist는 '피부과 전문의'를 말하며 '피부과에 간다'라는 표현은 visit a dermatologist 또는 go to see a dermatologist로 합니다. 치과 의사일 경우 visit a dentist twice a year for a check-up and tooth cleaning.(정기적인 검사와 스케일링을 하러 일 년에 두 번 치과에 간다.)라고 할 수 있습니다. 의사에 대한 묘사는 여러분에게 어떤 도움을 주는지, 얼마나 알고 지내왔는지 이야기합니다.

Brainstorm

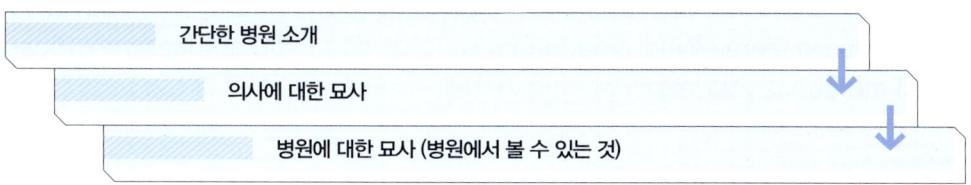

간단한 병원 소개
의사에 대한 묘사
병원에 대한 묘사 (병원에서 볼 수 있는 것)

의사에 대한 묘사
perform an operation 수술하다 ∥
examine patients with a stethoscope 청진기로 환자를 진료하다 ∥
provide treatment 치료해 준다 ∥
make one's rounds 회진하다 ∥
advise the patients 환자에게 조언하다 ∥
record the patient's condition on one's chart 차트에 환자의 상태를 기록하다 ∥
remind me to brush my teeth after meals 식후에 이를 닦으라고 알려주다 ∥
tell me to floss every day 내게 매일 치실 질을 하라고 하다 ∥
recommend some good oral hygiene practices 좋은 구강위생 관리를 조언하다 ∥

병원에서 볼 수 있는 것
machines with sounds 소리 나는 기계 ∥ **machines with lights** 불이 켜지는 기계 ∥
an X-ray machine 엑스레이 기계 ∥ **an ambulance** 구급차 ∥
a patient bed 환자 침대 ∥ **a stretcher** 들것 ∥ **a syringe** 주사기 ∥
a wheelchair 휠체어 ∥ **patients** 환자 ∥ **medical professionals** 의료인 ∥

A I recently had to visit the Yonsei Severance Hospital to see the dentist. I'm always very nervous when I see the dentist, but my dentist made me feel very comfortable. He could see that I was uncomfortable, so he told me jokes to put me at ease. My dentist was very thorough, and I could see him recording my condition on my chart. After he finished his examination, he told me to floss every day and reminded me to brush my teeth after meals. The hospital was quite large, and I was late to my appointment because I got lost. However, I was lucky my dentist was so nice.

나는 최근 치과 때문에 연세 세브란스 병원에 가야 했습니다. 나는 항상 치과에 가면 긴장을 많이 하지만 의사 선생님이 아주 편안하게 해 주셨습니다. 선생님은 내가 불편한 것을 알고 편하게 해주려고 농담을 건넸습니다. 의사 선생님은 아주 철저하셨고 차트에 내 상태를 기록하는 것을 볼 수 있었습니다. 검사를 마친 후에 선생님께서는 내게 매일 치실 질을 하고 식후에 이를 닦으라고 말씀해 주셨습니다. 병원은 아주 컸고 내가 길을 잃어서 의사 선생님과의 약속에 늦었습니다. 그러나 의사 선생님께서 아주 친절하셔서 다행이었습니다.

Q3 Think back to the day when you first went to a dental clinic. With whom did you go there? What treatments were given to you at that time? Please tell me about your experience in detail.

▶▶ 당신이 치과에 처음 갔던 날을 생각해 보세요. 누구와 같이 갔나요? 어떤 치료를 그때 받았나요? 당신의 경험을 자세하게 말해 보세요.

첫 경험에 대한 질문은 OPIc 시험이 좋아하는 문제 유형입니다. 병원뿐 아니라 기술, 학교, 이웃에 대한 주제에서도 자주 출제되는 문제입니다. 이럴 때는 항상 첫 문장은 육하원칙을 기준으로 해서 언제, 누구와 어디서, 무엇을 했는지를 도입부로 이야기해 봅니다. 다음으로 어떤 치료를 받았는지에 대한 자세한 설명이 필요합니다. 아래의 예처럼 치과에서 치석제거를 하거나, 사랑니를 빼거나, 충치를 때우거나 그 외에 검진을 받는 경우도 많이 있습니다.

Brainstorm

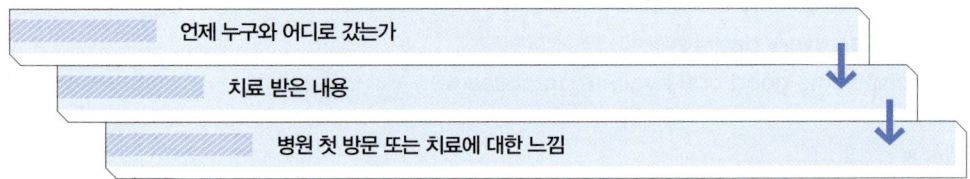

치료받은 내용

have my teeth whitened 치아 미백을 하다 ‖
get my wisdom teeth[a tooth] pulled 사랑니[치아]를 뽑다 ‖
get a local anesthetic/ get general anesthetic 국부 마취를 하다/ 전신 마취를 하다 ‖
take some medicine 약을 먹다 ‖
apply ointment to the wound 상처에 연고를 바르다 ‖
receive an IV 정맥 주사를 맞다 ‖

병원에 가는 것에 대한 느낌

I personally do not like to go to the hospital because of its smell.
나는 냄새 때문에 병원에 가는 것을 개인적으로 좋아하지 않는다.

I feel scared whenever I see a needle.
주사바늘을 볼 때마다 무섭다.

I feel okay going to the hospital as long as I don't get a shot.
주사를 맞지만 않으면 병원 가는 것은 괜찮다.

If it is not life threatening, I prefer not to go to the hospital.
생명에 지장이 없으면 병원에 안 가려고 한다.

I do not like the sound of the dentist's drill.
나는 치과 의사가 사용하는 드릴 소리를 좋아하지 않는다.

The first time I went to the dentist, I was 14 years old and went to get a cavity filled. I don't like the dentist, so I was very nervous when I arrived. The nurse sat me down in the chair and gave me a needle filled with anesthetic. It hurt, but afterwards my mouth was numb. It was strange not feeling any pain, even though the dentist was doing things in my mouth. I couldn't eat anything for many hours after my visit to the dentist. Now I make sure I clean my teeth regularly so I won't get more cavities. Even though my dentist was very good at his job, I would still prefer not to go back again.

나는 14살 때 충치를 때우러 치과에 처음 갔습니다. 치과 의사를 별로 좋아하지 않아서 병원에 도착했을 때 나는 아주 긴장했습니다. 간호사가 나를 의자에 앉히고 마취제를 놓았습니다. 주사는 아팠지만, 그 후 감각이 없었습니다. 의사가 치료하는 동안 아무런 통증을 느끼지 못해서 이상했습니다. 치과를 다녀오고 나서 나는 몇 시간 동안 아무것도 먹지 못했습니다. 지금은 충치를 예방하기 위해 규칙적으로 이를 꼭 닦습니다. 치과 의사가 치료를 잘해 주었지만 치과에 다시는 가고 싶지 않았습니다.

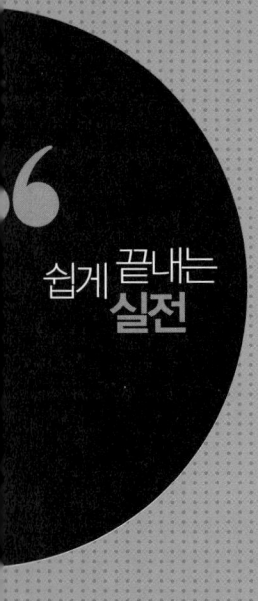

쉽게 끝내는
실전

취미 & 관심사

UNIT 16   TV & DVD 시청
UNIT 17   인터넷 하기
UNIT 18   독서하기
UNIT 19   음악 감상

16 TV & DVD 시청

출제 경향

1. 좋아하는 TV 프로그램 이야기하기
2. 좋아하는 TV 프로그램 장르 이야기하기
3. 좋아하는 TV 인물 이야기하기
4. DVD 시청 습관과 목적 이야기하기
5. 기억에 남는 TV 프로그램 이야기하기
6. TV 시청의 장단점 이야기하기

여러분이 OPIc 설문에서 TV나 DVD 시청을 고르셨다면, 가장 좋아하는 TV 프로그램 소개, TV 프로그램 장르, 좋아하는 배우, DVD 시청 목적 등에 대해 답변을 준비해야 합니다. 그 외에도 TV 시청 습관, 기억에 남는 TV 프로그램, TV 시청의 장단점 이야기하기 등이 시험에 나오고 있습니다. 특히 자주 출제되는 좋아하는 TV 프로그램이나 좋아하는 배우와 관련된 문제에 대해서는 꼭 답안을 만들어서 어떠한 항목을 브레인스톰에 넣었는지 기억해야 합니다.

 **Q1** You indicated in the survey that you like to watch TV. How many hours a day do you watch TV? What type of programs do you enjoy watching?

▶▶ 당신은 설문에서 TV 보기를 좋아한다고 했습니다. 당신은 하루에 보통 몇 시간 TV를 시청하나요? 그리고 어떤 프로그램을 시청하길 좋아하나요?

TV 시청 습관에 대한 질문입니다. 우선 TV를 얼마나 시청하는지 어떤 프로그램을 보는지 생각해 보세요. 하루에 평균적으로 시청하는 시간과 시간대, 또는 그 외의 TV 시청 습관을 생각해 보세요. 예를 들어, 밥을 먹으면서 시청하거나 TV를 켠 채 잠에 드는 사람이 있을 것입니다. 너무 바빠서 주말에 시간을 내서 시청하는 사람도 있을 것입니다. TV 프로그램의 종류로는 뉴스, 스포츠, 코미디, 영화, 정치, 다큐멘터리 등 다양합니다. 그중 자신이 특히 즐겨보는 프로그램은 무엇인지 그 프로그램에 대해 설명해 보세요. 그리고 좋아하는지 그 이유를 부가적으로 넣어서 답변해 보세요.

Brainstorm

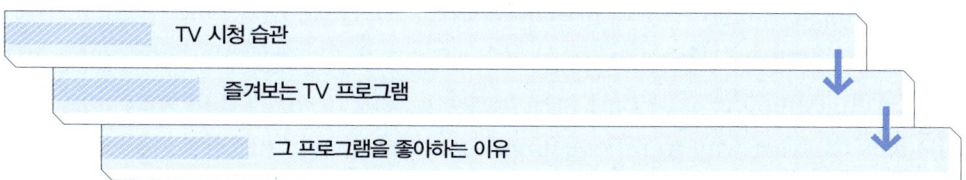

- TV 시청 습관
- 즐겨보는 TV 프로그램
- 그 프로그램을 좋아하는 이유

Possible story

저는 다양한 TV 프로그램을 보는 것을 즐깁니다. 보통 저는 하루에 평균 한두 시간 정도 TV를 시청합니다. 그러나, 제가 주중에는 바빠서 좋아하는 쇼를 자주 놓치는 편입니다. 그래서 주말에는 좋아하는 TV 쇼의 재방송을 보려고 합니다. 때로는, TV를 켠 채로 잠을 자거나 밥을 먹으면서 TV를 보기도 합니다. 제가 좋아하는 프로그램은 버라이어티 쇼입니다. 그중 하나는 "무한 도전"입니다. 주말에 한 번 하는 그 프로그램은 6명의 스타들이 나오는데 매주 어려운 임무가 주어집니다. 각 출연 멤버들은 너무 재미있습니다. "무한 도전"을 보는 것은 스트레스를 해소할 수 있는 좋은 방법입니다. 제가 좋아하는 또 다른 프로그램은 "스타킹"입니다. 이 프로그램은 매주 토요일에 방송되고 많은 평범한 사람들이 무대에 나와서 자신의 재능을 보여 줍니다. 이러한 프로그램들은 재미있고 저를 항상 웃게 합니다. "무한 도전"과 "스타킹" 프로그램은 제가 TV에 중독되게 하는 주된 이유이기도 합니다.

문장 ❶ 저는 다양한 (a wide variety of) TV 프로그램을 보는 것을 즐깁니다 (enjoy watching).

문장 ❷ 보통 저는 하루에 평균 한두 시간 정도 (about 1 to 2 hours) TV를 시청합니다 (spend).

문장 ❸ 그러나, 제가 주중에는 바빠서 (because I am busy) 좋아하는 쇼를 (favorite shows) 자주 놓치는 편입니다 (miss).

문장 ❹ 그래서 주말에는 좋아하는 TV 쇼의 재방송을 (reruns of my favorite programs) 보려고 합니다 (try to watch or try to catch).

문장 ❺ 때로는, TV를 켠 채로 잠을 자거나 (fall asleep with the TV on) 밥을 먹으면서 (during meals) TV를 보기도 합니다.

문장 ❻ 제가 좋아하는 프로그램은 버라이어티 쇼입니다 (variety shows).

문장 ❼ 그중 하나는 (one of them) "무한 도전"입니다 (called "Infinity Challenge").

문장 ❽ 주말에 한 번 하는 그 프로그램은 (the weekly show) 6명의 스타들이 나오는데 매주 어려운 임무가 주어집니다 (given difficult challenges).

문장 ❾ 각 출연 멤버들은 (cast members) 너무 재미있습니다. "무한 도전"을 보는 것은 스트레스를 해소할 수 있는 좋은 방법입니다 (a great way to relieve stress).

문장 ❿ 제가 좋아하는 또 다른 프로그램은 (another program I love to watch) "스타킹"입니다.

문장 ⓫ 이 프로그램은 매주 토요일에 방송되고 (is aired on Saturdays) 많은 평범한 사람들이 (ordinary people) 자신의 재능을 보여 줍니다 (display their talents).

문장 ⓬ 이러한 프로그램들은 재미있고 (hilarious) 저를 항상 웃게 합니다 (make me laugh).

문장 ⓭ "무한 도전"과 "스타킹" 프로그램은 제가 TV에 중독되게 하는 (I am getting addicted to TV) 주된 이유이기도 합니다 (the main reason).

Sample

I enjoy watching a wide variety of television programs. Usually, I spend about 1 to 2 hours a day watching TV. However, I often miss my favorite shows because I am busy during the week. So, I try to catch reruns of my favorite shows on weekends. Sometimes, I like to fall asleep with the TV on or watch TV during meals. My favorite programs are variety shows. One of them is called "Infinity Challenges." The weekly show features 6 TV stars that are given difficult challenges to complete. The cast members are very funny. I find watching "Infinity Challenges" a great way to relieve stress. Another program I love to watch is "Star King." The show is aired on Saturdays and features ordinary people displaying their talents. These programs are hilarious and always make me laugh. Overall, "Infinity Challenges" and "Star King" are the main reasons why I am getting addicted to television.

Expression

좋아하는 프로그램을 못 봤을 때 우리가 '~를 놓치다'라고 하는데 이 표현은 이미 알고 있는 동사인 **miss**를 쓰면 됩니다. 그래서 **miss shows**라고 표현합니다.

'재방송'을 표현할 땐 **rerun(s)**을 씁니다. '내가 좋아하는 프로그램의 재방송'은 **reruns of my favorite shows**라고 표현합니다.

'TV를 켠 채로'라는 표현을 할 때는 **with** 전치사와 결합해서 **with the TV on**이라고 써주면 부대상황을 나타내는 '~를 ~하면서'의 뜻이 됩니다.

'스트레스를 풀다'라는 표현은 **relieve stress, get rid of stress, reduce stress, ease stress, release stress** 등을 쓰면 됩니다.

또 다른 프로그램을 제시할 때는 **another program I love to watch**(내가 좋아하는 또 다른 프로그램)로 문장을 시작하면 좋습니다.

'~에 푹 빠져 있다'는 **be addicted to** 또는 **be really into**를 써서 **I am really into these programs**와 같이 표현합니다. **be hooked on**도 유사한 표현으로, **I am hooked on these programs.**의 형태로 많이 사용합니다.

TV and DVD 관련 표현

talk show 토크쇼 ‖ **news** 뉴스 (domestic 국내 or international 국제) ‖ **sports** 스포츠 ‖
comedy 코미디 ‖ **cartoon** 만화 ‖ **documentary** 다큐멘터리 ‖ **drama** 드라마 ‖
game show 게임 쇼 ‖ **variety show** 버라이어티 쇼 ‖ **award ceremony** 시상식 ‖
fashion show 패션쇼 ‖ **cooking program** 요리 프로그램 ‖ **political talk show** 정치 관련 토크 쇼 ‖
home shopping network 홈쇼핑 채널 ‖ **home design show** 집 관련 디자인 쇼 ‖
viewer/ audience 시청자 ‖

My favorite program is a comedy.
내가 좋아하는 프로그램은 코미디이다.

"Lost" is the best show I have ever seen.
"로스트"는 내가 봤던 쇼 중의 최고이다.

I watch far too many medical dramas.
나는 의학 드라마를 너무 많이 본다.

Currently, my favorite show is "House."
내가 현재 좋아하는 프로그램은 "하우스"이다.

I really like to watch "Smallville."
나는 "스몰빌"을 정말 즐겨 본다.

I am a fan of "Prison Break."
나는 "프리즌 브레이크"의 팬이다.

I really enjoy the program "Supernatural."
나는 "수퍼내츄럴" 프로그램을 정말 좋아한다.

I watch any comedy show.
나는 코미디에 관한 무엇이든 본다.

I love to watch programs about cooking.
나는 요리와 관련된 프로그램 보는 것을 좋아한다.

배우 설명

I never liked a character as much as I like Simon.
나는 Simon만큼 좋아한 배우가 없었다.

I love Michael from the program "Heroes."
나는 "히어로"에 나온 Michael을 좋아한다.

Her character is portrayed as a brilliant woman.
그 연기자는 뛰어난 여성으로 그려진다.

They crack me up. / They make me laugh.
그들은 정말 웃긴다.

He is witty and his jokes are hilarious.
그는 재치가 있고 그의 농담은 재미있다.

TV and DVD 시청 감상

This show is enjoyable[funny].
이 쇼는 재미있다.

It is a waste of time to watch TV programs.
TV 프로그램을 보는 것은 시간 낭비다.

Television helps me escape reality.
TV는 내가 현실에서 벗어날 수 있게 해 준다.

I find the show very interesting.
나는 그 쇼가 흥미있다고 생각한다.

The storyline is very interesting.
내용이 아주 재미있다.

I cannot wait for the next episode.
나는 다음 에피소드가 정말 보고 싶다.

I once tried to watch "Heroes" but could not get into it.
나는 "히어로"를 한번 봤는데, 아주 재미있지는 않았다.

The program holds my attention.
그 프로그램에서 눈을 뗄 수가 없다.

You mentioned that you like to watch TV programs. Please describe your favorite TV show and tell me a little about its characters.

▶▶ 당신은 TV 프로그램 시청을 좋아한다고 대답했습니다. 당신이 좋아하는 TV 프로그램과 인물을 묘사해 보세요.

여러분이 좋아하는 TV 프로그램을 소개해 보세요. 프로그램 제목은 무엇이며 좋아하는 인물, 내용, 얼마나 시청했는지를 이야기할 수 있을 것입니다. 그다음, 좋아하는 인물을 자세하게 설명해 보세요. 역할은 무엇이며 성격은 어떤가요? 마지막으로 프로그램과 인물에 대해 자신이 특히 좋아하는 이유를 이야기해 보세요.

Brainstorm

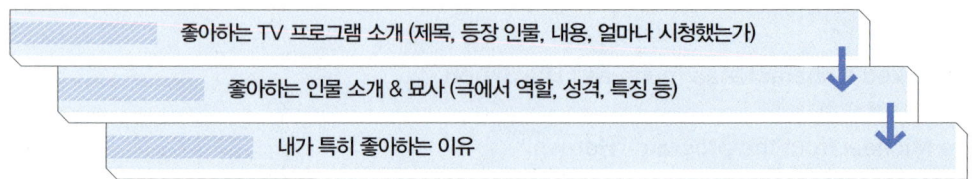

좋아하는 TV 프로그램 소개

My favorite show is "Happy Sunday."
내가 좋아하는 TV 쇼는 "해피 선데이"다.

"Star King" is a program where people display their talent.
"스타킹"은 사람들이 그들의 재능을 보여주는 프로그램이다.

I started watching the show a couple of months ago.
몇 달 전부터 그 프로그램을 보기 시작했다.

I normally watch a variety show on the weekend.
나는 주말에 보통 버라이어티 쇼를 시청한다.

The show has a star-studded cast.
그 쇼에 인기 있는 배우들이 많이 출연한다.

It is the best show I have seen so far this year.
그것은 올해에 본 것 중에 최고의 쇼이다.

The show is creative and funny.
그 쇼는 새롭고 재미있다.

I like to catch reruns of the shows.
나는 재방송을 보는 것을 좋아한다.

A My favorite TV show is on once a week and it's called "Infinity Challenge". It's a kind of variety show, where the regular participants have to do tasks. The show is creative and funny, and I especially like one of the main actors, Park Myung Soo. He is very good at not laughing, and he always tries to make the other cast members laugh. The show is so entertaining that I like to catch reruns. I also like to watch a drama during the week. My favorite drama is "Iris", which has a star-studded cast. It is a real thriller with an international story line. I am on the edge of my seat watching every episode, and I am always curious as to what will happen next week.

내가 좋아하는 TV프로그램은 일주일에 한 번 방송하는 "무한 도전"입니다. 그 프로그램은 버라이어티 쇼인데 참가자들이 임무를 수행해야 합니다. 그 프로그램은 독창적이고 재미있습니다. 그리고 나는 특히 주인공 중의 한 명인 박명수를 좋아합니다. 그는 잘 웃지 않고 항상 다른 주인공들을 웃기려고 합니다. 이렇게 재미있는 프로그램이기에 나는 재방송도 즐겨 봅니다. 또한, 평일에는 드라마 보는 것도 좋아합니다. 내가 즐겨 보는 드라마는 "아이리스"인데 유명 스타들이 대거 출연합니다. 그 드라마의 장르는 국제적 스릴러입니다. "아이리스"가 방송되는 동안 내내 긴장감을 갖고 항상 다음 주에 어떤 일이 일어나는지를 궁금해 합니다.

Q3 You responded to the survey that you like to watch movies on DVD. What types of movies do like to watch and why do they appeal to you? What are the titles of some of your favorite movies? Do you rent or buy DVDs?

▶▶ 당신은 DVD로 영화 시청을 좋아한다고 설문에서 대답했습니다. 어떤 종류의 영화를 보나요? 그리고 왜 그 영화들을 보나요? 좋아하는 영화의 제목이 무엇인가요? 당신은 DVD를 대여하나요 아니면 사나요?

DVD를 보는 이유를 묻는 문제입니다. 극장에 가는 대신 집에서 보는 이유를 몇 가지 생각해 보세요. 집에서 보는 것이 더 편할 수도 있고 많은 사람 사이에 있는 것이 싫거나 시간이 없어서 극장에 가지 못하는 때도 있을 것입니다. 이러한 이유들을 두 가지 정도 생각해 보세요. 다음은 DVD 시청에 대한 브레인스톰을 해봤습니다. 반대로 극장에 가기를 왜 좋아하는가에 대한 질문도 비슷한 방식으로 대답해 볼 수 있습니다.

Brainstorm

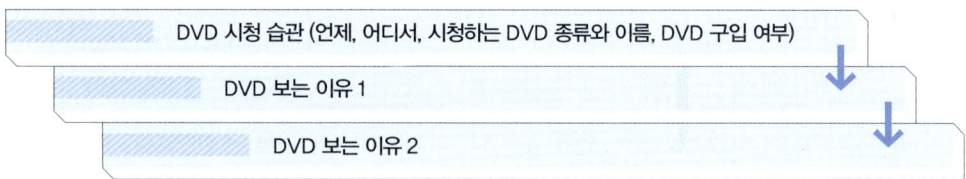

DVD를 보는 이유

I feel more comfortable when I watch movies on DVD at home.
나는 집에서 DVD로 영화를 볼 때가 더 편하게 느껴진다.

I do not have time to go to the cinema.
나는 영화관에 갈 시간이 없다.

If I buy the DVDs, I can watch the movies any time I wish.
DVD를 사면, 내가 원하는 때에 영화를 볼 수 있다.

I prefer to buy the DVDs.
DVD를 사는 것을 좋아한다.

Going to the movies is too expensive.
극장에 가는 것은 너무 비싸다.

The seats are not as comfortable as my sofa.
(극장) 좌석이 소파만큼 편하지 않다.

I get easily distracted by the people sitting around me.
나는 주변에 앉아있는 사람들에게 쉽게 방해받는다.

극장에 가는 이유

I like to watch movies on the big screen.
나는 큰 스크린으로 영화를 보는 것을 좋아한다.

I can shop afterwards.
관람 후 나는 쇼핑을 즐길 수 있다.

I enjoy crowds.
나는 사람들이 많은 것이 좋다.

I always buy popcorn and a drink.
나는 항상 팝콘과 음료수를 산다.

I go to the theater because I enjoy the surround sound.
나는 입체 사운드를 즐기기 때문에 극장에 간다.

Action films are always better on the big screen.
액션 영화는 항상 큰 스크린에서 보는 것이 낫다.

Seeing a movie on the big screen intensifies the experience for me.
큰 스크린에서 영화를 보면 경험이 극대화 된다.

Watching DVD's is a different experience to the cinema, and often I like it better. I am very busy, so I often don't have time to go to the cinema, so I find it easier just to watch a DVD at home. Movies at the cinema these days are very expensive, but a DVD is much more affordable. One of my favorite things to do is grab a romantic comedy with some take-out Chinese food at home. The great thing about watching DVD's is that if you are interrupted and need to stop the film, you can do so whenever you want. Going to the cinema is still fun, but watching DVD's in my house is like having my own private cinema, and for much cheaper!

DVD를 보는 것은 영화관에서 영화를 보는 것과 다른 경험이고 나는 종종 DVD 보는 것을 좋아합니다. 나는 너무 바빠서 영화관에 자주 갈 시간이 없습니다 그래서 집에서 보는 것이 더 편합니다. 요즘 영화관에서 영화를 보는 것은 아주 비싸지만 DVD 보는 것은 훨씬 저렴합니다. 집에서 포장 주문한 중국 음식을 즐기면서 로맨틱 코미디를 보는 것이 내가 가장 좋아하는 일 중의 하나입니다. DVD를 보는 좋은 이유는 시청하다가 방해를 받아 영화 시청을 중단해야 되면 언제든지 그렇게 할 수 있다는 점입니다. 영화관에 가는 것은 좋지만 집에서 DVD를 시청하는 것은 내 개인 영화관을 가지는 것 같고 비용 면에서도 훨씬 저렴합니다.

17 인터넷 하기

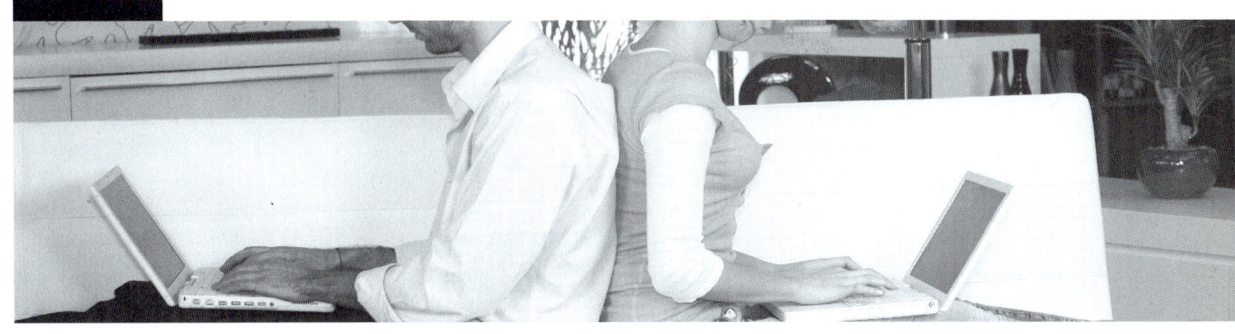

출제 경향

1. 인터넷 사용 빈도와 목적 이야기하기
2. 인터넷을 사용하게 된 계기와 첫인상 이야기하기
3. 자주 가는 웹사이트 설명하기
4. 기억에 남는 인터넷 서핑 경험 이야기하기
5. 최근 인터넷을 사용한 경험 이야기하기
6. 인터넷의 장단점 이야기하기

인터넷 사용에 관한 문제는 크게 나누어 인터넷 사용 빈도와 목적, 첫 경험, 자주 가는 웹사이트, 기억에 남는 인터넷 서핑 경험, 최근 인터넷을 사용한 경험, 인터넷의 장단점 등으로 나누어 볼 수 있습니다. 특히 인터넷 사용은 학생들이 설문에서 많이 표기하는 사항이고 익숙한 주제일 것입니다. 이 주제의 답변을 위해 학생들은 인터넷 사용 목적과 웹사이트에서 하는 활동을 자유롭게 구사할 수 있어야 하고 웹사이트에 관한 간단한 설명을 할 수 있어야 합니다.

Q1 You indicated in the survey that you browse the Internet. How often do you use the Internet? What do you use the Internet for?

▶▶ 당신은 설문에서 인터넷을 사용한다고 했습니다. 얼마나 자주 언제 인터넷을 사용합니까? 인터넷을 사용하는 목적은 무엇인가요?

인터넷 사용은 일상생활에서 빼놓을 수 없는 습관 중 하나입니다. 언제, 어디서, 얼마나 자주 인터넷을 사용하는지 구체적으로 이야기해 보세요. 인터넷을 이용하는 이유 몇 가지를 브레인스토밍 해 보세요. 많은 학생들이 아침에 일어나면 제일 먼저 컴퓨터를 켜고 인터넷 검색을 한다고 합니다. 그리고 많은 이유 중 이메일, 문서 작성, 최신 정보, 게임, 은행 거래, 다운로드 등의 목적으로 인터넷을 자주 이용한다고 답했습니다.

Brainstorm

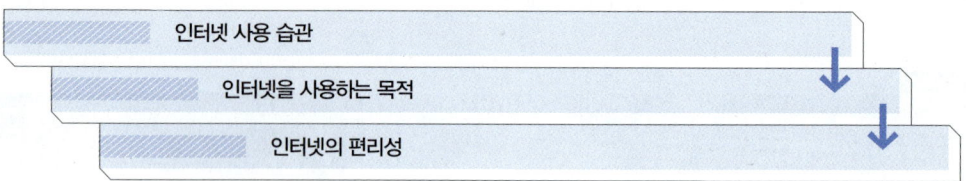

Possible story

인터넷 사용은 제 일상 습관 중 하나입니다. 대체로, 저는 인터넷을 하느라 하루에 3~4시간 정도를 보냅니다. 아침에 일어나서 가장 먼저 하는 일은 이메일을 확인하는 것입니다. 저는 대학 4학년 학생이라 인터넷에서 구인 광고를 찾는 데 많은 시간을 보냅니다. 저는 구인구직 서비스를 제공하는 웹사이트에 이력서를 올렸습니다. 저는 쇼핑에 관심이 많아서 최신 유행에 대한 정보를 찾고 온라인에서 쇼핑을 합니다. 또한 저는 TV에서 방영되었던 프로그램을 보는데 인터넷을 이용합니다. 그러나 인터넷이 최근에 일어나는 일에 대해 알 수 있는 가장 유용한 방법이라고 생각합니다. 인터넷 덕분에 저는 전 세계와 연결되어 있다고 느낍니다.

문장 ❶ 인터넷 사용은 (surfing / using/ browsing the Internet) 제 일상 습관 중 하나 (one of my daily habits) 입니다.

문장 ❷ 대체로, 저는 인터넷을 하느라 (using the Internet) 하루에 3~4시간 정도를 보냅니다 (spend 3~4 hours).

문장 ❸ 아침에 일어나서 가장 먼저 하는 일은 (the first thing that I do when I get up) 이메일을 확인하는 것입니다. (check my email).

문장 ❹ 저는 대학 4학년 학생이라 인터넷에서 (on the Internet) 구인 광고를 찾는 데 (searching for job postings) 많은 시간을 (a great deal of time) 보냅니다.

문장 ❺ 저는 구인구직 서비스를 제공하는 웹사이트에 이력서를 올렸습니다 (have posted my résumé).

문장 ❻ 저는 쇼핑에 관심이 많아서 최신 유행에 대한 정보를 찾고 (information on the latest fashion trends) 온라인에서 쇼핑을 합니다 (shop for them online).

문장 ❼ 또한 저는 TV에서 방영되었던 프로그램을 (programs were broadcasted on television) 보는데 인터넷을 이용합니다 (use the Internet).

문장 ❽ 그러나 인터넷이 최근에 일어나는 일에 대해 알 수 있는 (keep up on current events) 가장 유용한 방법이라고 생각합니다 (the most useful way).

문장 ❾ 인터넷 덕분에 (thanks to the Internet), 저는 전 세계와 연결되어 (feel connected to) 있다고 느낍니다.

Sample

Surfing the Internet is one of my daily routines. Generally, I spend 3 to 4 hours a day using the Internet. The first thing that I do when I get up is check my email. Since I am a senior, I spend a great deal of time searching for job postings on the Internet. I have posted my résumé on several web sites that provide employment services. Since I am interested in fashion, I search for information on the latest fashion trends and then shop for them online. Additionally, I use the Internet to watch programs that I missed when they were broadcast on television. However, I find the Internet the most useful way to keep up on current events. Thanks to the Internet, I now feel connected to the rest of the world.

Expression

'인터넷을 검색하다'를 표현할 때는 **surf the Internet, surf the web, use the Internet, browse the Internet** 등으로 쓸 수 있습니다.

'일상생활'을 이야기할 때는 **daily routine**이라고 하고, 주로 복수형 **daily routines**로 쓰이며, '일상 중의 하나'인 경우 위와 같이 **one of the daily routines**처럼 'one of the + 복수명사'로 표현합니다.

아침에 일어나서 첫 번째로 하는 것을 강조할 땐 **the first thing I do when I get up**이라고 표현합니다. 또한 **as soon as I get up in the morning, when I wake up in the morning** 등으로 표현할 수 있습니다.

인터넷 자체를 이야기할 때는 **the Internet**이라고 표현하고 '인터넷에서'라는 표현은 **on the Internet, on the web**으로 전치사 **on**을 같이 쓴다는 것을 기억합니다.

'프로그램이 TV에서 방송되고 있다'는 **be on TV, be aired on TV, be broadcasted on TV**라고 표현합니다. 이때 동사 **broadcast**는 과거분사형이 **broadcasted, broadcast** 둘 다 가능하기 때문에 **be broadcasted, be broadcast** 표현을 모두 쓸 수 있습니다.

인터넷 하기

surf the net/ surf the web/ use the Internet/ browse the Internet 인터넷을 한다 ∥
a constant Internet user 인터넷을 지속적으로 사용하는 사람 ∥
a frequent Internet user 인터넷을 많이 사용하는 사람 ∥
an addicted Internet user 인터넷에 중독된 사람 ∥

인터넷의 목적

search for information 정보를 찾다 ∥
send[write] emails to friends 친구에게 이메일을 보내다[이메일을 쓰다] ∥
watch TV programs online 온라인으로 TV 프로그램을 보다 ∥
chat online[communicate] with my friends 온라인으로 친구와 채팅하다[의사소통하다] ∥
make a purchases[pay bills] 사대[돈을 지급하다] ∥
shop online 온라인 쇼핑을 하다 ∥
create and manage one's own web page 홈페이지를 만들고 관리하다 ∥
keep in touch with friends 친구와 연락하다 ∥
play online games 온라인 게임을 하다 ∥
find educational resources 교육 자료를 찾는다 ∥

use an online dictionary to look up unfamiliar words 모르는 단어를 찾으려고 온라인 사전을 사용하다 ∥
download some music 음악을 다운받다 ∥
upload and download files 파일을 올리고 다운받다 ∥
plan trips and make reservations 여행을 계획하고 예약하다 ∥
meet people from all over the world 전 세계의 사람들을 만나다 ∥
connect with people 사람들과 연락하다 ∥

인터넷의 장점

The Internet is a convenient way to find information I need.
인터넷은 내가 필요한 정보를 찾을 수 있는 편리한 방법이다.

It provides access to a wide range of information.
인터넷은 다양한 정보를 제공한다.

I can do just about anything I want.
(인터넷으로) 내가 원하는 모든 것을 할 수 있다.

It is a good medium for communicating with people.
인터넷은 사람들과 의사소통하는데 훌륭한 매개체이다.

I can save my money and time.
돈과 시간을 아낄 수 있다.

I can reduce[relieve stress].
스트레스를 해소할 수 있다.

It makes my life easier[more comfortable].
인터넷은 생활을 더 편리하게 해 준다.

빈도

I use the Internet daily.
나는 매일 인터넷을 사용한다.

Every day I log on to visit websites that I find informative.
나는 매일 유익한 웹사이트에 접속한다.

I don't use the Internet very often.
나는 인터넷을 자주 사용하지는 않는다.

The first thing I do when I wake up in the morning is to browse the Internet.
나는 아침에 일어나자마자 인터넷을 한다.

내 느낌

The Internet is essential to my life.
인터넷은 내 삶에 꼭 필요하다.

Surfing the Internet is a part of my daily routine.
인터넷 검색은 내 일상생활 중의 하나이다.

I cannot live without the Internet.
나는 인터넷 없이 살 수 없다.

I find using Google very useful.
구글로 검색하는 것은 아주 유용하다.

The internet makes it easy to follow current events.
인터넷으로 시사 문제를 쉽게 알 수 있다.

Q2 Think back to the time when you first used the Internet. What was your first impression when surfing the Internet? Describe your experience in detail.

▶▶ 당신이 처음 인터넷 사용했던 때를 생각해 보세요. 인터넷을 할 때 첫인상은 어땠나요? 자세하게 당신의 경험을 이야기해 보세요.

첫인상에 관한 문제는 OPIc의 전형적인 문제 중 하나입니다. 인터넷을 어떤 계기로 사용하게 되었는지와 처음 인터넷을 했던 목적(예를 들어, 호기심, 정보 검색, 게임 등)을 한번 이야기해 보세요. 그리고 첫인상은 어땠는지 본인의 감정을 생생하게 표현해 보세요. 특히 감정을 나타내는 분사나 형용사를 사용하면 좀 더 생생하게 이야기가 전개됩니다. 예를 들어, embarrassed(당황한), pleased(기쁜), nervous(초조한), excited(흥분한) 등과 같은 표현을 써보세요. 마지막 부분에서 과거와 비교했을 때 지금은 인터넷 사용에 대해서 어떻게 느끼는지 차이점을 이야기해 보세요.

Brainstorm

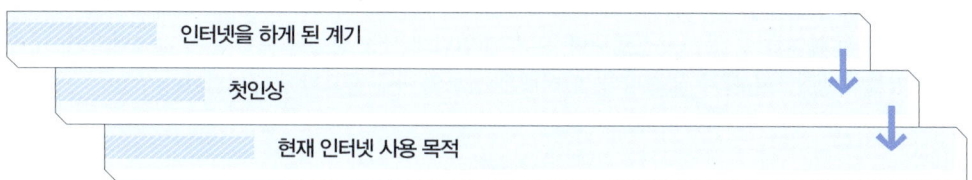

첫인상

I was amazed at how fast the Internet was.
나는 인터넷 속도가 빠른 것을 보고 놀랐다.

I was really pleased that I was able to obtain information quickly.
나는 정보를 빨리 찾을 수 있어서 매우 기뻤다.

I was very confused at first because there was too much information available.
나는 처음에 너무 많은 정보 때문에 혼란스러웠다.

현재

Now I am very comfortable using the Internet.
현재 나는 인터넷 사용이 편하다.

I can multi-task while surfing the Internet.
나는 인터넷을 하면서 동시에 다른 일을 할 수 있다.

I now can navigate around the Internet very easily.
나는 현재 쉽게 인터넷을 사용한다.

I have become accustomed to using the Internet.
나는 인터넷을 사용하는데 적응되었다.

Browsing the Internet has become one of my daily routines.
인터넷 사용은 내 일상 습관이 되었다.

🎧 **A**   The first time I surfed the Internet, I wasn't sure what to do. I was very confused at first, as there was just too much information available. I spent hours searching for one subject, but got distracted and forgot what I was looking for in the first place. However, now I'm very comfortable using the Internet. I have taken some courses in how to narrow my searches, and how to be a more efficient Internet user. These days I can even multi-task while using the Internet. Using the Internet has become part of my daily routines, and it is an essential requirement for my job. I can't even think about what my life would be like without using the Internet. It is such an important source for information.

내가 처음 인터넷을 접했을 때 무엇을 해야 할지조차 몰랐습니다. 처음에는 너무 많은 정보가 있어 매우 혼란스러웠습니다. 한 가지의 주제를 찾는 데에 많은 시간을 써 버리기도 했지만, 결국엔 내가 찾으려 했던 것조차도 잊어버릴 정도로 정신이 산만했습니다. 하지만, 지금은 익숙하게 인터넷을 사용할 수 있게 되었습니다. 나는 주제를 좁히는 방법, 좀 더 효율적으로 인터넷 사용하는 방법에 관한 수업을 들었습니다. 그리고 최근, 나는 인터넷을 하면서 다른 작업을 할 수 있게 되었습니다. 인터넷을 사용하는 것은 내 일상이 되었고 일을 하는데 있어서 빼놓을 수 없는 부분입니다. 이렇게 인터넷 사용 방법을 배워 두지 않았더라면, 내 인생이 어떻게 되었을지 생각조차 할 수 없습니다. 인터넷은 정보의 아주 중요한 공급원입니다.

 Q3   You indicated in the survey that you surf the Internet. Which websites do you frequently visit? Please describe the websites in detail.

▶▶ 당신은 설문에서 인터넷을 한다고 대답하였습니다. 당신은 어떤 사이트를 자주 가나요? 그 웹사이트에 대해 자세히 이야기해 주세요.

이 문제는 여러분이 자주 가는 웹사이트를 설명하는 문제입니다. 우선 어떤 웹사이트를 방문하는지 소개해 보세요. 개인의 취향과 관심에 따라 다른 웹사이트를 방문할 텐데요, 자주 가는 웹사이트에 대해 잠깐 설명해 주세요. 네이버는 한국에서 가장 유명한 포털 사이트이고, 페이스북은 인기 있는 친목 웹사이트입니다. 이렇게 웹사이트를 설명하면서 본인의 관심 분야와 관련하여 자주 방문하는 웹사이트를 같이 이야기하면 좀 더 구체적인 답변이 됩니다.

Brainstorm

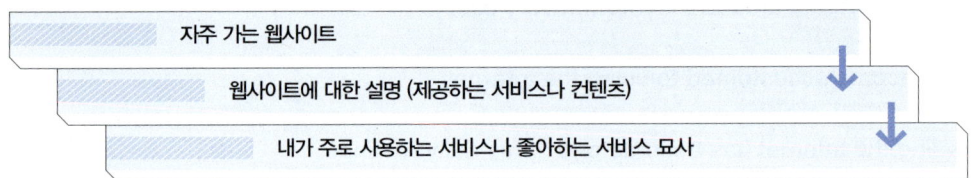

자주 가는 웹사이트
One website I frequently visit is Naver.
내가 자주 가는 웹사이트는 네이버다.

I visit Daum the most.
나는 다음을 가장 많이 방문한다.

웹사이트 종류와 설명

Naver is the most popular web portal in Korea.
네이버는 한국에서 가장 유명한 포털 사이트이다.

It is an official tourist site that provides useful information for planning a trip to Korea.
그것은 여행 공식 사이트인데 한국 여행을 계획할 수 있는 유용한 정보를 제공한다.

Facebook is a social networking site.
페이스북은 친목 웹사이트이다.

Aladdin is a Korean online bookstore.
알라딘은 한국의 온라인 서점이다.

내가 주로 사용하는 서비스

I frequently visit job search websites to find employment opportunities.
취업 기회를 찾기 위해 나는 일자리 검색 사이트에 자주 방문한다.

I spend most of my time posting my opinions to discussion boards.
나는 토론 게시판에서 내 의견을 올리는 데 시간 대부분을 소비한다.

I visit shopping sites that allow me to order products online.
나는 온라인으로 상품을 주문하는 쇼핑몰 사이트를 방문한다.

I look up new vocabulary words using an online dictionary.
나는 온라인 사전을 사용해서 새로운 단어를 찾는다.

Nowadays, it is hard not to use the Internet in daily life. I visit a lot of websites when I log on to the Internet, but mostly I visit social networking sites. I visit Facebook and Twitter the most each time I log on. These sites are a way for me to stay connected with friends, and keep up to date with community news and gossip. I spend most of my time posting my opinions on these discussion boards. I also use Naver, which is the most popular web portal in Korea. It helps me find things I'm looking for, and I can keep updated with news and current events. For these reasons, I use the Internet, so it's hard to imagine life without it.

현대 사회에서는 하루도 인터넷을 사용하지 않는 것은 어려운 일입니다. 나는 평상시 인터넷에 접속하면 다양한 사이트를 방문하지만, 주로 친목 사이트에 접속하며 대부분 페이스 북이나 트위터를 방문합니다. 이 사이트에 접속하여, 친구들과 연락을 하기도 하고 여러 지역 뉴스 및 소식 등을 공유하고 받아볼 수 있습니다. 특히 나는 토론 게시판에 의견을 자주 남기는 데 많은 시간을 보내기도 합니다. 그리고 나는 한국에서 가장 유명한 포털 사이트인 네이버에 자주 접속합니다. 이 사이트를 통해 내가 찾으려 하는 정보를 얻기도 하고 뉴스, 사건 등과 같은 새로운 소식 등을 접할 수 있습니다. 나는 위와 같은 이유로 인터넷을 이용합니다. 따라서 인터넷 없이 사는 것은 상상하기 어려운 일입니다.

18 독서하기

출제 경향

1. 좋아하는 책 이야기하기
2. 독서의 장점 이야기하기
3. 좋아하는 작가 이야기하기
4. 독서하는 장소 이야기하기
5. 처음 독서를 하게 된 계기 이야기하기
6. 감명 깊게 읽은 책 소개하기

OPIc 시험에서 독서에 관한 질문은 크게 책과 저자에 대해 물어보는 경향이 있습니다. 책에 관해서는 좋아하는 책을 이야기하거나, 어렸을 때 읽었던 기억에 남는 책, 처음 독서를 하게 된 계기, 감명 깊게 읽은 책에 대한 질문이 있습니다. 또한 작가와 관련한 문제는, 좋아하는 작가를 소개하고 왜 좋아하는지를 물어보는 문제가 자주 등장합니다. 그리고 위의 2번과 같이 독서의 장점 또는 여러분의 독서 습관에 대해 물어볼 수 있으므로 어떤 내용을 말할지 우선 생각을 정리해 놓는 것이 좋습니다. 특히 책의 내용을 이야기하는 것에 익숙하지 않은 학생들은 어떻게 내용을 이야기할지 미리 답안을 만들어 보는 것이 중요합니다.

 Q1 You responded in the survey that you enjoy reading. What kinds of books do you like to read? Could you tell me why you enjoy reading those types of books.

▶▶ 당신은 설문에서 독서를 즐겨 한다고 했습니다. 당신은 어떤 책을 좋아합니까? 왜 그런 종류의 책을 좋아하는지 말해 주시겠습니까?

우선 이 문제는 좋아하는 책을 말하는 문제입니다. 여러분이 좋아하는 책의 제목을 생각해 보세요. 그리고 어떤 종류의 책을 좋아하는지, 예를 들어, 소설, 전기, 역사서, 의학서 등 여러분이 좋아하는 장르를 생각해 보세요. 여러 종류의 책이 있을 때 두 가지 정도로 정해서 각 책에 대한 특징이나 내용을 설명해 주세요. 그리고 왜 그 책들을 좋아하는지 생각해 보세요. 예를 들어, 쉽게 읽을 수 있어서, 상상력을 계발할 수 있어서, 원래부터 그 분야에 관심이 있어서, 유명한 작가가 쓴 것이어서 등 많은 이유가 있을 수 있습니다. 그중 여러분이 생각하는 구체적인 이유를 생각해 보고 말할 수 있도록 합니다.

Brainstorm

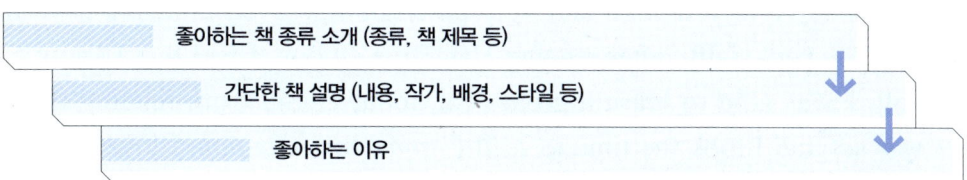

Possible story

저는 특히 좋아하는 작가 한비야가 쓴 책을 좋아합니다. 그녀가 새로운 책을 발간할 때마다, 저는 곧바로 그 책을 사는 편입니다. 제가 가장 좋아하는 책은 한비야의 《중국 견문록》입니다. 그 책은 그녀가 중국에서 공부하면서 경험한 것을 말하고 있습니다. 《중국 견문록》은 오랫동안 베스트 셀러였는데 그 이유는 그 책이 생생하게 쓰였고 아주 재미있기 때문입니다. 제가 직접 중국에 가보지는 않았지만, 한비야의 책을 읽고 중국을 잘 알 수 있었습니다. 저는 그 책을 읽어서 중국에 대해 많이 배울 수 있었고 제가 그 책을 읽는데 시간을 보냈다는 것에 대해 기뻤습니다. 저는 한비야의 책을 아주 좋아합니다. 그래서 그녀가 쓴 것이라면 무엇이든 읽을 수 있습니다. 이처럼, 저는 자서전과 기행문을 읽는 것을 좋아하는데, 그 이유는 세계에 대해 많이 배울 수 있기 때문입니다.

- 문장 ❶ 저는 특히 좋아하는 작가 (my favorite author) 한비야가 쓴 책을 좋아합니다 (love to read books).
- 문장 ❷ 그녀가 새로운 책을 발간할 때마다 (releases a new book), 저는 곧바로 그 책을 사는 편입니다.
- 문장 ❸ 내가 가장 좋아하는 책은 (my favorite book) 한비야의 《중국 견문록》입니다.
- 문장 ❹ 그 책은 그녀가 중국에서 공부하면서 (while studying) 경험한 것을 말하고 있습니다 (the book is about her experiences).
- 문장 ❺ 중국 견문록은 오랫동안 베스트 셀러였는데 (was on the best seller list) 그 이유는 그 책이 생생하게 쓰였고 (vividly written) 아주 재미있기 때문입니다 (very entertaining).
- 문장 ❻ 제가 직접 중국에 가보지는 않았지만, 한비야의 책을 읽고 중국을 잘 알 수 있었습니다 (I know China very well).
- 문장 ❼ 저는 그 책을 읽어서 중국에 대해 많이 배울 수 있었고 (was able to learn a great deal about China) 제가 그 책을 읽는데 시간을 보냈다는 것에 (took the time to read) 대해 기뻤습니다 (I was so glad).
- 문장 ❽ 저는 한비야의 책을 아주 좋아합니다. 그래서 그녀가 쓴 것이라면 무엇이든 (anything written by her) 읽을 수 있습니다.
- 문장 ❾ 이처럼 (as you can see), 저는 자서전과 (autobiographies) 기행문을 (travel essays) 읽는 것을 좋아하는데, 그 이유는 세계에 대해 많이 배울 수 있기 (learn so much about) 때문입니다.

Sample

I love to read books especially by my favorite author Han Biya. Whenever she releases a new book, I tend to purchase it right away. My favorite book by Han Biya is *China kyon mun nok*. The book is about her experiences while studying in China. *China kyon mun nok* was on the best seller list for a long time because it was vividly written and very entertaining. Even though I have never been to China personally, after reading Han Biya's book, I feel that I know China very well. I was able to learn a great deal about China from reading the book and I was so glad I took the time to read *China kyon mun nok*. I love Han Biya's books very much; I could read anything written by her. As you can see from my comments, I love to read autobiographies and travel essays because I can learn so much about the world from them.

Expression

좋아하는 작가가 쓴 책을 읽을 때는 'read a book by 작가 이름', 'read books by 작가 이름'으로 표현합니다.

책을 발간할 때는 동사 **release** 또는 **publish**를 쓰며 둘 다 '발간하다'라는 뜻입니다. 특히 **release**는 영화를 개봉하거나, 음반의 발매, 상품을 출시할 때에도 모두 쓰이는 동사입니다. 따라서 **release a new movie**, **release a new CD**, **release a new item**이라는 표현도 같이 익혀 두세요.

책의 내용을 언급할 때는 **the book is about**, **the book involves**로 문장을 시작합니다. 또는 **I read a book which is about**의 유형으로 중간에 관계사 **which**를 넣어서 문장을 시작할 수도 있습니다.

베스트셀러 목록에 있다고 이야기할 때는 **on the best seller list**, 책을 지칭할 때는 **a best-selling book** 또는 **a best-seller**라고 표현합니다.

'그 저자가 쓴 것이면 다 읽는다'라고 할 때는 'read anything written by + 저자 이름'으로 표현합니다. 이때 타동사 **read**의 목적어 자리에 **anything**을 붙이면 '어느 것이든 다'라는 의미입니다.

책의 종류

autobiographies 자서전 ‖ **biographies** 전기 ‖ **comics** 만화책 ‖
children's books 아동용 책 ‖ **classics** 고전 ‖ **cookbooks** 요리책 ‖
history books 역사서 ‖ **medical books** 의학 서적 ‖ **mysteries** 추리소설 ‖
music related books 음악 서적 ‖ **novels** 소설 ‖ **poetry** 시집 ‖
religious books 종교 서적 ‖

독서 관련 표현

Reading is an important part of my life.
독서는 내 일생의 중요한 부분이다.

I finish one book a week.
나는 일주일에 책 한 권을 읽는다.

I read a book on the subway.
나는 지하철에서 독서를 한다.

I read about 3 hours on the weekends.
나는 주말에 3시간 정도 책을 읽는다.

I read all kinds of books.
나는 모든 종류의 책을 읽는다.

I read quite a bit.
나는 책을 꽤 많이 읽는다.

I skim through the boring parts of the books.
나는 책에서 지루한 부분은 대충 읽는다.

Sometimes, I may stay up late reading.
가끔 나는 밤늦게까지 책을 읽는다.

I read an article on health.
나는 건강과 관련된 기사를 읽는다.

I try to read for at least a few minutes before I go to bed.
나는 잠자기 전 몇 분이라도 독서를 하려고 한다.

책의 저자

I read books by Han Biya.
나는 한비야가 쓴 책을 읽는다.

I read anything written by Douglas Adams.
나는 Douglas Adams가 쓴 거라면 다 읽는다.

He is a bestselling author.
그는 베스트셀러 작가이다.

He mainly writes mysteries.
그는 추리 소설을 주로 쓴다.

책의 설명/ 내용

It was on the best seller list.
그 책은 베스트셀러 목록에 있었다.

It is a story about a young girl with passion of life.
(그것은) 삶의 열정을 가진 어느 젊은 여자 아이에 대한 이야기이다.

It is a mixture of fantasy and thriller.
(그것은) 판타지와 스릴러를 섞어놓은 것이다.

It is my all time favorite book.
그것은 내가 항상 좋아하는 책이다.

The book is set in the early years of America.
그 책은 미국의 초창기를 배경으로 한다.

This book was written several years ago.
이 책은 몇 년 전에 쓰였다.

The book was recently published.
그 책은 최근에 발간되었다.

It had a happy[tragic] ending.
그것은 해피 엔딩[비극적인 결말]으로 끝났다.

It is based on a true story about a scientist.
그것은 한 과학자의 실제 이야기이다.

It focuses on their friendship.
(그것은) 그들의 우정에 초점을 둔다.

독서의 목적과 장점

I read it because it is fun[entertaining].
나는 (그것이) 재미있어서 읽는다.

I like to read because I find it relaxing.
나는 편안함을 느낄 수 있어서 독서를 좋아한다.

I learn about everything around the world.
세상 모든 것에 대해 배우게 된다.

I read for pleasure.
나는 즐거움을 위해 읽는다.

I read books in order to pass the time.
나는 시간을 보내려고 책을 읽는다.

I read to get a different perspective on the world.
나는 세상에 대해 다른 관점을 가질 수 있어 독서를 한다.

책에 대한 느낌

It is easy to read.
그 책은 읽기 쉽다.

It is worth reading.
그 책은 읽을 가치가 있다.

It is the best book I have read.
내가 읽은 책 중 최고이다.

The book is captivating[interesting].
그 책은 흥미롭다.

The book is much better than the film.
책이 영화보다 훨씬 낫다.

It is well written.
그것은 잘 쓰였다.

The plot is unforgettable.
줄거리가 잊히지 않는다.

The book inspired me to learn more about history.
그 책은 내가 역사에 대해 더 알 수 있게 해 주었다.

  You indicated in the survey that you enjoy reading books. Tell me about the advantages of reading books.

▶▶ 당신은 독서를 즐긴다고 설문에서 응답했습니다. 독서의 장점에 대해서 이야기해 보세요.

독서의 장점을 묻는 문제입니다. 처음에는 일반적으로 독서의 장점에 대해 이야기해 봅니다. 그중에 구체적으로 자신이 느끼는 장점이 무엇이고 이유가 무엇인지 생각해 보세요. 예를 들어, 견문을 넓힐 수 있고, 다른 사람의 처지에서 생각해 볼 수 있거나, 좋은 직장을 얻는 데 도움이 된다고 생각할 수도 있습니다. 또한, 인물이나 인생에 대해 배우고 상상력을 계발하는 장점도 있습니다. 여러분이 생각하는 장점에 관한 구체적인 예가 있으면 뒤에 예를 같이 사용해서 자신의 의견을 뒷받침해 봅니다.

Brainstorm

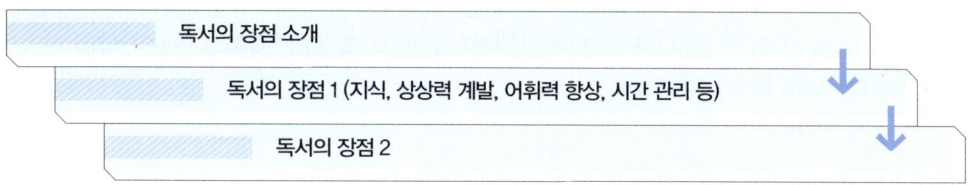

독서의 장점

Reading can improve my vocabulary.
독서를 하면 어휘력을 향상시킬 수 있다.

I develop my imagination.
나는 상상력을 계발한다.

I can learn different perspectives.
나는 다른 관점들을 배울 수 있다.

It helps me get a good job.
좋은 직업을 얻는 데 도움이 된다.

The book is thought provoking.
그 책은 (내가) 진지하게 생각을 많이 하게 한다.

I learn a lot from the characters.
나는 등장인물을 통해 많이 배운다.

I can kill time reading a book.
나는 책을 읽으면서 시간을 보낼 수 있다.

To me, there are so many advantages to reading books. I think the greatest thing about reading books is that we can expand our knowledge. Even if we are just reading a novel for fun, we can still learn things that we didn't know about before. We can develop our imagination, which helps us to overcome challenges in everyday life. But perhaps the best thing about reading books is we can escape into another world for a while. Life can become very stressful, but a good book can take us away and we can become absorbed in the lives of the characters. Since there are so many reasons why books are important, we should take more time out of our busy lives to read them.

제게 독서에는 많은 장점이 있습니다. 독서의 가장 좋은 점은 지식을 넓힐 수 있는 것으로 생각합니다. 단지 재미로 소설책을 읽더라도 우리는 이전에 알지 못했던 것에 대해 배울 수 있습니다. 독서를 하면 상상력을 계발할 수 있는데 이것은 일상생활에서 겪는 문제점을 극복할 수 있게 도와줍니다. 그러나 독서를 하는 가장 큰 이유는 잠시라도 다른 세계로 벗어날 수 있다는 점일 것입니다. 우리는 살면서 많은 스트레스에 시달립니다. 그러나 좋은 책 한 권이면 그러한 시름에서 벗어나 그 책의 주인공의 삶 속에 빠져들게 합니다. 책이 중요한 이유는 여러 가지가 있기 때문에 우리는 바쁜 시간 속에서라도 책을 읽어야 합니다.

Q3 You indicated in the survey that you like to read. Tell me about your favorite author if you have one. What type of books does he or she write? Why do you like this author?

▶▶ 당신은 독서를 좋아한다고 설문에서 응답했습니다. 당신이 좋아하는 작가가 있으면 그 작가에 대해 이야기해 보세요. 그 작가는 어떤 종류의 책을 쓰나요? 그 작가를 좋아하는 이유는 무엇인가요?

Brainstorm

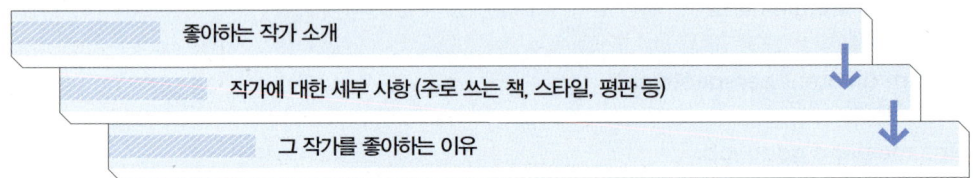

작가 소개

If I have to choose one author, I have to say Sehee Cho.
한 작가를 정해야 한다면, 조세희라고 해야 할 것 같다.

My favorite author is Hain Kim.
내가 좋아하는 작가는 김하인이다.

Some of my favorite books are written by Han Biya.
내가 좋아하는 책 중 일부는 한비야가 썼다.

작가에 대한 설명 (작품, 스타일, 평판 등)

She has written numerous fantasy novels.
그녀는 판타지 소설을 많이 썼다.

The book was read by millions of people.
수백만의 사람들이 그 책을 읽었다.

He writes quite vividly in the book.
그는 아주 생생하게 글을 쓴다.

Her books were translated into Korean.
그녀의 책이 한국어로 번역되었다.

He did a great job explaining history in the book.
그는 그 책에서 역사를 잘 설명했다.

He writes various genres of books.
그는 다양한 장르의 책을 쓴다.

He mainly writes about human relationships.
그는 주로 인간관계에 관한 책을 쓴다.

A If I have to choose a favorite author, I would have to say J.R.R. Tolkien. He wrote one of the most famous fantasy novels of all time. His book *The Lord of the Rings* was read by millions. Many people don't know the meaning behind his books. Many people say Tolkien wrote *The Lord of the Rings* about the events of World War II, and the book raises many social issues that are still relevant today. He writes quite vividly, and it is easy to read and identify with the characters. People who are not usually fantasy readers still say they enjoy Tolkien's books, as they are so realistic and have a human quality. He is an author of true genius.

내게 좋아하는 작가를 골라야 한다면, 톨킨이라고 대답할 것입니다. 그는 지금껏 가장 유명한 판타지 소설을 썼습니다. 수많은 사람들이 그의 책 《반지의 제왕》을 읽었습니다. 하지만, 많은 사람은 이 책의 숨은 의미를 알지 못합니다. 여러 사람은 그가 《반지의 제왕》을 통해 제2차 세계 대전에 일어난 일들을 썼다고 주장합니다. 이 책에서는 현재에도 관련이 많은 사회적인 문제를 제기합니다. 그의 필체에는 생동감이 넘쳐나고 또한 읽기도 매우 쉽습니다. 또한, 등장인물들의 성격을 파악하는 것도 대체로 무리가 없습니다. 판타지 소설을 읽지 않는 사람들조차도 그의 책이 현실적이고 인간미를 느낄 수 있어서 매우 흥미로운 책이라고들 말합니다. 정말 그는 천재적 작가입니다.

19 음악 감상

출제 경향

1. 음악 감상 습관 이야기하기
2. 음악 감상 방법 이야기하기
3. 좋아하는 가수 또는 작곡가 설명하기
4. 음악이 나에게 끼친 영향 이야기하기
5. 음악의 장단점 이야기하기
6. 처음 음악을 접했던 경험 이야기하기

음악 감상에 대한 문제는 크게 음악 감상 습관과 방법, 좋아하는 가수 등으로 나눌 수 있습니다. 그 외에도 음악이 나에게 영향을 끼친 점이나 음악의 장단점, 처음 음악을 접했던 경험에 대해 이야기하는 문제도 시험에서 등장합니다. 음악 감상 습관은 특히 언제 어디서 어떤 종류의 음악을 얼마나 듣는지를 묻습니다. 음악 감상 방법으로는 어떤 매체를 사용해서 음악을 듣는지를 물어봅니다. 이 문제는 MP3 플레이어, iPod, CD 플레이어 또는 라디오 중 어떤 매체를 사용해서 음악을 감상하는지를 구체적으로 대답하는 문제입니다.

 Q1 You indicated in the survey that you like to listen to music. What types of music do you listen to and why do you like them?

▶▶ 당신은 설문에서 음악 감상을 좋아한다고 했습니다. 어떤 종류의 음악을 듣고 왜 그 음악을 좋아하나요?

음악을 좋아하는 분이라면 언제 어디서든 음악을 감상할 것입니다. 이 문제에서는 도입부분에서 언제, 어디서, 얼마나 음악을 듣는지 이야기해 볼 수 있겠습니다. 음악의 종류로는 popular(대중), classical (클래식), jazz(재즈), hip hop(힙합), blues(블루스), rock(록), folk(민요), rap(랩), techno(테크노) 등 여러 장르가 있습니다. 특히 좋아하는 음악 장르를 생각해 보고 좋아하는 이유를 생각해 보세요. 음악을 들으면 스트레스가 해소되거나, 편안해지거나, 일에 집중할 수 있다는 등의 이유가 있을 것입니다. 또한 음악이 좋아서 습관적으로 음악을 듣는 일도 있습니다. 여러분에 해당하는 특별한 이유를 생각해 보고 본인만의 차별화된 대답을 만들어 보세요.

Brainstorm

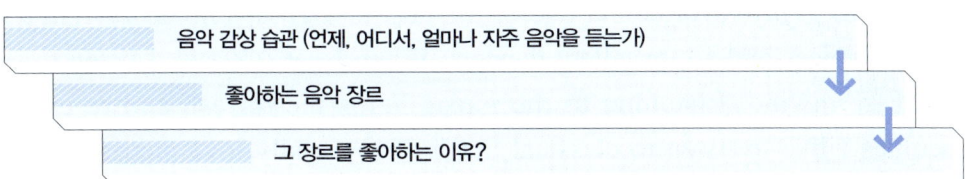

Possible story

음악은 제 인생의 중요한 부분입니다. 저는 어디에 가든 항상 음악을 듣기 때문에 아이팟은 여행 필수품입니다. 특히 저는 한국 대중가요를 좋아합니다. 아주 훌륭한 가수들이 많아서 한 그룹을 정하기는 어렵습니다. 하지만, 꼭 하나를 정해야 한다면, 2PM이 제가 가장 좋아하는 가수이고 한국에서 가장 인기 있는 아이돌 그룹 중 하나라고 말하겠습니다. 그들은 목소리가 멋지고 춤을 정말 잘 춥니다. 저는 스트레스를 받을 때면, 긴장을 풀려고 2PM의 음악을 듣습니다. 그 음악을 들으면, 마음이 맑아지고 에너지를 얻을 수 있습니다. 가끔 저는 클래식 음악도 듣습니다. 저는 모차르트와 쇼팽의 곡을 좋아합니다. 두 작곡가의 곡은 특히 평화롭고 일에 집중하는 데 도움을 줍니다.

문장 ❶ 음악은 제 인생의 중요한 부분 (an important part of my life) 입니다.

문장 ❷ 저는 어디에 가든 (wherever I go) 항상 음악을 듣기 때문에 아이팟은 여행 필수품입니다 (an essential travel companion).

문장 ❸ 특히 저는 한국 대중가요를 (Korean popular music) 좋아합니다.

문장 ❹ 아주 좋은 가수들이 많아서 (there are so many great ones) 한 그룹을 정하기는 어렵습니다 (it is difficult to choose).

문장 ❺ 하지만 꼭 하나를 정해야 한다면 (If I have to pick one), 2PM이 제가 가장 좋아하는 가수이고 한국에서 가장 인기 있는 아이돌 그룹 중 하나라고 말하겠습니다.

문장 ❻ 그들은 목소리가 멋지고 (wonderful voices) 춤을 정말 잘 춥니다.

문장 ❼ 저는 스트레스를 받을 때면 (when I get stressed), 긴장을 풀려고 (to unwind) 2PM의 음악을 (songs by 2PM) 듣습니다.

문장 ❽ 그 음악을 들으면, 마음이 맑아지고 (refresh) 에너지를 얻습니다 (re-energize).

문장 ❾ 가끔 저는 클래식 음악도 듣습니다 (classical music).

문장 ❿ 저는 모차르트와 쇼팽의 곡을 (pieces by Mozart and Chopin) 좋아합니다.

문장 ⓫ 두 작곡가의 곡은 (pieces by these two composers) 평화롭고 일에 집중하는 데 (concentrate on my work) 도움을 줍니다.

Sample

Music is an important part of my life. Since I always listen to music wherever I go, my iPod is an essential travel companion. I especially enjoy listening to Korean popular music. It is difficult to choose a favorite group since there are so many great ones out there. However, if I have to pick one, I would say that 2PM is my favorite and one of the best idol groups in Korea. They have wonderful voices and are excellent dancers. When I get stressed, I listen to songs by 2PM to unwind. Listening to the music helps me refresh and re-energize. Sometimes I like to listen to classical music. I especially love pieces by Mozart and Chopin. Pieces by these two composers are especially serene and help me concentrate on my work.

Expression

'음악을 감상하다'는 listen to music, appreciate music, enjoy music 등으로 표현합니다.

'꼭 필요한 필수품'은 an essential item, a must-have item으로 표현하며, 위의 예문처럼 a travel companion은 '여행 동무'라는 뜻으로 어디에 가든 꼭 필요한 필수품이라는 뜻입니다.

'~의 노래 또는 곡'을 이야기할 때 전치사 by를 써서 'songs by 가수 이름', 'pieces by 가수 이름'으로 표현할 수 있습니다.

unwind는 동사로 여기서 '긴장을 풀다'의 의미로 relax, de-stress와 비슷하게 쓰였습니다.

내가 듣는 음악

I will listen to anything as long as it has a good beat.
나는 좋은 리듬이 있으면 무엇이든 들을 것이다.

I listen to pretty much anything except rock music.
나는 록 음악만 빼고 모두 듣는다.

I especially like classical music because I find it relaxing.
나를 편안하게 해주기 때문에, 특히 클래식 음악을 좋아한다.

I used to listen to only pop and hip-hop.
나는 대중음악과 힙합 음악만 듣곤 했다.

I don't have any music preferences.
음악 장르에 대한 선호도가 없다.

음악 감상

I listen to music all the time.
나는 항상 음악을 듣는다

I cannot live without music.
나는 음악 없이는 살 수 없다.

Listening to music is a large part of my daily routine.
음악 감상은 내 일상생활의 큰 부분을 차지한다.

I listen to as much music as I can.
나는 가능한 한 음악을 많이 듣는다.

음악을 듣는 때와 장소

I listen to music whenever I go for a walk.
나는 산책할 때마다 음악을 듣는다.

I fall asleep with music on.
나는 음악을 켜놓은 채로 잠을 잔다.

I have music playing while I work.
일하는 동안 음악을 틀어놓는다.

The type of music I choose to listen depends on my mood.
내가 정하는 음악 종류는 기분에 따라 다르다.

I listen to music on the bus to and from work.
나는 출퇴근할 때 버스에서 음악을 듣는다.

I go to the local music store to listen to new music.
나는 최신 음악을 들으려고 동네 음반가게에 간다.

When I travel, I sit back and listen to my iPod.
여행할 때, 편안히 앉아서 아이팟을 듣는다.

I often go to live performances.
나는 라이브 공연에 자주 간다.

I listen to music when I feel bored.
난 심심할 때 음악을 듣는다.

좋아하는 가수 설명

I am a big fan of Super Junior.
나는 슈퍼 주니어의 열성팬이다.

There are many excellent singers to pick from, but I like Boa the most.
뛰어난 가수들이 많이 있지만 나는 보아를 가장 좋아한다.

I think he is a gifted singer.
나는 그가 재능이 있는 가수라고 생각한다.

My all time favorite musicians are the Beatles.
내가 항상 좋아하는 음악가는 비틀스다.

음악 감상 이유

I appreciate music because it relaxes me.
나는 평안함을 주기 때문에 음악 감상을 한다.

Music helps relieve my stress.
음악은 스트레스를 해소할 수 있도록 도와준다.

Music helps me to focus on my work.
음악은 일에 집중할 수 있게 도와준다.

Listening to music clears my mind[refreshes me].
음악 감상은 정신을 맑게 해 준다.

I meditate through music.
음악을 통해 명상에 잠긴다.

Music provides me with a sense of peace.
음악은 내게 평화로움을 준다.

Music helps motivate me when I am depressed.
우울할 때 음악은 나를 격려해 준다.

I listen to music all the time because I am addicted to it.
나는 음악에 푹 빠져서, 항상 음악을 듣는다.

 **Q2** What kind of device do you use to listen to music? Do you use radio, an MP3 player or CD player? Please tell me which you prefer to use to listen to music.

▶▶ 당신은 음악을 들으려고 어떤 종류의 기기를 사용하나요? 라디오, MP3 플레이어 또는 CD 플레이어를 사용하나요? 당신이 음악을 들으려고 어떤 매체를 사용하는지 말해보세요.

우리는 cassette player, Radio, MP3 player, CD player 등 기술의 변화로 많은 기기를 사용할 수 있습니다. 그중에 자신이 소장한 음악 기기는 무엇인지 이야기해 보세요. 즐겨 사용하는 기기의 종류, 구매 시기, 이용 기간 등을 생각해 봅니다. 컴퓨터를 사용하는 경우 음악을 다운받아서 들어 볼 수도 있고 휴대하기를 좋아하는 분이라면 iPod이나 MP3 player를 가지고 다닐 것입니다. 요즘엔 휴대전화를 사용해서 음악을 듣는 것도 아주 보편적입니다. 마지막으로 왜 그 기기를 사용하는지 어떤 점이 자신에게 편리한지를 이야기해 보세요.

Brainstorm

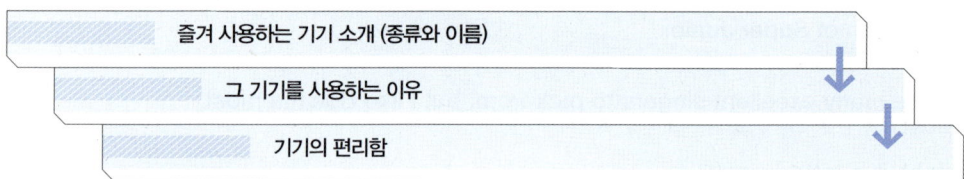

노래 듣는 방법 & 기기 설명

I use an MP3 player that is both durable and portable.
나는 MP3 player를 사용하는데 내구성이 있고 휴대하기 좋다.

I always go on the Internet and download music.
나는 항상 인터넷에 접속해서 음악을 다운로드 한다.

My cell phone has an MP3 player in it, so I can easily listen to music.
MP3 player가 휴대폰에 내장되어 있어서 쉽게 음악을 들을 수 있다.

I cannot go anywhere without my MP3 player.
나는 MP3 player 없이는 어디에도 갈 수가 없다.

I like to listen to the radio.
라디오 듣는 것을 좋아한다.

음악 애호가

I am a music lover.
나는 음악 애호가다.

I am addicted to music.
나는 음악에 중독되었다.

I am crazy about music.
나는 음악을 정말 좋아한다.

I am a music lover.
나는 음악 애호가다.

I listen to all kinds of music.
나는 모든 종류의 음악을 듣는다.

Music is my life.
음악은 내 인생이다.

I have a two-month-old iPod that I have used almost every day since I bought it. It is so easy to store all my favorite songs on it, and it's so easy to carry around with me. I find the ITunes software so convenient for organizing my music so that it is easy to find. If I'm going on long trips, I like to make special playlists ahead of time, and then I upload them to my iPod. Sometimes when I'm with my friends and want to share a new song, it's so easy to find and play it for them. The great thing about iPod's is that when you are driving in your car, you can plug it in and listen to all your favorite songs. I cannot go anywhere without my iPod.

나에겐 두 달 전에 아이팟을 구매했고 지금 거의 매일 사용하고 있습니다. 아이팟은 내가 즐겨 듣는 노래들을 저장하기가 편하고 가지고 다니기도 매우 편리합니다. ITunes라는 소프트웨어를 통해 음악을 정리하는 것은 매우 편리하며 또한 음악을 찾기도 쉽습니다. 특히 멀리 여행가기 전 나는 곡 목록을 만들고 아이팟에 저장해둡니다. 그리고 간혹 친구들과 함께 새로운 음악을 듣고 싶을 때에도 이 아이팟은 정말 편합니다. 한 가지 더, 아이팟은 운전 중에도 플러그에 연결만 시켜놓으면 자신이 좋아하는 모든 음악을 들을 수 있는 장점이 있습니다. 정말 나는 아이팟 없이 아무 데도 갈 수가 없습니다.

 You indicated in the survey that you enjoy listening to music. Please tell me about one of your favorite singers and their music.

▶▶ 당신은 설문에서 음악 감상을 좋아한다고 답했습니다. 당신이 좋아하는 가수 중 한 명과 그 가수의 음악에 대해 이야기해 보세요.

여러분이 한 번쯤은 좋아하는 가수를 생각해 보거나 가수에 대해 말해본 적이 있을 것입니다. 우선 좋아하는 가수를 소개해 봅니다. 다음으로 그 가수의 음악적인 특징을 생각해 보세요. 예를 들어, 장르, 노래 실력, 목소리, 공연 등 여러 특징이 있을 것입니다. 마지막으로 자신이 이 가수를 좋아하는 특별한 이유가 있는지, 그렇다면 어떤 이유에서 좋아하는지를 논리적으로 말해 보세요.

Brainstorm

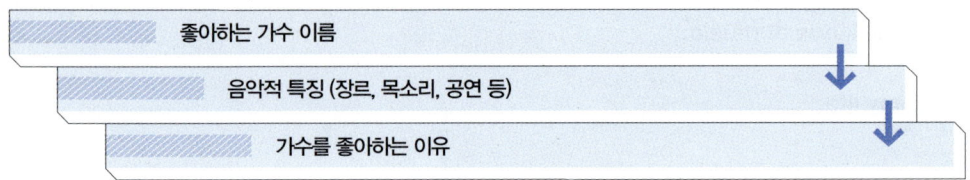

가수의 detail & 좋아하는 이유

My all time favorite singer is Mariah Carey. I think she has a great[beautiful/ gorgeous] voice.
내가 항상 좋아하는 가수는 머라이어 캐리다. 나는 그녀의 목소리는 아름답다고 생각한다.

There are no words that can describe his performance.
그의 공연은 굉장히 훌륭하다.

She has won numerous awards for her music.
그녀는 지금까지 수많은 상을 탔다.

He has the biggest selling album in Korea.
그는 한국에서 앨범이 가장 많이 팔린 기록을 가지고 있다.

I love all the songs she sings.
나는 그녀가 부르는 곡을 모두 좋아한다.

Super Junior is one of the best idol groups in Korea.
슈퍼 주니어는 한국 최고의 아이돌 그룹 중 하나이다.

She has a great personality and is very musical.
그녀는 성격이 좋고 음악적 재능도 많다.

I find her voice so soft.
그녀의 목소리가 너무 부드럽다.

She has a unique voice.
그녀의 목소리는 독특하다.

She has good stage manners.
그녀는 무대 매너가 좋다.

Her voice is very sweet.
그녀의 목소리는 아주 감미롭다.

When I listen to the music, I think of my old days.
음악을 들으면 나는 옛날 생각을 하게 된다.

He sings high-pitched tones very well.
그는 고음 처리를 아주 잘 한다.

Her voice moves the whole audience.
그녀의 목소리는 모든 청중을 감동시킨다.

🎧**A**

I think Supreme Team is one of the best hip-hop groups in Korea. They are becoming very popular in the mainstream music scene as well, showing that they are very versatile. There are two members of Supreme Team, and one of the members, Simon D, is also very popular on Korean TV shows. His voice is very unique, and he is recognized for his Busan accent. Both members of Supreme Team are very funny, and they are not shy to give interviews and talk about their lives and successes. They work very hard and they are gaining many fans very quickly. Their songs are all very different, and I think that is what attracts many people to their music.

슈프림 팀은 한국에서 가장 인기 있는 힙합 그룹 중 하나인 것 같습니다. 그들은 주류 음악계에서도 인기가 많아졌고 아주 다재다능합니다. 슈프림의 멤버는 2명인데 그중 한 명인 사이먼디는 TV 프로그램에서 아주 유명합니다. 그의 목소리는 아주 독특하고 그는 부산 말투로 유명합니다. 슈프림 팀의 두 멤버는 아주 재미있고 그들의 삶과 성공에 대해 인터뷰하는 것에 전혀 부끄럼을 타지 않습니다. 그들은 열심히 노력하여 단기간에 많은 팬을 얻었습니다. 그들의 독특한 노래가 많은 사람들을 그들의 음악에 매료시킨다고 생각합니다.

쉽게 끝내는
실전

스포츠 & 운동

UNIT 20 스포츠 (농구, 야구, 축구)
UNIT 21 조깅 & 걷기
UNIT 22 여행

20 스포츠 (농구, 야구, 축구)

출 제 경 향

1. 운동을 언제 시작했으며 누구에게 배웠는지 설명하기
2. 가장 좋아하는 운동선수 이야기하기
3. 좋아하는 팀 이야기하기
4. 규칙 설명하기
5. 최근 본 경기 묘사하기
6. 기억에 남는 경기 이야기하기

많은 시험 응시자들이 공통으로 축구, 야구, 농구 등을 좋아하는 스포츠로 설문에서 응답합니다. 크게 나누어, 스포츠 관련 문제는 좋아하는 운동, 팀, 규칙, 경기에 대한 묘사, 기억에 남는 경기 등 다양하게 출제되고 있습니다. 운동과 관련된 본인만의 이야기가 있으면 그 이야기를 토대로 답안을 만들면 쉬울 것입니다. 이 과에서는 공통으로 많이 대답하는 주제인 농구, 야구, 축구에 대한 표현을 알아보고 어떻게 이야기로 만들어 가는지를 정리해보겠습니다.

Q1 You have answered in the survey that you like to play baseball. How often do you play baseball? Who do you usually play with? Are the games during the week or on the weekend?

▶▶ 당신은 설문에서 야구 하는 것을 좋아한다고 했습니다. 얼마나 자주 야구를 하나요? 누구와 경기하나요? 주중에 또는 주말에 경기가 있나요?

야구를 고른 분이라면 운동에 관한 습관을 자연스럽게 이야기할 수 있어야 합니다. 우선 언제, 누구와 경기를 하는지, 얼마나 자주 하는지 또는 어디서 경기를 하는지를 설명해 볼 수 있습니다. 또한 내가 야구를 좋아하는 이유로 마무리할 수 있습니다. 부연 설명으로는 야구를 통해서 배우게 된 점이나 야구장의 분위기를 자세하게 설명하는 것도 야구를 좋아하는 이유를 설명하는 데 좋은 예가 될 수 있습니다.

Brainstorm

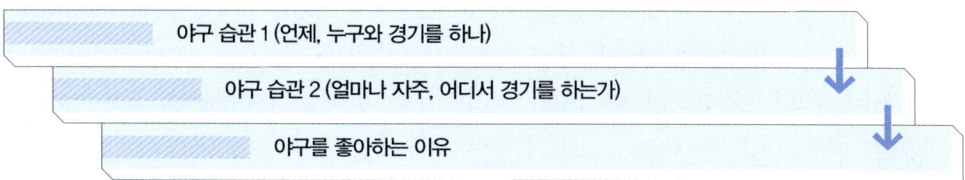

Possible story

저는 개인적으로 야구를 좋아하는데 야구는 훌륭한 스포츠라고 생각합니다. 저는 시간이 날 때마다, 친구와 함께 야구팀에서 야구를 합니다. 보통 일주일에 한 번, 몇 시간 동안 야구 경기를 합니다. 집에서 걸어갈 수 있는 거리에 야구 경기장이 있어서 경기장이 사용 가능할 때마다 야구를 합니다. 우리는 야구팀에서 경기하기 때문에, 친구들과 같이 연습을 많이 합니다. 야구를 하는 것은 친구들과 연락할 수 있는 하나의 방법이기 때문에 좋습니다. 저는 주중에 아주 바쁘지만, 야구를 하면서 우리 모두 모일 수 있고 야구를 하면 활발해집니다. 특히, 저는 경기 분위기를 좋아합니다. 모든 사람들은 자신이 가장 좋아하는 팀을 응원하고 안타와 홈런을 보면 신이 납니다.

문장 ❶ 저는 개인적으로 야구를 좋아하는데 (love baseball) 야구는 훌륭한 스포츠 (a great sport) 라고 생각합니다.
문장 ❷ 저는 시간이 날 때마다 (whenever time allows), 저는 친구들과 함께 야구팀에서 (a baseball team) 야구를 합니다.
문장 ❸ 보통 (usually) 일주일에 한 번, 몇 시간 동안 (for a couple of hours) 야구 경기를 합니다.
문장 ❹ 집에서 걸어갈 수 있는 거리에 (within walking distance of my home) 야구 경기장이 있어서 경기장이 사용 가능할 때마다 (whenever the field is available) 야구를 합니다.
문장 ❺ 우리는 야구팀에서 경기하기 때문에 (play on a team), 친구들과 같이 연습을 많이 합니다.
문장 ❻ 야구를 하는 것은 (playing baseball) 친구들과 연락할 수 있는 (stay connected with my friends) 하나의 방법이기 때문에 좋습니다.
문장 ❼ 저는 주중에 (during the week) 아주 바쁘지만, 야구를 하면서 우리 모두 모일 수 있고 야구를 하면 활발해집니다 (stay active).
문장 ❽ 특히, 저는 경기 분위기를 (the atmosphere of the game) 좋아합니다 .
문장 ❾ 모든 사람들은 자신이 가장 좋아하는 팀을 (their favorite teams) 응원하고 안타와 (hits) 홈런을 (home runs) 보면 신이 납니다.

Sample

I love baseball and I think it is a great sport. Whenever time allows, I play on a baseball team with my friends. Usually, we play once a week for a couple of hours. There is a baseball stadium we go to that is within walking distance of my home and we can play whenever the field is available. Since we play on a team, my friends and I practice a lot together. We enjoy playing baseball a lot. I love the fact that playing baseball is one way that I can stay connected with my friends. Although we are pretty busy with work during the week, baseball brings us together and helps us stay active. Especially, I like the atmosphere of the game; everyone roots for their favorite teams and gets very excited about hits and home runs.

Expression

Whenever time allows는 '시간이 날 때마다'라는 의미입니다.

'~의 일원이다'는 **be a member of ~**라고 표현하면 됩니다.

'어떤 점 또는 사실이 좋다'라고 표현할 때 관용적으로 **I like the fact that, I love the fact that**라는 표현을 사용합니다.

'~을 응원하다'라고 할 때는 **cheer for, root for**라고 표현합니다. 좋아하는 팀을 응원할 때는 **I root for my favorite team, I cheer for my favorite team.** 등으로 표현할 수 있습니다.

'안타'를 이야기할 때는 **a hit**라고 하며 이때는 '안타'라는 명사입니다. '안타를 치다'라는 표현은 **make a hit**, '홈런을 치다'라는 표현은 **hit a home run**입니다. 참고로 4타수 2안타를 쳤으면 **two hits out of four** 또는 **two for four** 라고 표현할 수 있습니다.

농구

basketball 농구 ‖ **basketball player** 농구 선수 ‖ **pass the ball** 공을 패스하다 ‖
shoot the ball 슛을 쏘다 ‖ **dribble the ball** 공을 튕기다 ‖
pass or dribble the ball 공을 패스하거나 드리블하다 ‖ **a free throw** 자유투 ‖
halftime 쉬는 시간 ‖ **first half** 전반전 ‖ **the second half** 후반전 ‖ **overtime** 연장전 ‖
foul 파울 ‖ **score points** 포인트를 얻다 ‖ **an opposing player** 상대편 선수 ‖
referee 심판 ‖ **offense** 공격 ‖ **defense** 수비 ‖

야구

baseball 야구 ‖ **baseball player** 야구 선수 ‖
9 innings 9회전 ‖ **play offense** 공격전으로 뛰다 ‖ **play defense** 수비를 맡다 ‖
the first half of an inning/ top of the inning 초 ‖ **in the first half of the ninth inning** 9회 초에 ‖
the bottom half of an inning 말 ‖ **in the second half of the ninth inning** 9회 말에 ‖
pitcher 투수 ‖ **outfielder** 외야수 ‖ **infielder** 내야수 ‖ **hitter/ batter** 타자 ‖ **runner** 주자 ‖
get a hit 안타를 치다 ‖ **hit a home run** 홈런을 치다 ‖ **hit a grand slam homer** 만루 홈런을 치다 ‖
hit a foul ball 파울 볼을 치다 ‖ **steal a base** 도루를 하다 ‖ **score a run** 홈으로 들어오다 ‖
go into extra innings 연장전으로 접어들다 ‖

축구

soccer 축구 ‖ soccer field 축구장 ‖ soccer player 축구 선수 ‖
referee 심판 ‖ make it to the semifinals 준결승에 오르다 ‖
make it to the finals 결승전에 오르다 ‖ goes into overtime 연장전으로 접어들다 ‖
kick the ball 공을 차다 ‖ practice kicking the ball 공차기를 연습하다 ‖
receive yellow[red] card 경고[퇴장] 카드를 받다 ‖ score a goal 골을 넣다 ‖
head the ball 머리로 공을 치다 ‖ take a penalty kick 페널티 킥을 얻다 ‖
take a corner kick 코너 킥을 얻다 ‖ a great soccer fan 축구의 열렬한 팬 ‖
join a soccer club 축구 클럽에 들다 ‖ play soccer on a soccer field 축구장에서 축구를 한다 ‖

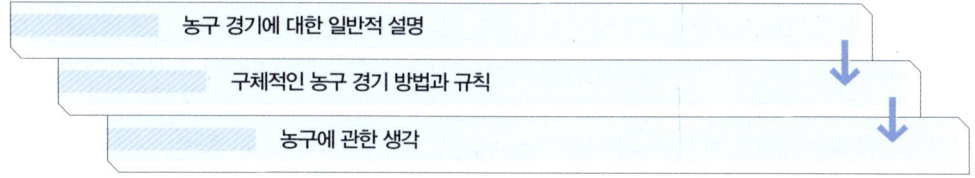

Q2 You indicated in the survey that you enjoy playing basketball. Please tell me about basketball.

▶▶ 당신은 설문에서 농구를 즐긴다고 했습니다. 농구의 경기 방법과 규칙에 대해 설명해 주세요.

많은 학생들이 시험장에서 당황해 하는 문제 중 하나가 운동 규칙에 대한 설명입니다. 운동을 설문에서 표기하는 분이라면 경기 방법이나 규칙에 대해 준비해야 합니다. 표현도 다소 어려워 준비 없이 즉흥적으로 말하려고 하면 스토리텔링이 제대로 되지 않습니다. 특히 규칙에 관해서는 자신이 자연스럽게 쓸 수 있는 쉬운 표현을 익히고 자신의 이야기로 말해 보는 것이 좋은 방법입니다.

Brainstorm

- 농구 경기에 대한 일반적 설명
- 구체적인 농구 경기 방법과 규칙
- 농구에 관한 생각

농구 경기 방법 & 규칙

Basketball is one of the most popular sports in the world.
농구는 세계에서 가장 인기 있는 스포츠 중 하나이다.

The game is played on an indoor court.
실내 코트에서 경기가 이루어진다.

Players shoot the ball through a basket to earn points.
선수들은 득점을 하려고 바스켓에 공을 던진다.

The team with the most points at the end of the game wins.
가장 많은 점수를 얻은 팀이 이긴다.

Each free throw is worth one point.
각 자유투는 1점이다.

The opposing team tries to steal the ball.
상대팀이 공을 뺏으려고 한다.

When a player shoots the ball through the hoop, he scores two points.
선수가 바스켓에 공을 넣으면 2점을 얻는다.

A Basketball is one of the most popular sports in the world. It is a game of skill and fitness, as players need to be very quick with their hands and feet. The game is played on a court, and two teams must compete with each other to score the most points. Players shoot the ball through the basket to earn these points, and the team with the most points at the end of the game wins. It's a very fast-paced game as the opposing team tries to steal the ball. Most professional players of basketball are very tall, so they can shoot hoops easily. Basketball is an exciting game to watch, because the winning team can change many times throughout the whole game.

농구는 세계에서 가장 인기 있는 스포츠 중 하나입니다. 선수들이 손과 발로 빨리 움직여야 하기 때문에 기술과 체력이 요구되는 종목입니다. 농구 경기는 코트에서 경기가 이루어지고 두 팀이 더 많은 득점을 하려고 서로 경쟁을 합니다. 득점하기 위해 선수들은 공을 농구 골대를 향해 던집니다. 경기가 끝났을 때 가장 많은 점수를 받은 팀이 이깁니다. 농구는 상대팀이 공을 뺏으려고 하기 때문에 아주 빠른 속도로 움직여야 하는 경기입니다. 대부분의 프로 농구 선수들은 아주 키가 커서 공을 쉽게 넣는 편입니다. 경기가 이루어지는 내내 승자가 여러 번 바뀌기 때문에 농구는 아주 흥미진진한 경기입니다.

Q3 Tell me about your most memorable baseball game. When was it? Where did you play it? Please share the details.

▶▶ 야구 경기를 하면서 가장 기억에 남았던 일에 대해 말해 보세요? 언제 어디서 경기를 했나요? 자세히 말해 보세요.

야구 경기를 하면서 기억에 남았던 일을 생각해 보세요. 우선 언제, 어디서, 누구와 경기를 했는지 간단히 소개해 보세요. 그다음 야구 경기에 대해 자세한 묘사를 합니다. 특히 게임을 하다가 일어났던 일이 있었다면 집중적으로 이야기해 보세요. 예를 들어 경기에서 연장전이나 역전이 있을 때 더욱 흥미진진해지죠. 손에 땀을 쥐며 경기를 해본 경험을 회상해 보며 이야기를 전개해 봅니다. 마지막으로 결과는 어땠는지, 내 느낌은 어땠는지에 대한 마무리로 자신만의 답을 만들어 봅니다.

Brainstorm

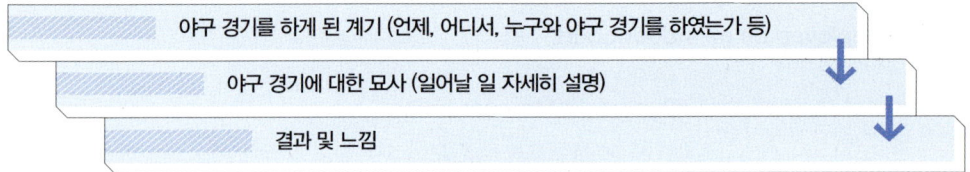

경기 묘사

We won the game 4-1.
우리는 4대 1로 이겼다.

The last batter hit a home run during the extra innings.
연장전에서 마지막 타자가 홈런을 쳤다.

The game was tied 3-3 at the end of the ninth inning.
경기는 9회말 3대 3으로 동점이었다.

We were leading 3-0 through the 5 innings.
5회까지 우리가 3대 0으로 이기고 있었다.

It was a memorable game since it was our first victory.
경기에 처음으로 이겨서 기억에 남을만한 경기였다.

Our team ended up winning the game in the bottom of the ninth inning.
우리 팀은 9회 말에 경기에서 이겼다.

We lost the game 5 to 2.
우리는 경기에서 5대 2로 패했다.

The game went fourteen innings; which was the longest game I ever played in.
경기는 14회까지 이루어졌고 내가 해 본 경기 중 가장 길었다.

It was the one of the greatest games of all time.
그것은 여태까지 해본 최고의 게임들 중 하나였다.

My most memorable baseball game was during a college match in my first year. Our team played against our university's long-time rival. The match was held at our home field, so there was a lot of pressure for our team to win. We were leading 3-0 through the 5 innings, but the other team made a dramatic catch in the next inning. The other team caught up to our score, and it was tied at the 9th inning. There were lots of people cheering us on, and our team really fought hard. Our team ended up winning the game in the bottom of the 9th inning. It was such an exciting ending, and we were really proud of ourselves. I will never forget that game, and how our team played so well.

나에게 가장 기억에 남는 야구 시합은 대학 1학년 때 있었던 대학 경기였습니다. 우리 팀은 오랫동안 경쟁 상대였던 학교와 경기를 했습니다. 그 시합은 우리 학교에서 열려서 그런지 우리 팀이 이겨야 한다는 많은 압박에 시달렸습니다. 5회까지 우리 팀은 3대 0으로 이기고 있었지만, 다음 회에서 상대팀이 극적으로 따라왔습니다. 상대팀이 우리 점수를 따라잡았고 9회에서 점수는 동점이 되었습니다. 많은 사람이 우리 팀을 응원했고 우리 팀은 정말 열심히 싸웠습니다. 9회 말 우리 팀은 드디어 시합에서 이겼습니다. 그것은 아주 흥미진진한 마무리였고 우리는 스스로 자랑스러웠습니다. 저는 그 경기와 우리 팀이 정말 잘 싸웠다는 사실을 잊지 못할 것 같습니다.

Q4 You indicated in the survey that you like to play soccer. Can you tell me where you play soccer? Describe the place you go to play in detail.

▶▶ 설문에서 당신은 축구하는 것을 좋아한다고 했습니다. 축구를 하는 장소에 대해 설명해 줄 수 있겠습니까? 당신이 축구 시합을 하러 가는 장소를 자세하게 설명해 주세요.

축구를 하는 장소는 실내 또는 야외 축구장이나 학교 등 여러 장소가 있을 것입니다. 이 장소에 얼마나 자주 가는지 이 장소의 특징은 무엇인지, 어떤 것을 볼 수 있는지 이야기해 볼 수 있습니다. 축구장의 모양이나 크기, 그곳에서 볼 수 있는 그곳에서 배너 광고나 구경꾼 등 축구장에서 볼 수 있는 것을 생각하면서 축구장 설명에 살을 덧붙여 보세요. 마지막으로 그곳에 자주 가는 이유나 내 느낌으로 마무리해 봅니다.

Brainstorm

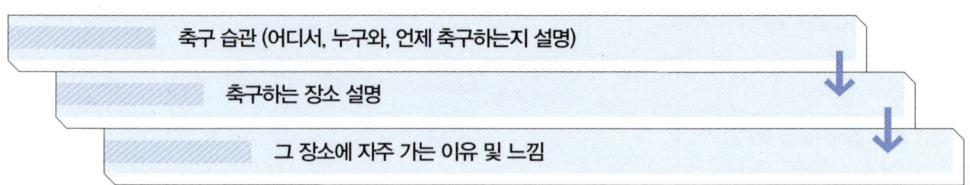

축구하는 장소

There is an indoor soccer field close to my house.
집 근처에 실내 축구 경기장이 있다.

My friends and I play in a huge parking lot by my house.
내 친구들과 나는 집 근처에 있는 큰 주차장에서 축구를 한다.

There is an outdoor soccer field we play on at school.
학교에 우리가 경기를 하는 야외 축구장이 있습니다.

We use the outdoor soccer field for practice and games.
우리는 연습하고 경기하는데 야외 축구장을 이용한다.

The soccer field is a rectangular shape.
축구장은 직사각형 모양이다.

Team banners are hung around the field.
팀의 배너 광고가 경기장 주변에 걸려 있다.

There are stands where fans can watch the games.
축구팬들이 게임을 볼 수 있는 스탠드가 있다.

A There are not many places in my town where we can play soccer, but there is an outdoor soccer field we play on at school. It's not in the best condition, but it's the only place where we can go and practice. The field size is quite large, but the grass is not well looked after, so there are lots of places where there is no grass. There are stands where fans can watch the game, and when there is a big match, there are always full of people. There is also a small canteen which sells hotdogs and other snacks for people who come to watch the game. Sometimes fans come with big banners to support the school team, and they hang them over the sides of the stands. It's not the most beautiful field, but it's functional.

우리 동네에 축구를 할 수 있는 곳은 많지 않지만, 학교에는 야외 축구장이 있습니다. 축구장 상태가 최고는 아니지만, 그곳은 우리가 가서 축구 연습을 할 수 있는 유일한 곳입니다. 축구장 크기는 꽤 크지만, 잔디는 잘 관리가 되지 않아서 잔디가 없는 곳이 많습니다. 그곳에는 축구 팬들이 경기를 보는 관람석이 있는데, 큰 경기가 있으면 사람들로 항상 가득 찹니다. 또한, 경기를 보러 오는 사람들에게 핫도그와 다른 간식을 파는 작은 매점이 있습니다. 때로는 팬들이 학교 팀을 응원하려고 현수막을 가져와서 관람석 옆에 걸어놓기도 합니다. 경기장이 아주 아름답지는 않지만 실용적입니다.

21 조깅 & 걷기

출제 경향

1. 조깅과 걷기 습관 이야기하기
2. 부상을 예방하는 방법 이야기하기
3. 조깅의 장점 이야기하기
4. 조깅과 걷기의 장점 이야기하기
5. 조깅과 걷기에 관심을 갖게 된 계기 이야기하기
6. 조깅과 걷기를 하는 목적 이야기하기
7. 조깅하는 장소 이야기하기

많은 학생이 스포츠와 관련한 설문에서 조깅이나 걷기를 선택합니다. 아마도 조깅과 걷기가 여러분에게 익숙하고 하나의 일상이 되어 있는 경우가 많기 때문일 것입니다. OPIc 시험에서 조깅을 선택한 분이라면 크게 조깅과 걷기 습관, 부상을 예방하는 법, 조깅과 걷기의 장점 그 외에도 조깅과 걷기에 관심을 갖게 된 계기, 조깅과 걷기를 하는 목적, 조깅과 걷기를 하면서 겪은 일 등에 대한 다양한 문제에 익숙해져야 합니다. 우선 아래 주어진 조깅의 습관에 관한 문제는 어디에 가는지, 보통 얼마나 자주 조깅을 하는지, 얼마나 오랫동안 조깅을 하는지를 묻는 문제입니다.

Q1 You indicated in the survey that you jog. Why do you jog? How many times a week do you jog? Please tell me in as much detail as possible.

▶▶ 당신은 설문에서 조깅을 한다고 응답했습니다. 왜 조깅을 하나요? 일주일에 얼마나 자주 조깅을 하나요? 가능한 한 자세히 이야기해 주세요.

조깅을 하는 목적은 여러 가지일 수 있으나 체중 감량, 건강 유지, 스트레스 해소, 기분 전환 등이 가장 보편적입니다. 이 문제에서는 여러분이 조깅을 하는 목적이 무엇인지, 조깅을 얼마나 자주 하는지, 조깅을 하면 어떤 점이 좋은지에 대한 문장을 생각해 볼 수 있습니다. 따라서, 처음 문장에서는 여러분의 조깅 습관을 잠깐 이야기해 봅니다. 그다음으로는 앞에서 언급한 조깅의 목적을 이야기하고, 마지막으로 조깅에 대한 내 생각에 대한 느낌이 어떠한 지 마무리해 봅니다.

Brainstorm

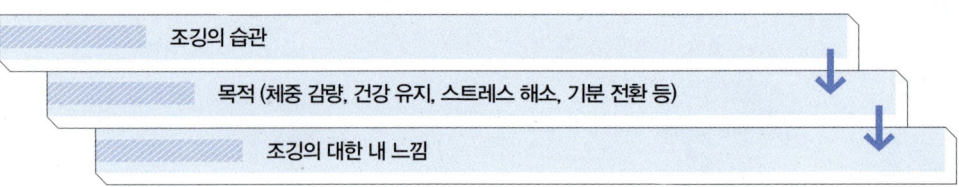

Possible story

저는 건강을 유지하고 살을 빼기 위해 일주일에 5일 정도 조깅을 합니다. 날씨가 안 좋아서 집에 있을 때는 역기를 들거나 러닝 머신에서 걷기도 합니다. 그러나 대부분의 경우 저는 조깅하러 밖에 나가는 것을 더 좋아합니다. 왜냐하면 밖에서 조깅을 하면 맑은 공기를 마시고 제 인생에 대해 생각해 볼 시간을 가질 수 있기 때문입니다. 특히 저는 산책로가 있는 공원에 가는 것을 좋아하는데 그곳은 아름다운 경치가 있는 연못 근처에 있습니다. 저는 공원에 갈 때마다, 조깅을 하고 스포츠를 즐기는 많은 사람들을 보게 됩니다. 제가 처음 조깅을 했을 때는, 아주 피곤하고 어지러웠습니다. 그후 저는 너무 힘들게 하지 않으려고 천천히 달렸습니다. 지금은 지구력이 많이 늘어서 조깅하는 시간과 거리가 많이 늘었습니다. 대체로 조깅을 하면 활발해지고 주변을 감상할 수 있어서 저는 조깅을 즐깁니다.

문장 ❶ 저는 건강을 유지하고 (stay in shape) 살을 빼기 위해 (lose weight) 일주일에 5일 정도 (5 days a week) 조깅을 합니다.

문장 ❷ 날씨가 안 좋아서 (due to the bad weather) 집에 있을 때는 (when I stay at home) 역기를 들거나 (lift weights) 러닝 머신에서 걷기도 합니다 (walk on a treadmill).

문장 ❸ 그러나 대부분의 경우 (in most cases) 저는 조깅하러 밖에 나가는 것을 더 선호합니다 (prefer going outside).

문장 ❹ 왜냐하면 밖에서 조깅을 하면 맑은 공기를 마시고 (breathe fresh air) 내 인생에 대해 생각해 (contemplate my life) 볼 시간을 가질 수 있기 때문입니다 (enjoy time).

문장 ❺ 특히 저는 산책로가 있는 (with natural trails) 공원에 가는 것을 좋아하는데 (like going to a park) 그곳은 아름다운 경치가 있는 (beautiful scenery) 연못 근처에 (around a pond) 있습니다.

문장 ❻ 저는 공원에 갈 때마다 (each time I go to the park), 조깅을 하고 스포츠를 즐기는 많은 사람들을 보게 됩니다.

문장 ❼ 제가 처음 조깅을 했을 때는 (started jogging), 아주 피곤하고 (get tired) 어지러웠습니다 (dizzy).

문장 ❽ 그후 저는 너무 힘들게 하지 않으려고 (not to push myself so hard) 천천히 달렸습니다 (start out slowly).

문장 ❾ 지금은 지구력이 많이 늘어 (have built up my endurance) 조깅하는 시간과 (amount of time) 거리가 (the distance) 많이 늘었습니다.

문장 ❿ 대체로 조깅을 하면 활발해지고 (keep me active) 주변을 감상할 수 있어서 (appreciative of natural surroundings) 저는 조깅을 즐깁니다.

Sample

    I jog 5 days a week to stay in shape and lose weight. When I stay at home due to the bad weather, I lift weights and walk on a treadmill. However, in most cases, I prefer going outside to jog because I can breathe fresh air and enjoy time to contemplate my life. I especially enjoy going to a park with natural trails. The trails are around a pond which provides beautiful scenery. Every time I go to the park, I see many people jogging and playing sports. When I first started jogging, I would get tired and dizzy. After that, I decided not to push myself so hard and start out slowly. Since I have built up my endurance, I increased the amount of time and the distance I jog. Overall, I love jogging because it keeps me active and appreciative of natural surroundings.

Expression

'조깅하다'는 **jog, go jogging, go for a jog** 등으로 표현할 수 있습니다. '조깅하는 것을 좋아하다'는 **love jogging, enjoy jogging, like to jog** 등으로 표현해 보세요.

'건강을 유지하다'는 **stay in shape, stay fit, keep healthy, maintain health** 등으로 표현합니다.

'러닝 머신'은 **treadmill**로 **walk on a treadmill**(러닝 머신에서 걷다), **run on a treadmill**(러닝 머신에서 뛰다) 등으로 사용합니다.

'너무 힘들게 밀어 붙이다'라는 표현은 **push myself so hard**입니다.

'지구력을 기르다'는 **increase endurance, build endurance, build up endurance** 등으로 표현할 수 있고, 체력에서 말하는 '지구력'은 동사 **endure**에서 파생된 명사 **endurance**로 표현합니다.

조깅에 대한 내 느낌

I can jog any time or anywhere.
나는 언제 어디서든 조깅을 할 수 있다.

It is great exercise because jogging provides a total body workout.
조깅은 전신 운동을 할 수 있게 해주기 때문에 좋은 운동이다.

I love jogging because it is a free workout.
무료로 할 수 있는 운동이기 때문에 나는 조깅을 좋아한다.

Jogging is a stress reliever.
조깅은 스트레스 풀기에 좋다.

I recommend jogging to anyone who wants to try light exercise.
가벼운 운동을 하고자 하는 사람에게 조깅을 추천한다.

It is a good workout.
(조깅은) 좋은 운동이다.

조깅 & 산책 표현

I run on the school track.
나는 학교 트랙에서 뛴다.

I take a walk in the garden.
나는 정원에서 산책한다.

I jog on the paths along the river.
나는 강을 따라 난 길에서 조깅한다.

People of all ages like to jog around the lake.
다양한 나이의 사람들이 호수 근처에서 조깅하는 것을 좋아한다.

I jog up and down the street.
나는 위아래 길을 따라 조깅을 한다.

In terms of places to go jogging, River Park is one of the most popular spots.
조깅할 수 있는 장소로 강변 공원이 가장 유명한 곳 중의 하나이다.

There is a path at the park where I can take a walk.
공원에는 산책할 수 있는 길이 있다.

조깅 & 걷기 습관

I exercise using a treadmill on a regular basis.
나는 러닝 머신으로 규칙적인 운동을 한다.

I go jogging before breakfast about three times a week.
나는 일주일에 3번 정도 아침 식사 전에 조깅하러 간다.

If the weather permits, I jog 5 times a week.
날씨가 괜찮으면, 일주일에 5번 정도 조깅한다.

I seldom run outside. Instead, I prefer to use the treadmill in the gym.
나는 밖에서 거의 뛰지 않는다. 대신 체육관에서 러닝 머신을 이용하는 것을 더 좋아한다.

I make it a rule to run daily.
나는 매일 규칙적으로 뛴다.

I jog in the morning or evening to avoid the afternoon sun.
나는 햇볕을 피하려고 아침이나 저녁에 조깅을 한다.

I jog regardless of the weather.
나는 날씨에 관계없이 조깅한다.

조깅을 하는 이유

I jog to burn calories and lose weight.
나는 칼로리를 소모하고 체중 감량을 위해 조깅한다.

I jog just for fun.
나는 재미로 조깅을 한다.

Jogging gives me more energy.
조깅을 하면 더 많은 힘이 생긴다.

Jogging provides me time to think to myself.
조깅은 내게 생각할 수 있는 시간을 준다.

Jogging helps me stay in shape.
조깅은 건강한 몸을 유지할 수 있게 해 준다.

Jogging makes me feel refreshed.
조깅을 하면 기분이 상쾌해진다.

Once I start moving, I feel better.
나는 움직이기 시작하면, 기분이 좋아진다.

I can appreciate my surroundings more when I am jogging.
나는 조깅을 하면, 주위를 더 감상할 수 있다.

I jog in order to stay young.
나는 젊음을 유지하려고 조깅을 한다.

Jogging allows me to meet many people.
조깅은 내게 많은 사람을 만나게 해 준다.

Jogging helps boost my metabolism.
조깅은 신진대사를 원활히 해 준다.

Q2 When jogging, what precautions should you take to avoid injuries? I would like to know precautions you can take to prevent or avoid injuries while jogging.

▶▶ 당신은 조깅을 할 때 부상을 피하기 위해 어떤 주의를 기울이나요? 조깅을 할 때 부상을 막기 위해 당신이 할 수 있는 방법을 알고 싶습니다.

이런 문제를 처음 접하는 분이라면 당황하기 쉬운 난이도 높은 문제입니다. 우선 조깅을 하다가 부상을 당해 본 적이 있는지 생각해 보세요. 대표적으로 운동하기 전후를 생각해 보세요. 모든 운동 전에 스트레칭을 하거나 준비운동을 하는 것, 적절한 신발을 착용하고 옷을 입는 것, 조깅 후에 열을 식히는 것, dehydration(탈수) 현상을 예방하기 위해 물을 많이 마시는 것 등 운동 전후에 부상을 막기 위해 하는 여러 가지 일들이 있을 겁니다. 개인적으로 부상 경험이 있었다면 여러분의 이야기를 같이 넣어서 차별화된 답을 만들어 보세요.

Brainstorm

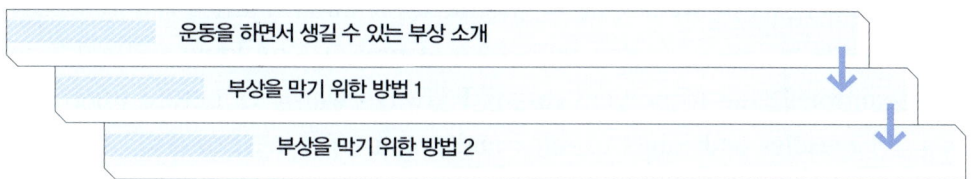

부상을 피하는 방법

I drink a lot of water before I exercise.
나는 운동 전에 물을 많이 마신다.

I always warm up before jogging.
나는 조깅하기 전에 준비운동을 한다.

I always stretch my arms and legs before all sports.
나는 모든 운동을 하기 전에 팔과 다리를 스트레칭한다.

I wear comfortable running shoes.
나는 편한 러닝 슈즈를 신는다.

I make sure to allow time to cool down after jogging.
나는 조깅 후에 꼭 열을 식힐 시간을 갖는다.

I maintain a consistent walking pace.
나는 걷는 속도를 꾸준히 유지한다.

I stretch before and after jogging.
나는 조깅 전후에 스트레칭을 한다.

When my knees hurt, I take a day off to allow them to recover.
나는 무릎이 아프면, 회복할 수 있도록 (운동하지 않고) 하루 쉰다.

일어날 수 있는 부상

I have a sore foot.
나는 발이 아프다.

I have severe pain in my knees.
나는 무릎에 심한 통증을 느낀다.

I have a bruise.
나는 멍이 들었다.

I have a sprained ankle.
나는 발목을 삐었다.

My ankle is swollen.
내 발목이 부었다.

I have knee injuries.
나는 무릎 부상이 있다.

My legs are stiff.
내 다리가 뻣뻣하다.

I suffer from sore muscles.
나는 근육통이 있다.

Jogging is a great form of exercise, but if we don't take proper precautions it can cause serious injuries. One of the most common injuries is sore knees and ankles. This is because jogging puts a lot of pressure on knee and ankle joints. One precaution I take to prevent this is I always warm up before jogging. This allows my muscles and joints to relax and prepare for the exercise. Another way I prevent injury is I always wear comfortable running shoes. This is so important for knees and ankles, because they give support to the bones and muscles. When my knees hurt, I always take a few days off to recover. Therefore, if we don't take precautions against injuries when jogging, we risk doing permanent damage to our bodies.

조깅은 좋은 운동이기는 하지만 적절하게 예방 조치를 하지 않으면 심각한 부상을 일으킬 수도 있습니다. 조깅의 가장 흔한 부상 중의 하나는 무릎과 발목에 통증이 생기는 것입니다. 그 이유는 조깅을 하면 무릎과 발목에 많은 압력이 가해지기 때문입니다. 이것을 예방하기 위해서 나는 조깅하기 전 항상 준비운동을 합니다. 이렇게 하면 운동하기 전에 근육과 관절을 이완시키고 운동을 준비할 수 있습니다. 다른 하나의 방법은 부상을 예방하기 위해 항상 편한 운동화를 신는 것입니다. 운동화를 신는 것은 뼈와 근육을 지탱해주어 무릎과 발목 보호에 아주 중요합니다. 무릎이 아프면 나는 항상 며칠 간은 운동을 쉽니다. 따라서 조깅할 때 부상에 대한 예방 조치를 하지 않으면, 우리 몸에 영구적인 손상이 올 수 있습니다.

Q3 You indicated in the survey that you like to jog. Please tell me what the advantages of jogging are.

▶▶ 당신은 설문에서 조깅을 좋아한다고 응답했습니다. 조깅의 장점을 이야기해 보세요.

조깅의 장점에는 여러 가지가 있을 텐데요. 크게 신체적으로나 정신적으로 느끼는 장점으로 나누어 볼 수 있습니다. 신체적으로는 혈액 순환을 향상시키거나, 건강유지에 관한 내용을 예로 들 수 있습니다. 정신적으로는 스트레스를 줄여주고, 심리적인 불안을 감소시켜, 중요한 일이 있으면 집중할 수 있게 도와줍니다. 특히 자신이 경험한 조깅의 좋은 점이 있다면 예를 들어 추가해 보세요.

Brainstorm

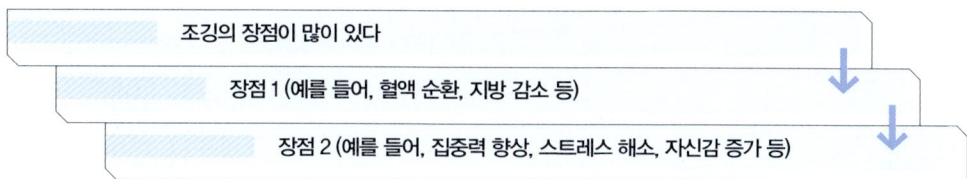

조깅의 장점

There are tremendous benefits to jogging.
조깅은 많은 장점이 있다.

Jogging improves circulation.
조깅은 우리 몸의 혈액 순환을 향상시킨다.

Jogging is healthy because I can breathe fresh air.
조깅은 맑은 공기를 마실 수 있으므로 건강에 좋다.

Jogging helps burn fat.
조깅은 지방 연소를 도와준다.

I can burn off a lot of calories while jogging.
조깅을 하면서 많은 칼로리를 소모할 수 있다.

Jogging helps me focus on the important things in my life.
조깅은 내 삶의 중요한 일에 집중할 수 있게 해 준다.

Jogging decreases the risk of getting sick.
조깅을 하면 병에 걸릴 위험이 줄어든다.

Jogging keeps me active.
조깅을 하면 활동적이게 된다.

I can strengthen my muscles and build up endurance.
나는 근육을 강화하고 지구력을 키울 수 있다.

A Jogging is not only good for our physical health, but also for our mental health. Firstly, I can burn off a lot of calories when jogging. It also works a lot of different muscle groups, and it is great to build up general fitness. The great thing about jogging is that we can do it anywhere. Jogging on a treadmill indoors is great, but it's also nice to get out and jog in the fresh air. In addition, jogging helps me focus on the important things in life. Sometimes I can relieve my stress by jogging when I can feel frustrated. Especially when I'm jogging, I can forget about the smaller things that don't matter, and just concentrate on what needs to be done. Therefore, jogging is an essential part of my daily routines.

조깅은 신체 건강에 좋을 뿐 아니라 정신 건강에도 도움을 줍니다. 우선 조깅을 하면 많은 칼로리를 태울 수 있습니다. 조깅은 또한 근육 조직에 영향을 주고 체력을 키우는데 좋습니다. 가장 좋은 점은 어디에서든지 조깅을 할 수 있다는 점입니다. 실내에 있는 러닝 머신에서 뛰는 것도 좋지만, 밖에 나가서 신선한 공기를 마시며 조깅을 하는 것도 좋습니다. 또한, 조깅은 중요한 일에 집중할 수 있게도 해줍니다. 때로는 좌절감을 느꼈을 때 조깅으로 스트레스를 없앨 수 있습니다. 특히 조깅을 하면 사소한 일을 잊어버리고 필요한 일에만 집중할 수 있습니다. 따라서 조깅은 내 일상생활의 중요한 부분입니다.

22 여행

출제 경향

1. 여행했던 장소 소개하기
2. 준비하는 여행용품 말하기
3. 미래에 가 보고 싶은 장소 소개하기
4. 처음으로 해외여행 갔던 경험 말하기
5. 여행 다니면서 당황했거나 기억에 남는 일에 대해 자세히 말하기
6. 여행 중 먹었던 음식 소개하기
7. 여행을 떠나기 전에 하는 일에 대해 말하기
8. 여행하는 목적 말하기

여행 관련 문제는 OPIc에서 빈번하게 출제되는 문제입니다. 설문에서 여행을 선택했다면 해외여행인지 국내 여행인지 아니면 집에서 휴가를 보냈는지를 생각해 봅니다. 또한 구체적으로 어떤 장소에 대해 언급할 것인지 미리 생각해 놓는 것이 좋습니다. 여행 관련 문제는 출제 빈도가 높아서 시험장에 가기 전에 자연스럽게 말할 수 있도록 꼭 연습해 두어야 합니다. OPIc에서는 예전에 여행했던 여행 장소, 가지고 가는 준비물, 그리고 앞으로 어디에 가고 싶은지, 먹었던 음식 등에 대해 묻는 문제들이 등장합니다.

 Q1 You indicated in the survey that you like to travel. Can you tell me about one of the countries you visited? Where did you go? What did you do there?

▶▶ 당신은 설문에서 여행을 좋아한다고 응답했습니다. 당신이 방문했던 나라 중 하나에 대해 설명해 주시겠어요? 어디에 갔었나요? 거기에서 무엇을 했나요?

우선 이런 문제는 어디로 여행을 갔는지, 가게 된 계기가 무엇인지, 누구와 같이 갔는지, 방문 기간은 어떻게 되는지 등을 육하원칙으로 시작해 볼 수 있습니다. 본론에서는 경치, 활동, 지역 명물, 주변 지역, 지역 사람 등에 대해 묘사할 수 있습니다. 마지막으로 여행지에 대한 내 생각, 느낌, 추천 등으로 마무리하면 됩니다.

Brainstorm

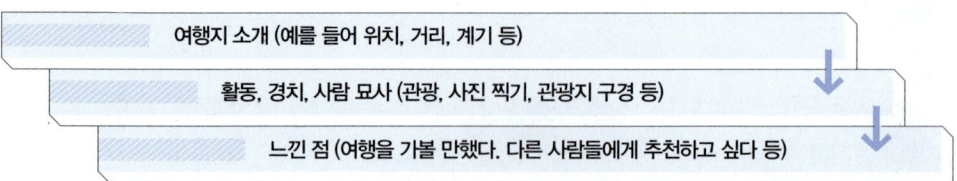

Possible story

저는 작년에 제 친구들과 두 달 동안 미국에 갔었습니다. 사실 우리는 차로 샌프란시스코에서 뉴욕까지 대륙 횡단을 했습니다. 차로 횡단해서 우리는 몇몇 도시들을 방문할 기회가 있었습니다. 그중에, 특히 뉴올리언스가 인상적이었습니다. 이 도시는 재즈의 발생지로 유명합니다. 도시의 분위기는 다른 도시와 비교할 때 아주 독특했습니다. 건물과 거리는 보였지만 이국적이었습니다. 우리는 많은 관광 명소를 방문했는데, 그중 선데이 나이트 재즈클럽이 가장 좋았습니다. 이 클럽은 주말마다 다른 재즈 밴드를 선보였습니다. 우리는 음악이 아주 좋아서 공연 후에 CD를 샀습니다. 또한 우리는 현지인들의 친절함에 놀라기도 했습니다. 우리는 뉴올리언스에 이틀밖에 머물지 않았지만 아주 재미있었습니다. 저는 그 도시를 방문한 것을 앞으로도 영원히 잊지 못할 것 같습니다. 마지막으로 저는 미국 방문에 관심이 있는 사람들에게 뉴올리언스를 적극적으로 추천하고 싶습니다.

문장 ❶ 저는 작년에 제 친구들과 두 달 동안 (for two months) 미국에 갔었습니다 (went to America).

문장 ❷ 사실 우리는 차로 (by car) 샌프란시스코에서 뉴욕까지 대륙 횡단을 했습니다 (drove across the continent).

문장 ❸ 차로 횡단 해서 (driving across country) 우리는 몇몇 도시들을 (several cities) 방문할 기회가 있었습니다. (opportunities to visit).

문장 ❹ 그중에 특히 뉴올리언스가 인상적이었습니다 (especially impressive).

문장 ❺ 이 도시는 재즈의 발생지로 (the birthplace) 유명합니다 (is known as).

문장 ❻ 도시의 분위기는 다른 도시와 비교할 때 (compared to other cities) 아주 독특했습니다 (very unique).

문장 ❼ 건물과 거리는 오래돼 보였지만 (looked old) 이국적이었습니다 (exotic).

문장 ❽ 우리는 많은 관광 명소를 방문했는데 (visited many attractions), 그중 선데이 나이트 재즈 클럽이 가장 좋았습니다.

문장 ❾ 이 클럽은 주말마다 다른 재즈 밴드를 선보였습니다 (featured a different jazz band).

문장 ❿ 우리는 음악이 아주 좋아서 (enjoyed their music so much) 공연 후에 CD를 샀습니다 (bought their CD).

문장 ⓫ 또한 우리는 현지인들의 (the local people were) 친절함에 놀라기도 했습니다.

문장 ⓬ 우리는 뉴올리언스에 이틀밖에 머물지 않았지만 (for only two days) 아주 재미있었습니다.

문장 ⓭ 저는 그 도시를 방문한 것을 앞으로도 영원히 잊지 못할 것 같습니다 (always remember our visit).

문장 ⓮ 마지막으로 저는 미국 방문에 관심이 있는 사람들에게 (anyone interested in visiting America) 뉴올리언스를 적극적으로 추천하고 싶습니다 (highly recommend).

Sample

My friends and I went to America for two months last year. We actually drove across the continent by car from San Francisco to New York. Driving across country gave us opportunities to visit several cities. Among them, New Orleans was especially impressive. This city is known as the birthplace of Jazz. The atmosphere of the city was very unique compared to other cities. The buildings and streets looked old, but had an exotic character. We visited many attractions, but the Sunday Night Jazz Club was our favorite. The club featured a different jazz band every weekend. We enjoyed their music so much that we bought their CD after the show. Also, we were amazed at how friendly the local people were. We stayed in New Orleans for only two days, but we still had a lot of fun. I will always remember our visit to New Orleans. Finally, I highly recommend New Orleans to anyone interested in visiting America.

Expression

차를 타고 대륙을 횡단할 때 쓰는 표현은 **drive cross country**, **move cross country**, **drive across the continent** (대륙) 등을 쓸 수 있습니다.

'~로 알려지다'라고 표현할 때는 **be known as**를, 잘 알려져 있을 때는 **be well known as**로 표현합니다.

'~의 발생지'는 '**the birthplace of** 명사'로 표현합니다.

'이국적인'이라는 표현은 **exotic** [igzátik]이라고 씁니다. 특히, 장소나 분위기, 음식을 묘사할 때 많이 쓰는 형용사입니다.

'관광 명소'는 **a tourist attraction**, 복수일 경우 **tourist attractions**로 말하거나 한 단어로 **attractions**, **sights**로 표현합니다.

여행 가다

travel/ visit/ take a trip 여행하다 ‖ **travel abroad/ travel overseas/ go overseas** 해외여행하다 ‖
Travel domestically 국내 여행하다 ‖ **Travel domestically and internationally** 국내 여행과 해외여행을 하다 ‖

I travel both domestically and internationally on a yearly basis.
난 일 년에 한 번 해외여행과 국내 여행을 모두 한다.

I usually travel about 10 days in a year.
난 보통 일 년에 열흘 정도 여행한다.

I enjoyed visiting Singapore.
나는 싱가포르 여행을 즐겼다.

I hope my next visit will be more enjoyable.
다음 여행은 좀 더 재미있기를 바란다.

I took my family on a trip to Canada.
나는 가족과 함께 캐나다로 여행을 갔었다.

I took a trip to China to visit my friends.
나는 친구를 방문하러 중국에 갔었다.

My family and I traveled to Montreal two weeks ago.
가족과 함께 2주 전에 몬트리올에 여행을 갔었다.

My friends and I took a 30 day trip through Europe.
내 친구와 나는 유럽으로 30일 동안 여행을 갔다.

One of the countries I visited was Japan.
내가 가 봤던 나라 중 하나는 일본이었다.

장소/ 활동 소개

We spent a lot of time hiking.
우리는 하이킹을 하며 많은 시간을 보냈다.

We took our bikes on a bike trail.
우리는 자전거 도로에서 자전거를 탔다.

I tried bungee jumping.
나는 번지 점프를 했다.

My family and I went on a guided tour.
나는 가족과 함께 가이드가 있는 여행을 했다.

We went sightseeing.
우리는 관광을 했다.

I tried exotic food.
나는 이국적인 음식을 먹었다.

I took pictures of the scenery.
나는 풍경 사진을 찍었다.

There are plenty of tourist attractions.
관광 명소가 많다.

여행지 강조

San Francisco is a very interesting city.
샌프란시스코는 아주 흥미 있는 도시이다.

The glacier made the scenery even more breathtaking.
빙하는 경치를 더욱더 아름답게 했다.

The scenery was absolutely breathtaking.
경치는 정말 아름다웠다.

The best part of my trip was relaxing on the beautiful beach.
여행 중 가장 좋았던 점은 아름다운 해변에서 쉬는 것이었다.

Among the countries I visited, Singapore is by far my favorite.
내가 방문했던 국가 중에서 싱가포르가 가장 좋았다.

경치 묘사

The atmosphere was very peaceful.
분위기가 아주 평화로웠다.

The scenery was beyond description.
경치가 형용할 수 없이 아름다웠다.

We loved the scenery.
경치가 좋았다.

The scenery was more beautiful than the pictures in the travel guide.
경치가 여행안내서에 있는 사진보다 더 아름다웠다.

경치가 좋을 때 쓰는 형용사

The scenery was _____.
[breathtaking/ magnificent/ beautiful/ amazing/ fabulous/ great/ incredible/ stunning]

사람 묘사

They made us feel at home.
그들은 우리를 편안하게 해줬다.

They were friendly and helpful.
사람들이 아주 친절하고 도움을 많이 주었다.

The local people were very nice.
현지의 사람들이 아주 친절했다.

We met wonderful people on our vacation.
휴가 중에 우리는 좋은 사람들을 만났다.

They treated us with great respect.
그들은 우리를 아주 잘 대해줬다.

They were willing to help us out.
그들은 우리를 기꺼이 도와주려고 했다.

사람 묘사 형용사

warm 따뜻한 ∥ wonderful/ fantastic 훌륭한 ∥ friendly 친절한 ∥
helpful 도움을 주는 ∥ welcoming 반겨주는 ∥ courteous 예의 바른 ∥
fun 재미있는 ∥ attentive 신경을 쓰는 ∥ lovely 사랑스러운 ∥
unpleasant 불친절한 ∥ rude 무례한 ∥ arrogant 오만한 ∥

내 느낌

I would highly recommend this place.
나는 이 장소를 적극적으로 추천하고 싶다.

I would highly recommend visiting there.
나는 그곳에 가볼 것을 적극적으로 추천한다.

It was a great place to escape from the crowds.
많은 사람에게서 벗어나기에 아주 좋은 곳이다.

I am going back there again.
나는 그곳에 다시 가볼 것이다.

The overall experience was enjoyable.
전반적으로 아주 좋은 경험이었다.

My husband and I had wonderful time there.
남편과 나는 그곳에서 좋은 시간을 보냈다.

It was a waste of time and money.
시간과 돈만 낭비했다.

It was an amazing place to visit.
방문하기에 훌륭한 곳이었다.

We felt right at home.
우리는 편안했다.

It is a must see attraction.
꼭 가봐야 하는 명소이다.

It was not worth the money they charged.
돈을 많이 쓸만한 곳은 아니었다.

It was worth visiting.
가볼 만한 곳이었어.

Q2 You indicated in the survey that you like to travel. What type of things do you take with you when you travel? Tell me about everything you pack.

▶▶ 당신은 설문에서 여행하는 것을 좋아한다고 응답하였습니다. 여행을 갈 때 무엇을 가지고 가나요? 당신이 챙기는 모든 것을 이야기해 보세요.

우선 처음 문장에서는 일반적으로 '여행을 준비할 때 많은 물건을 챙기거나 목록을 만들어 둔다.' 등의 문장을 생각해 볼 수 있겠습니다. 그다음에는 구체적으로 어떤 것들을 가지고 가는지 예를 들어, 옷, 휴대전화, 노트북, 책, 카메라 등 여러분의 경험에 비추어 어떤 것들을 가져가는지 상세하게 이야기하면 됩니다. 그중에서 내가 꼭 중요하다고 생각하는 것을 강조하고, 그 물건들의 용도를 같이 이야기하면 좋은 답이 될 수 있습니다.

Brainstorm

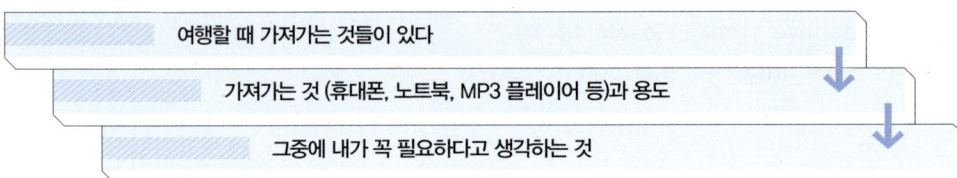

여행을 위해 준비하는 것

There are many things to prepare before I take a trip.
나는 여행가기 전에 준비할 것이 많이 있다.

When I travel abroad, I make sure that I have a list of essential items.
해외여행을 갈 때, 나는 필요한 것을 꼭 적어둔다.

If I am taking a short trip, I travel light.
짧은 기간 여행을 할 때, 짐을 가볍게 가져간다.

여행갈 때 가져가는 것

I make sure to bring everything I need.
나는 내가 필요한 모든 것을 가져간다.

I pack an extra pair of glasses.
나는 안경을 하나 더 챙긴다.

I carry very little cash when I travel.
나는 여행 갈 때 현금을 거의 가져가지 않는다.

I carry my credit card to pay for my expenses.
나는 여행 경비를 지불하기 위해 신용카드를 가지고 간다.

A small suitcase is enough for my trip.
내 여행에는 조그만 짐 가방이면 충분하다.

I always bring my cell phone charger with me when I travel.
나는 여행할 때 핸드폰 충전기를 항상 가지고 다닌다.

I usually take my laptop with me on vacation.
나는 휴가 때 보통 노트북을 가지고 다닌다.

There are many things to prepare before I take a trip. Of course, I don't take the same things with me for every trip! The things that I pack to take with me are determined by the purpose of my trip. If I'm taking a trip for relaxation, then I always pack my MP3 player and a good book. Sometimes on vacation I just like to sit and read or listen to music. If I'm taking a trip for business, there are things that I absolutely must have. For example, I always bring my cell-phone charger and credit card to pay for all my expenses. I carry very little cash when I travel, as it makes me feel much safer.

여행을 가기 전에 준비해야 할 물건들이 많습니다. 물론 나는 모든 여행에 똑같은 물건을 가지고 가지는 않습니다. 여행의 목적이 무엇인지에 따라 가지고 가는 것이 다릅니다. 휴식 차 여행을 가게 되면, 나는 항상 MP3 플레이어와 좋은 책 한 권을 챙깁니다. 때로 휴가를 가면 앉아서 책을 읽거나 음악을 듣기도 합니다. 출장을 가면 꼭 챙겨야 하는 물건들이 있습니다. 예를 들어, 나는 항상 휴대전화 충전기와 신용카드를 챙깁니다. 여행할 때 나는 가능한 현금을 적게 가지고 다니는데 그 이유는 현금을 적게 가지고 다니면 훨씬 안전하게 느끼기 때문입니다.

 You answered in the survey that you like to travel. Tell me about your most recent trip. When and where did you go? And what did you do there?

▶▶ 당신은 설문에서 여행하는 것을 좋아한다고 답하였습니다. 가장 최근에 갔던 여행에 대해 이야기해 주세요. 언제 어디로 갔었나요? 그리고 거기서 무엇을 했나요?

이 문제는 첫 문제에서 나온 여행 경험에 대한 문제와 매우 흡사하므로 학생들이 당황하기 쉬운 문제입니다. 어렸을 적 갔던 여행을 이야기하라는 문제와 아주 비슷하기도 합니다. 우선 언제 갔었고, 누구와 어디로 갔는지를 첫 문장에서 이야기하세요. 앞에서 제시한 표현을 사용해서 활동이나, 경치, 사람에 대해 묘사해 봅니다. 앞서 표현한 문장을 똑같이 구사하기보다 다른 표현으로 조금씩 바꾸거나 문장을 다른 문장, 다른 구조로 시도해 보면 고득점을 얻을 수 있습니다.

Brainstorm

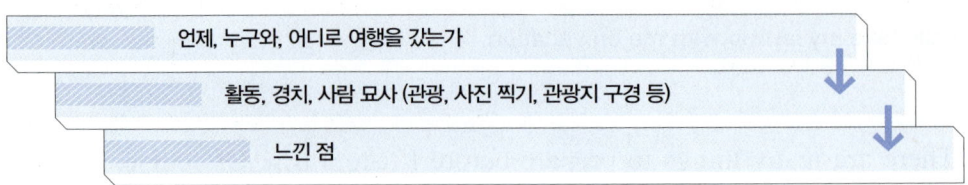

활동

The scenery was fabulous and the people were very friendly.
경치가 훌륭했고 사람들도 아주 친절했다.

I enjoyed camping, hiking, and other outdoor activities.
나는 캠핑, 하이킹, 그리고 다른 야외 활동을 즐겼다.

I enjoyed outdoor activities like rock climbing.
나는 암벽타기와 같은 야외 활동을 즐겼다.

My family went on a guided tour.
우리 가족은 가이드가 있는 여행을 했다.

We went on a sightseeing tour and took a lot of pictures.
우리는 관광 여행을 하며 사진을 많이 찍었다.

느낀 점

I would definitely recommend traveling there.
나는 그곳을 여행할 것을 추천한다.

It was a quiet place away from the crowds.
많은 사람에게서 벗어나기에 조용한 곳이다.

I had a wonderful time there.
그곳에서 나는 좋은 시간을 보냈다.

It was an amazing place to visit.
방문하기에 훌륭한 곳이었다.

A

Recently I had the chance to travel to Koh Chang Island in Thailand. I had a week vacation, and I decided to travel there by myself to get away from city life. The scenery was fabulous and the people were very friendly. At first I was worried about traveling alone, but the people of Thailand were so helpful. The island was a quiet place away from crowds, and I spent a lot of time resting on the beaches. The most memorable time was that I took some time to visit one of the elephant parks, and I took an elephant riding tour there. In addition, the food was simply delicious, and the atmosphere of the whole island was very peaceful. Overall, it was a truly amazing place to visit.

최근 나는 태국에 있는 고창 섬에 갈 기회가 생겼습니다. 일주일간의 휴가 동안 혼자 바람을 쐴 겸해서 그곳으로 여행을 갔다 오기로 했습니다. 그곳 경치는 멋있었고 사람들은 아주 친절했습니다. 처음에는 혼자 여행하는 것에 대해 걱정을 했었는데 태국 사람들이 많은 도움을 주었습니다. 그 섬은 많은 사람에게서 벗어나기에 좋은 장소였고 나는 해변에서 쉬면서 많은 시간을 보냈습니다. 가장 기억에 남는 점은 코끼리 공원 중의 한 곳을 방문한 것이었는데 그곳에서 코끼리를 타 봤습니다. 또한, 그곳 음식은 맛있었고 해변 전체의 분위기는 평화로웠습니다. 대체로 그곳은 방문하기에 정말 멋진 곳이었습니다.

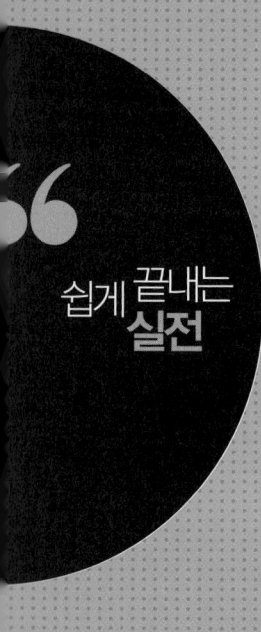

쉽게 끝내는
실전

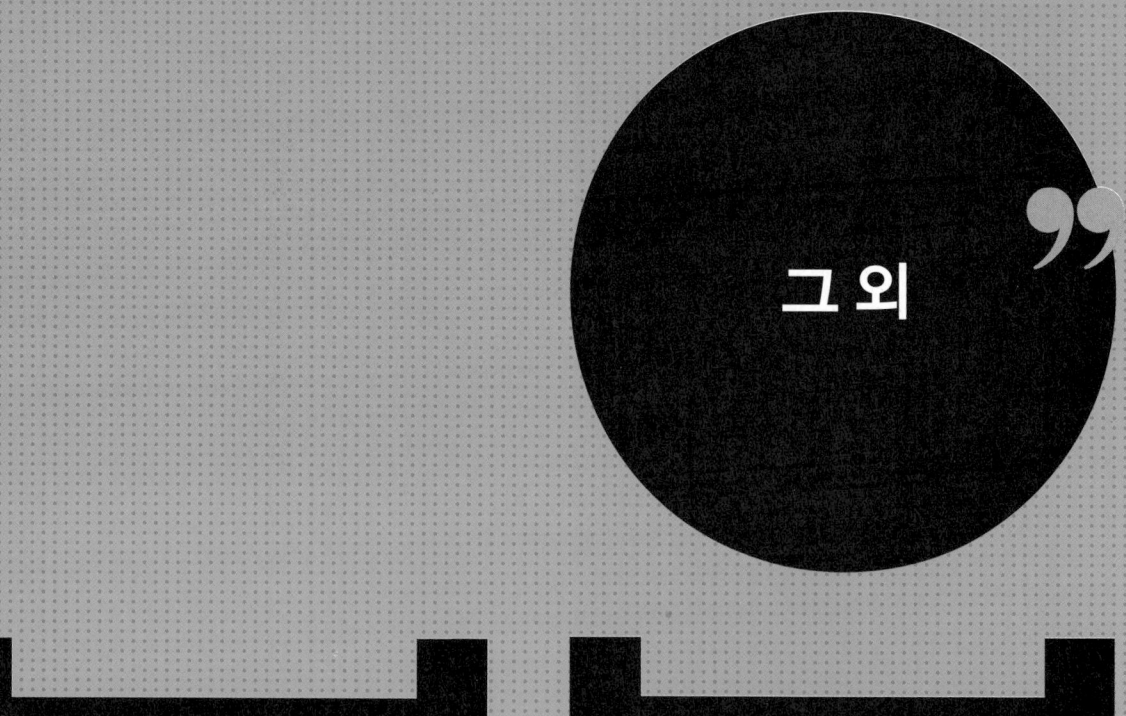

UNIT 23	가전제품
UNIT 24	은행
UNIT 25	기술 이야기하기
UNIT 26	농부 & 시골 생활
UNIT 27	명절
UNIT 28	경찰 이야기하기
UNIT 29	날씨

23 가전제품

출제 경향

1. 사람들이 많이 쓰는 가전제품 이야기하기
2. 내가 자주 쓰는 가전제품 이야기하기
3. 가전제품에 문제가 생긴 경우에 대해 이야기하기
4. 가전제품에 대한 추억 이야기하기
5. 내가 아끼는 가전제품 이야기

가전제품 관련 문제는 꾸준히 나오는 문제입니다. 사람들이 일반적으로 많이 쓰는 가전제품, 내가 자주 쓰는 가전제품, 가전제품에 생긴 문제 이야기하기, 가전제품에 대한 추억 이야기하기, 내가 아끼는 가전제품 이야기하기 등 다양한 주제가 문제로 등장하는 편입니다. 여러분이 선택하는 레벨에 상관없이 또한 OPIc 설문과 관계없이 이 주제가 등장하는 편이므로 가전제품의 특징과 기능을 자연스럽게 이야기할 수 있어야 합니다. 이 과에서는 각 가전제품의 기능을 어떻게 표현하는지 가전제품이 고장 났을 때 보통 어떻게 대처하는지를 이야기해 봅니다.

  What kinds of appliances do people usually have at their homes? Please provide a detailed account of household appliances that people use.

▶▶ 사람들은 보통 어떤 종류의 가전제품을 집에 가지고 있습니까? 사람들이 사용하는 가전제품에 대해 자세히 설명해 주세요.

전자레인지를 답의 주제로 생각해 보세요. 첫 문장에서는 전자레인지를 소개하세요. 예를 들어, 전자레인지를 사용해서 우리의 삶이 더 편하게 변하였다 등의 일반적인 문장을 만들 수 있겠습니다. 그리고 전자레인지의 기능에 대해 2~3개 정도 이야기해 봅니다. 여러 기능이 있지만 주로 음식을 가열하고, 해동하고, 빵을 굽고, 많은 종류의 음식을 만듭니다. 요즘엔 기능이 많아져서 못하는 음식이 없을 정도로 버튼만 누르면 우리가 원하는 음식을 해 주기도 합니다. 마지막으로 이 가전제품의 편리성으로 마무리하면 됩니다.

Brainstorm

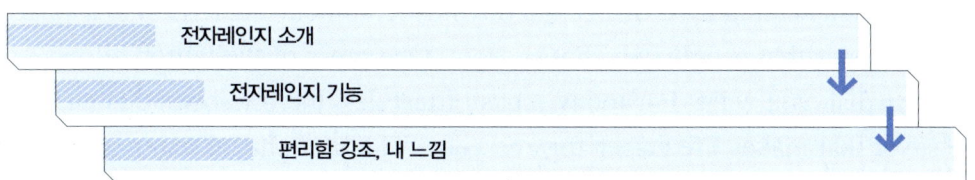

Possible story

사람들이 매일 사용하고 있는 가전제품들이 많이 있지만 전자레인지만큼 삶을 엄청나게 변화시킨 것은 없었습니다. 우선, 전자레인지는 시간을 절약해 줍니다. 특히 조리 시간을 짧게 해 주고 다른 중요한 문제에 시간을 보낼 수 있도록 해 줍니다. 전자레인지는 다용도이고 사용하기 쉽습니다. 전자레인지의 기능 중, 음식을 해동하고 가열하는 것이 가장 보편적입니다. 또한 선택할 수 있는 기능이 많습니다. 버튼을 한 번만 누르면, 원하는 어떤 음식도 만듭니다. 현대의 바쁜 일상 때문에, 전자레인지는 모든 사람들이 삶을 더욱 간편하게 살 수 있도록 효율적으로 시간을 절약해줍니다. 전자레인지의 가장 좋은 점은 오븐에서 요리하는 것만큼 음식이 맛있다는 점입니다. 이런 이유 때문에, 전자레인지가 꼭 필요하다고 생각합니다.

문장 ❶ 사람들이 매일 사용하고 있는 가전제품들이 많이 있지만 (there are many home appliances) 전자레인지만큼 (like the microwave) 삶을 엄청나게 변화시킨 것은 없었습니다 (none has changed their lives).

문장 ❷ 우선, 전자레인지는 시간을 절약해 줍니다 (a time saver).

문장 ❸ 특히 조리 시간을 짧게 해 주고 (shorten the time of the food preparation) 다른 중요한 문제에 시간을 보낼 수 (spend more time on important things) 있도록 해 줍니다.

문장 ❹ 전자레인지는 다용도이고 (versatile) 사용하기 쉽습니다 (is easy to use).

문장 ❺ 전자레인지의 기능 중 음식을 해동하고 (defrost) 가열하는 것이 (heat) 가장 보편적입니다 (common).

문장 ❻ 또한 선택할 수 있는 기능이 많습니다 (a variety of cooking modes).

문장 ❼ 버튼을 한 번만 누르면 (one press of the button), 원하는 어떤 음식도 만듭니다 (make any dish you want).

문장 ❽ 현대의 바쁜 일상 때문에 (for busy lifestyles), 전자레인지는 모든 사람들이 삶을 더욱 간편하게 살 수 있도록 효율적 으로 (an efficient time saver) 절약해 줍니다.

문장 ❾ 전자레인지를 사용하는 가장 좋은 점은 (the best part of using a microwave) 오븐에서 요리하는 것만큼 음식이 맛 있다는 점입니다 (as tasty as food).

문장 ❿ 이런 이유 때문에 (for these reasons), 전자레인지가 꼭 필요하다고 (indispensable) 생각합니다.

Sample

There are many home appliances that people use daily, but none has changed their lives like the microwave. First of all, the microwave is a time saver; it shortens the food preparation and allows people to spend more time on other things. The microwave is versatile and easy to use. Among the functions, defrosting and heating food dishes are the most common. There is also a variety of cooking modes that people can choose from. One press of the button allows you to make any dish you want. For today's busy lifestyles, the microwave is an efficient time saver that makes life easier for everyone. The best part of using a microwave is that the food is as tasty as food that was prepared in a conventional oven. For these reasons, I think the microwave is indispensable.

Expression

'가전제품'은 home appliances, household appliances, appliances 등으로 표현합니다.

'다목적인'이라는 의미의 형용사는 versatile [vɔ́ːrsətl] 입니다. 사람을 가리킬 때는 재능이 많다는 의미이지만 도구를 이야기할 때는 기능이 다양하다는 의미로 쓰입니다. 다른 표현으로는 it has various purposes, it has many uses가 있습니다.

'버튼을 한 번 누르면'이라는 표현은 one press of the button으로 나타냅니다.

'시간을 절약해 준다'라고 표현할 때 우리는 보통 we can save time이라는 표현만 써 왔을 텐데요, 명사형인 a time saver(시간을 절약해 주는 것)라고도 표현할 수 있습니다.

전자레인지의 기능

It heats up food.
음식을 가열한다.

It defrosts frozen food.
냉동식품을 해동한다.

It cooks food quickly.
아주 빠르게 음식을 조리한다.

The microwave is a time saving device for busy lifestyles.
전자레인지는 바쁜 생활을 위해 시간을 절약해주는 기계이다.

I can choose from a variety of cooking modes.
나는 다양한 요리 방법을 선택할 수 있다.

The microwave has an automatic cooking function.
전자레인지는 자동요리기능이 있다.

I can bake bread.
나는 빵을 구울 수 있다.

Food cooked in the microwave does not lose its flavor.
전자레인지에서 요리된 음식은 그 맛을 잃지 않는다.

Microwaves are compact and can fit anywhere.
전자레인지는 작아서 어느 장소에도 들어갈 수 있다.

I can reheat leftovers.
나는 남은 음식을 다시 데울 수 있다.

It simplifies the food preparation.
음식 준비를 간편하게 한다.

가전제품 소개

Many people use kitchen appliances daily.
많은 사람들이 주방용 가전제품을 매일 사용한다.

Home appliances make life more convenient.
가전제품은 삶을 더 편리하게 해준다.

The refrigerator is an essential appliance.
냉장고는 꼭 필요한 가전제품이다.

We use the washer daily.
우리는 매일 세탁기를 사용한다.

가전제품 종류

refrigerator/ fridge 냉장고 ‖ **freezer** 냉동고 ‖ **vacuum cleaner** 청소기 ‖ **microwave** 전자레인지 ‖ **washing machine/ washer** 세탁기 ‖ **dryer** 건조기 ‖ **rice cooker** 밥솥 ‖ **blender** 믹서기 ‖ **television** 텔레비전 ‖ **dishwasher** 식기 세척기 ‖ **telephone** 전화기 ‖ **air conditioner** 에어컨 ‖

가전제품 특징

It is affordable[reasonable].
이것은 가격이 저렴하다.

It is energy efficient.
이것은 에너지 사용이 효율적이다.

It has earned high ratings from consumers.
이것은 소비자들에게 호평을 받아왔다.

It is simple to operate.
이것은 작동하기 쉽다.

It is a space saver appliance.
이것은 많은 장소를 차지하지 않는 가전제품이다.

The buttons are so easy to press.
버튼은 누르기 아주 쉽다.

It comes in various shapes and sizes.
이것은 다양한 모양과 크기로 나온다.

It's both cost and energy efficient.
이것은 비용과 에너지 모두 효율적이다.

It is user-friendly.
이것은 사용하기 편리하다.

It is very affordable and dependable.
이것은 아주 저렴하고 믿을 만하다.

It usually comes in black or white.
이것은 주로 검은색과 흰색으로 나온다.

It uses a lot of electricity.
이것은 전기가 많이 든다.

I'd like to know home appliances you use at home. What does it do and why do you need this machine?

▶▶ 당신이 집에서 사용하는 가전제품에 대해 알고 싶습니다. 어떤 기능이 있고 왜 필요한가요?

가전제품에는 많은 종류가 있을 것입니다. 그중에 어떤 것을 제일 많이 쓰고 기능면에서 자신이 자신 있게 이야기할 수 있는 제품을 하나 정해 보세요. 냉장고 같은 경우, 음식을 상하지 않게 하고, 얼리기도 하고, 온도 조절 기능이 있습니다.

Brainstorm

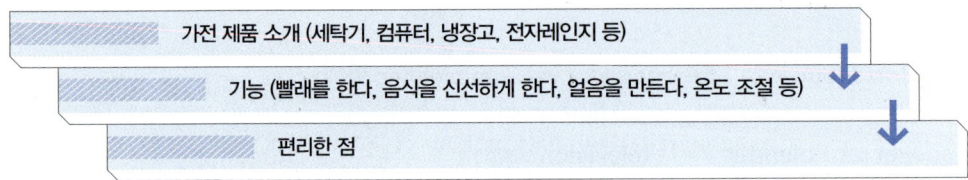

가전제품 기능 (세탁기 & 냉장고)

washer/ washing machine 세탁기 ‖ **do the laundry** 빨래하다 ‖
finish the laundry 빨래를 마치다 ‖

It has different wash cycles.
이 세탁기는 여러 종류의 세탁 프로그램이 있다.

This washer is easy to operate.
이 세탁기는 작동하기 쉽다.

All I need to do is to load my clothes into the machine and press a button.
내 옷을 세탁기에 넣고 버튼만 누르면 된다.

There is an automatic setting that allows the right amount of water to be used.
자동 설정이 있어서 알맞은 양의 물이 사용될 수 있게 해 준다.

This washer has a large capacity.
이 세탁기는 용량이 크다.

This washer does a good job cleaning clothes.
이 세탁기는 빨래를 잘 세탁한다.

It uses less detergent.
세제가 덜 든다.

refrigerator 냉장고 ‖ **freezer** 냉동고 ‖

This refrigerator keeps food fresh.
이 냉장고는 음식을 신선하게 유지해 준다.

There is a built-in ice maker and cold water dispenser.
내장된 얼음 제조기와 냉수 배출기가 있다.

It is very spacious inside.
내부가 아주 넓다.

The shelves can be easily removed and cleaned.
선반이 쉽게 분리 되고 청소하기 쉽다.

I can stock food for a few days.
며칠 동안 음식을 (냉장고에) 보관할 수 있다.

The refrigerator has temperature control settings.
냉장고는 온도 조절 기능이 있다.

It is quiet and energy efficient.
(냉장고는) 조용하고 에너지 효율이 높다.

The refrigerator is well lit, so food can be found easily.
냉장고에 불이 켜져서 음식을 쉽게 찾을 수 있다.

I have lots of appliances in my house that make my life easier, but I could not live without my washing machine. There are five people living in our house, so that means there is a lot of laundry to do every week. My washing machine is very easy to operate, and it has many different wash cycles. I simply load the dirty laundry into the washing machine, add some laundry detergent, and press a few buttons. There is even an automatic setting that allows the right amount of water to be used. There are still clothes that I have to wash by hand because they are too delicate to put in the washing machine. However, having a washing machine makes my daily life so much easier.

우리 집에는 나를 아주 편리하게 만드는 가전제품이 많이 있는데, 나는 세탁기 없이 살 수 없을 것 같습니다. 우리 가족은 다섯 명이어서 매주 빨래가 많습니다. 우리 집 세탁기는 작동하기가 아주 쉽고 여러 가지의 세탁 기능이 있습니다. 세탁기에 빨랫감을 넣고 세제를 넣어 버튼만 누르면 빨래를 할 수 있습니다. 자동 설정도 할 수 있어 물의 양도 맞춰 줍니다. 세탁기에 넣으면 손상될 수 있기 때문에 손빨래를 해야 하는 옷도 있습니다. 그러나 세탁기가 있어서 삶이 훨씬 더 편리합니다.

 Q3 Have you ever had trouble with home appliances? What was the problem and how did you fix it?

▶▶ 가전제품에 문제가 있었던 적이 있었나요? 문제가 어떤 것이었으며 어떻게 그 문제를 해결했나요?

OPIc이 좋아하는 전형적인 problem solving question(문제 해결 관련 질문) 중 하나입니다. 우선 고장이 어떤 문제였는지, 어떻게 해결하였는지에 초점을 맞추어야 합니다. What과 How에 관련한 답을 생각해서 마지막에 결과적으로 어떻게 되었는지 이야기하는 순서로 스토리를 만들어 가면 됩니다. 예를 들어, 밥통이 잘 작동하지 않아 기술자를 불러 수리했다거나, 세탁기에 소음이 심해서 서비스를 받은 경우도 있을 것입니다.

Brainstorm

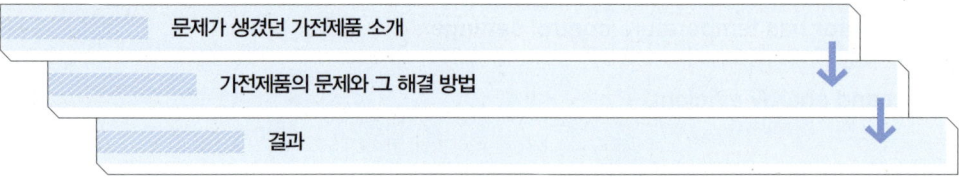

가전제품 고장

The stove is not working properly.
스토브가 잘 작동하지 않는다.

The washer is making a strange noise.
세탁기가 소음이 심하다.

The washer is not draining.
그 세탁기는 물이 잘 안 빠진다.

The refrigerator is leaking on the floor.
냉장고에서 바닥으로 물이 샌다.

My dryer isn't drying my clothes.
건조기가 옷을 잘 건조하지 못한다.

My vacuum cleaner isn't working properly; it seems to have no suction power.
진공청소기가 잘 작동하지 않는다. 먼지를 잘 못 빨아들인다.

The vacuum cleaner is plugged in but won't turn on.
청소기를 전원에 연결해도 켜지지 않는다.

해결 방법

I called a repairman to fix it.
나는 수리를 위해 기술자를 불렀다.

I replaced the broken parts with new ones.
나는 고장 난 부품을 새것으로 교체했다.

I referred to the manual and repaired it myself.
나는 설명서를 보고 혼자 고쳤다.

A I often have trouble with my refrigerator in my house. Probably, my refrigerator is very old, so it is common for it to have problems. Recently, it seems to be leaking on the floor, which is causing damage to my floor-boards. I was not sure where the leak was coming from, but it looked like it's from the freezer. I called a repairman to fix it, and he replaced the broken parts with new ones. It worked for a short time, however it is leaking again. I referred to the manual to see if I could do something to fix it myself, but the manual didn't make any sense to me. I think my refrigerator is just too old, and it might be time for me to spend some money and invest in a new one.

우리 냉장고에 문제가 자주 일어납니다. 아마도 냉장고가 낡아서 문제가 자주 일어나는 것 같습니다. 최근에는 바닥에 물이 새서 마룻바닥이 상했습니다. 어디서 물이 새는지 몰랐지만, 냉장고에서 샌 것 같았습니다.

수리를 하려고 기술자에게 전화했더니 새 부품으로 교체해 주었습니다. 그러나 잠깐 동안 작동하다가 다시 물이 새기 시작했습니다. 그것을 고칠만한 무언가가 있는지 보려고 설명서를 보았습니다. 혼자 고쳐보려고 설명서를 봤지만 이해가 되지 않았습니다. 아마 냉장고가 너무 낡아서 그런 것 같습니다. 아마도 돈을 들여 새것을 살 때가 된 것 같습니다.

24 은행

출제 경향

1. 은행에 대해서 묘사하기와 근무하는 직원 묘사하기
2. 은행 가는 목적과 주로 이용하는 서비스 묘사하기
3. 최근 은행에 갔던 경험을 이야기하기
4. 은행 업무와 영업 시간 이야기하기
5. 예전 은행과 현재 은행의 차이점 이야기하기
6. 어렸을 때 갔던 은행에 대해 이야기하기

은행에 관한 문제는 출제 빈도가 높은 편입니다. 은행의 서비스 묘사하기, 은행 직원 묘사하기, 최근에 은행에서 있었던 일, 은행에서 있었던 경험, 은행의 영업 시간 등이 기본적으로 나오게 되고 그밖에 예전 은행과 현재 은행의 차이점 설명, 어렸을 때 갔던 은행에 대해 이야기하기 등의 문제가 최근에 등장하고 있습니다. 요즘은 또한 은행 관련 롤플레이 유형이 일반 질문과 같이 나오는 예도 있으니 은행 관련 표현을 많이 익히고 자연스럽게 구사하는 것이 중요합니다.

 **Q1** Tell me about the banks in your country. Describe the banks and the people who work there. What kind of services do they provide?

▶▶ 당신 지역의 은행에 대해 이야기해 보세요. 은행과 그곳에서 일하는 사람들을 묘사하세요. 그들은 어떤 종류의 서비스를 제공하나요?

이 문제는 은행의 서비스와 일하는 사람을 같이 묘사하는 문제입니다. 은행의 위치와 방문 빈도, 은행에서 이용하는 서비스, 은행에서 일하는 사람에 대해 순서대로 이야기하는 것이 좋습니다. 그리고 이용하는 서비스에 대해 이야기할 때는 주로 어떤 서비스를 사용하는지, 특히 은행의 어떤 서비스가 편리한지를 이야기해 봅시다. 요즘 많은 사람들이 은행을 직접 방문하기보다는 ATM이나 인터넷 뱅킹을 이용합니다. 그리고, 은행에서 일하는 직원들은 주로 유니폼을 입고, 고객의 다양한 요구도 들어주며, 많은 거래를 다뤄야 합니다. 또한, 고객과 금융 관련 상담을 하거나, 입출금을 꼼꼼하게 관리하기도 합니다.

Brainstorm

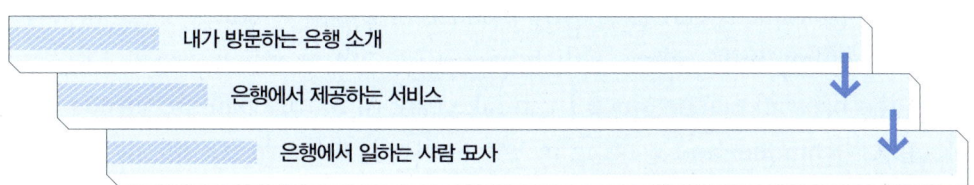

- 내가 방문하는 은행 소개
- 은행에서 제공하는 서비스
- 은행에서 일하는 사람 묘사

Possible story

저는 보통 집 주변에 있는 은행에 갑니다 저는 주로 국민은행을 이용하는데 그곳은 월요일부터 금요일, 9시부터 4시까지 운영합니다. 사실 저는 대부분 은행 업무를 온라인으로 이용하기 때문에 은행에 거의 가지 않습니다. 인터넷 뱅킹은 제가 필요할 때마다, 은행 업무를 처리하게 해 줍니다. 예를 들어, 저는 수수료 없이 잔액 조회를 한다거나 돈을 송금합니다. 저는 또한 공과금을 온라인으로 낼 수 있는데, 이것은 제 생활을 아주 편리하게 해 줍니다. 온라인으로 은행 업무를 다 볼 수 있기 때문에 직접 은행에 갈 필요가 없습니다. 번호를 뽑아서 제 차례가 될 때까지 기다리는 것은 귀찮은 일이고 시간 낭비입니다. 그러나, 은행에 가야 할 때면, 유니폼을 입은 은행 직원을 보게 됩니다. 그들은 아주 친절하고 훌륭한 고객 서비스를 제공합니다.

문장 ❶ 저는 보통 집 주변에 있는 (located near my home) 은행에 갑니다.

문장 ❷ 저는 주로 국민은행을 이용하는데 그곳은 월요일부터 금요일 (Monday through Friday), 9시부터 4시까지 운영합니다.

문장 ❸ 사실 (actually) 저는 대부분 은행 업무를 (most of my banking) 온라인으로 이용하기 때문에 은행에 거의 가지 않습니다 (seldom go to the bank).

문장 ❹ 인터넷 뱅킹은 제가 필요할 때마다 (whenever it is convenient for me), 은행 업무를 처리하게 해 줍니다 (take care of my banking).

문장 ❺ 예를 들어, 저는 수수료 없이 (without any fees) 잔액 조회를 한다거나 돈을 송금합니다 (transfer money).

문장 ❻ 저는 또한 공과금을 온라인으로 낼 수 있는데 (pay my bills online), 이것은 제 생활을 아주 편리하게 해 줍니다.

문장 ❼ 온라인으로 은행 업무를 다 볼 수 있기 때문에 (all my banking needs) 직접 (in person) 은행에 갈 필요가 없습니다.

문장 ❽ 번호를 뽑아서 (taking a number) 제 차례가 될 때까지 (until it is my turn) 기다리는 것은 (waiting in line) 귀찮은 일이고 (a hassle) 시간 낭비입니다.

문장 ❾ 그러나, 은행에 가야 할 때면, 유니폼을 입은 은행 직원을 (uniformed bank tellers) 보게 됩니다.

문장 ❿ 그들은 아주 친절하고 (very friendly) 훌륭한 고객 서비스를 제공합니다 (excellent customer service).

Sample

I usually go to a bank located near my home. I normally go to Kookmin Bank which opens at 9:00 a.m. and closes at 4:00 p.m., Monday through Friday. Actually I seldom go to the bank because I do most of my banking online. Internet banking allows me to take care of my banking whenever it is convenient for me. For example, I can check my balance or transfer money without any fees. I can also pay my bills online, which makes my life so much easier. I don't need to go to the bank in person since I can take care of all my banking needs online. I think taking a number and waiting in line until it is my turn is a hassle and a waste of my time. However, when I have to go to the bank, I find the uniformed bank tellers. They are very friendly and provide excellent customer service.

Expression

'은행 업무'는 명사로 **banking**이라고 합니다. '대부분의 은행 업무'는 **most of my banking**이라고 표현합니다. '은행 업무를 보다'는 동사 **do**와 결합해서 **do most of my banking**이라고 표현합니다.

'수수료 없이'라고 표현할 때 **without any fees**라고 하며 은행에서 수수료라고 하면 **fee**로 씁니다.

'직접'이라는 의미를 주고 싶을 때는 뒤에 **in person**을 넣어서 **go to the bank in person**이라고 쓰면 '직접 은행에 가다'라는 뜻이 됩니다.

hassle은 동사, 명사로 모두 쓰이는데 여기서는 명사로 **a hassle**이라고 해서 '귀찮은 일, 번거로운 일'의 뜻으로 쓰입니다.

uniformed bank tellers는 '유니폼을 입은 은행 직원'이라는 뜻입니다. **uniformed**가 형용사로 쓰여 **bank teller**와 같이 명사 앞에 붙여 주기만 하면 '유니폼을 입은'이라는 뜻으로 구체적인 표현이 됩니다.

은행 가기

go to[visit] a bank 은행에 방문하다 ∥

I went to the bank the other day.
나는 지난 번에 은행에 갔었다.

은행 위치 설명하기

I go to a bank located in + 위치[**situated in +** 위치].
나는 ~에 위치한 은행에 간다.

은행 이름 말하기

The bank I usually go to is 은행 이름.
The bank I visit is 은행 이름.
I usually use 은행 이름.

은행 가기 + 빈도를 나타내는 표현

(항상)   **I go to a bank all the time.**
         I always go to a bank.

(대부분) **I go to a bank most of the time.**

(자주)	I often go to the bank.
	I frequently go to the bank.
(보통)	I usually go to the bank.
	I go to the bank regularly.
(가끔)	I occasionally go to the bank.

은행 서비스

I withdraw cash from a [checking/ savings] account.
나는 [당좌/ 저축] 계좌에서 현금을 인출한다.

I withdraw cash from the ATM.
나는 현금 인출기에서 현금을 인출한다.

I make a deposit.
내 계좌에 입금한다.

I pay my bills.
공과금을 지불한다.

I open[close] a [checking/ savings] account.
나는 [당좌/ 저축] 계정을 연다[닫는다].

I fill out a deposit[withdrawal] slip.
나는 예금[인출] 용지를 작성한다.

I transfer[remit/ wire] money.
나는 돈을 송금한다.

I wired some money to my sister who is in the States.
미국에 있는 동생에게 돈을 조금 송금했다.

I apply for[take out] a loan.
나는 대출을 신청하다[받는다]

I got a loan from the bank.
나는 은행에서 대출을 받았다.

I use Internet banking.
나는 인터넷 뱅킹을 사용한다.

I check balance[view account balances] and transactions.
나는 잔액과 거래 내역을 확인한다.

I went to the bank to check my balance.
나는 잔액 조회하러 은행에 갔다.

I exchange[change] money.
나는 돈을 환전한다.

은행에서 일하는 사람 묘사

Bank tellers are courteous[friendly].
은행 직원들은 친절하다.

They consult with customers.
그들은 고객과 상담한다.

They wear uniforms.
그들은 유니폼을 입는다.

They provide the best customer services.
그들은 최고의 고객 서비스를 제공한다.

They process numerous transactions.
그들은 수많은 거래를 처리한다.

They cash a check.
그들은 수표를 현금으로 바꾼다.

They collect payment.
그들은 납입금을 모은다.

They issues checks.
그들은 수표를 발행한다.

They provide customers with information.
그들은 고객에게 정보를 제공한다.

They attend to the customers' needs.
그들은 고객의 요구에 응대한다.

They keep track of all transactions.
그들은 모든 거래를 관리한다.

They work fast and efficiently.
그들은 일을 빠르고 효율적으로 한다.

They deal with the public.
그들은 많은 사람들과 거래한다.

They validate checks.
그들은 수표를 확인한다.

그 밖의 은행 관련 표현

The bank opens at 9:00 and closes at 4:00.
은행은 9시에 열고 4시에 닫는다.

I wait[stand] in line.
나는 줄을 서서 기다린다.

It is usually crowded with people so I wait in line.
보통은 사람들이 많아서 나는 기다린다.

I apply for a credit card.
나는 신용카드를 신청한다.

I take a number.
나는 번호표를 뽑는다.

I use a debit card.
나는 직불카드를 사용한다.

I pay off a loan.
대출금을 모두 갚는다.

Money is automatically transferred.
돈이 자동 이체된다.

My bills were automatically transferred from my bank account.
청구된 요금(공과금, 카드 값 등)이 내 계좌에서 자동으로 빠져나갔다.

I buy travelers' check.
나는 여행자 수표를 산다.

I pay my bills online.
온라인으로 공과금을 낸다.

Online banking services are convenient.
온라인 서비스는 편리하다.

All the bank offices are closed on holidays.
휴일에 모든 은행이 문을 닫는다.

I have an account with the bank.
나는 은행과 거래한다.

The bank offered a new financial service.
은행에 새로운 금융상품이 있었다.

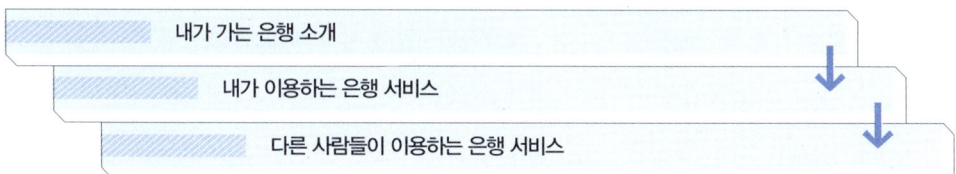

What services do you typically use at your bank? What types of services do other customers use? Describe the services in as much detail as possible.

▶▶ 당신은 은행에서 주로 어떤 종류의 서비스를 이용하나요? 다른 고객들은 어떤 서비스를 이용하나요? 서비스에 대해 가능한 한 자세하게 설명하세요.

이 문제는 앞에 나온 문제와 비슷하지만 여러분이 사용하는 서비스에 중점을 둔 문제입니다. 따라서 앞서 만든 답을 똑같이 이용하기보다는 '서비스'에 보다 중점을 두고 이야기해 보는 연습을 하는 것이 좋습니다. 예를 들어, ATM 관련한 서비스를 언급한다거나, 입출금, 송금, 대출 또는 은행에 들어갔을 때 일어나는 일을 순서대로 생각해 본다면 은행 서비스에 대한 답을 만들 수 있을 것입니다.

Brainstorm

- 내가 가는 은행 소개
- 내가 이용하는 은행 서비스
- 다른 사람들이 이용하는 은행 서비스

ATM 관련 표현

insert an ATM(automated teller machine) card ATM card를 넣는다 ∥
access your bank account 계좌에 들어간다 ∥
enter your PIN(Personal Information Number) number 비밀번호를 누른다 ∥
check your account balance 잔액을 조회한다 ∥
make a withdrawal 인출한다 ∥
make a deposit 입금한다 ∥
carry out several transactions 여러 가지 거래를 한다 ∥
place cash in the deposit slot 입금함에 현금을 넣는다 ∥
receive a receipt 영수증을 받는다 ∥

은행에 가면

take a number from the ticket dispenser (machine) 기계에서 번호표를 뽑는다 ∥
wait[stand] in line/ stand in line 기다린다 ∥

fill out a deposit[withdrawal] slip 입금[출금]표를 작성한다 ∥
pay bills 공과금을 낸다 ∥
check balance 잔액 조회를 한다 ∥
exchange currency 환전한다 ∥
wire money 돈을 송금한다 ∥

My bank is one of the largest in Korea, so I have the option of using many different branches. I have a local branch which is in the shopping center close to my house. I have been going there for many years, so all the tellers know me and I can get a personal banking experience. Usually I go there to carry out many transactions. I make withdrawals and I also make deposits, because I don't like doing these transactions on the Internet or at a machine. My sister lives in the USA, so sometimes I have to wire money to her. The great thing about my bank is that not many people use it. I don't usually have to wait very long before I can speak to a teller directly.

내가 이용하는 은행은 한국에서 가장 큰 은행 중의 하나라서 많은 지점을 사용할 수 있는 이점이 있습니다. 우리 집 근처에 있는 쇼핑센터에 지점이 하나 있습니다. 나는 몇 년 동안 그 지점을 이용해왔기 때문에 은행 직원이 나를 알고 개인적인 은행 업무를 볼 수 있습니다. 나는 주로 많은 거래를 하려고 그곳에 갑니다. 나는 인터넷이나 기계로 은행 거래를 하는 것을 그리 좋아하지 않기 때문에 직접 돈을 인출하고 돈을 입금하는 편입니다. 여동생이 미국에 있어서 가끔 돈을 송금할 때도 있습니다. 내가 다니는 은행의 좋은 점은 사람들이 별로 없다는 점입니다. 은행 직원을 대하기 전에 오랫동안 기다릴 필요가 없습니다.

Q3 Tell me about your recent banking experience. Begin by telling me when it was and who went with you. Then describe everything that happened at the bank.

▶▶ 당신이 최근에 은행에서 겪었던 경험에 대해 말씀해 주세요. 언제, 누구와 함께 갔는지 언급하며 답변을 시작하세요. 그날 은행에서 일어난 모든 일을 말씀해 주세요.

은행에서 경험했던 일이나 은행에서 기억에 남는 일에 대한 질문이 주어지면, 언제 어디에 있는 은행에 갔는지 또는 누구와 갔는지로 이야기를 시작해 볼 수 있습니다. 중요한 부분은 그다음에 말하는 사건에 관한 것입니다. 우선 일어난 사건의 경우, ATM 관련 문제일 수도 있고, 은행 카드를 잃어버린 경우, 새로운 금융상품에 대해 소개받는 일도 있을 것입니다. 이러한 경우를 생각해 보고 자세하게 이야기를 전개해 보세요.

Brainstorm

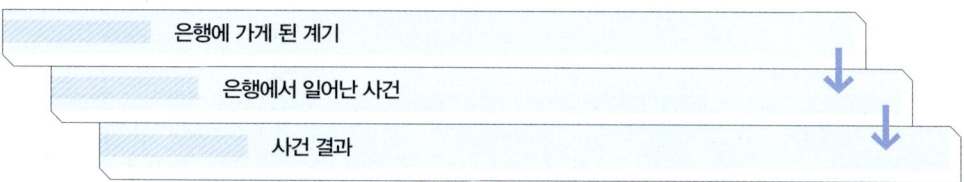

은행에서 일어날 수 있는 일

I forgot to get my card back from the ATM machine.
나는 ATM에서 카드 꺼내는 것을 잊어버렸다.

I had[got] my card (re)issued.
나는 카드를 (재)발급받았다.

I lost my PIN(personal identification number).
나는 PIN넘버(비밀번호)를 잊어버렸다.

My debit card got stuck in the machine[got jammed in the ATM].
내 직불카드가 기계에 걸렸다.

The magnetic strip was damaged.
마그네틱 선이 손상되었다.

I reset my PIN number.
나는 비밀번호를 다시 정했다.

Last week I had a problem so I had to visit the bank. I was meeting my friends for dinner and a movie, so I stopped to get cash out at my local ATM. However, for some reason my debit card got jammed in the ATM machine and I couldn't get it out. Unfortunately, it was late at night so I couldn't contact the bank to get the card out. The next day I had to go down to the branch early so they could return my card to me. It was a very frustrating situation, but the staff at the bank was very helpful about returning my card. I still managed to have dinner and see the movie, and luckily, my friends were nice enough to lend me money until I could get my card back.

지난주 나는 문제가 생겨서 은행에 가야 했습니다. 친구와 저녁을 먹고 영화를 보려고 만나고 있었습니다. 그래서 현금지급기에서 현금을 찾으러 갔습니다. 그런데 무슨 이유인지 직불카드가 현금 지급기에 걸려 나오지 않았습니다. 불행히도 늦은 저녁이라 은행에 연락할 수가 없었습니다. 그 다음 날 일찍 지점에 가서 카드를 받았습니다. 아주 당황이 되었지만, 은행 직원이 아주 친절하게 카드를 주었습니다. 저녁을 먹고 영화를 볼 수 있었고 다행히 카드를 받을 때까지 친절하게도 친구가 돈을 빌려 주었습니다.

25 기술 이야기하기

출제 경향

1. 자신이 학교 또는 직장에서 이용하는 기술 이야기하기
2. 과거와 현재의 기술 비교하기
3. 친구들 사이에서 이야기하는 최근 기술에 대해 설명하기
4. 집에서 주로 사용하는 기술 이야기하기

기술 관련한 문제는 학생이든 직장인이든 출제 빈도가 높으므로 꼭 준비해야 합니다. 수업을 하다 보면 기술(technology)의 정의에 대해 학생들이 많이 궁금해 합니다. 여기서 묻는 기술은 사용하는 기계(예를 들어, 컴퓨터, 노트북 등) 중 여러분이 학교 과제 또는 일이나 업무를 위해 사용하는 하나의 도구(tool)로 볼 수 있고 프로그램이나 시스템, 아니면 자주 사용할 수 있는 기술로 정의할 수 있습니다. 그중에 많은 학생들은 기술의 예로 MP3 플레이어, 컴퓨터, 휴대전화 등을 선택합니다.

Q1 I would like to know what sort of technology you have. When, where, and for what purpose do you use it? Give me a detailed account of the technology you use.

▶▶ 당신이 어떤 종류의 기술을 이용하는지 알고 싶습니다. 언제, 어디서, 그것을 어떤 목적으로 사용하나요? 당신이 사용하는 기술에 대해 자세히 설명해 주세요.

이 질문은 테크놀로지 관련해서 대표적으로 나오는 문제입니다. 첫 문장에서 어떤 기기를 사용하는지 언급해 보세요. 예를 들어, 많은 학생은 컴퓨터, 노트북, 휴대전화, 그 외에도 소프트웨어 프로그램, 지문 인식기 등 아주 다양한 기기를 사용한다고 합니다. 여러분은 이것들을 얼마나 자주 사용하는지, 어떤 목적으로 쓰는지, 그리고 어디서 사용하는지 이야기해 보세요. 특히 용도와 같이 말하기 쉬운 대상을 정하는 것이 좋습니다. 마지막으로 이 테크놀로지의 장점이나 특징으로 마무리하면 훌륭한 답이 될 수 있습니다.

Brainstorm

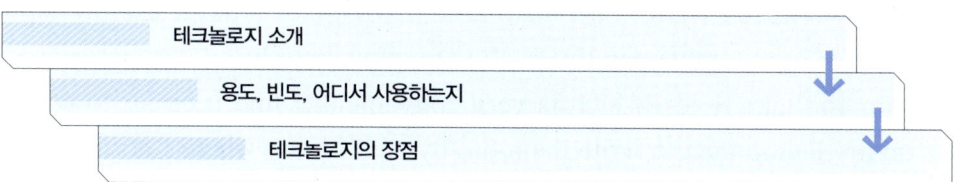

Possible story

저는 현재 노트북과 컴퓨터를 모두 사용하고 있지만, 노트북 사용을 더 선호합니다. 학교에 갈 때, 저는 휴대하기 좋은 노트북을 항상 가지고 다닙니다. 저는 필기, 프로젝트, 스터디 가이드를 만드는 데 노트북을 사용합니다. 때때로, 게임을 하거나 인터넷 서핑에 유혹을 느끼지만 대부분 학교 과제를 하기 위해서 노트북을 사용합니다. 제가 하루에 몇 번이나 노트북을 사용하는가에 대해 생각해 보면, 10번 이상은 사용하는 것 같습니다. 우리는 교실에 노트북을 들고 갈 수 있고 필기를 할 수 있는데 이것은 아주 편리합니다. 저는 손으로 쓰는 것보다 노트북에 필기를 하는 것이 훨씬 쉽다고 생각합니다. 학교 내에 어디를 가더라도, 노트북을 사용하고 있는 학생들을 볼 수 있습니다.

문장 ❶ 저는 현재 노트북과 컴퓨터를 모두 사용하고 있지만, 노트북 사용을 더 선호합니다 (prefer to use).

문장 ❷ 학교에 갈 때, 저는 휴대하기 좋은 (because it is portable) 노트북을 항상 가지고 다닙니다 (always bring my laptop).

문장 ❸ 나는 필기 (note taking), 프로젝트 (research projects), 스터디 가이드를 만드는데 (creating study guides) 노트북을 사용합니다.

문장 ❹ 때때로, 게임을 하거나 인터넷 서핑에 대한 (surf the internet) 유혹을 느끼지만 (I am tempted to) 대부분 (most of time) 학교 과제를 하기 위해서 (for school work) 노트북을 사용합니다.

문장 ❺ 제가 하루에 얼마나 많이 (how many times a day) 노트북을 사용하는가에 대해 생각해 보면 (if I were to estimate), 10번 이상은 (more than 10 times) 사용하는 것 같습니다.

문장 ❻ 우리는 교실에 노트북을 들고 갈 수 있고 (we are allowed to bring our laptops) 필기를 할 수 있는데 (take notes) 이것은 아주 편리합니다.

문장 ❼ 저는 손으로 쓰는 것보다 (write them out by hand) 노트북에 필기를 하는 것이 (type class notes on my laptop) 훨씬 쉽다고 생각합니다.

문장 ❽ 학교 내에 (on campus) 어디를 가더라도 (everywhere I go), 노트북을 사용하고 있는 학생들을 볼 수 있습니다 (I can see students).

Sample

I currently use both laptop and desktop computers, but I prefer to use laptops. When I go to school, I always bring my laptop because it is portable. I use it for note-taking, research projects, and creating study guides. Sometimes, I am tempted to play games or surf the Internet but most of the time I use my laptop for school work. If I were to estimate how many times a day I use my laptop, I could safely say more than ten times. We are allowed to bring our laptops into the classroom and take notes, which is very convenient. I find it easier to type class notes on my laptop than to write them out by hand. Everywhere I go on campus, I can see students using laptops.

Expression

'휴대하기 좋은'은 **portable** 또는 **easy to carry**라고 표현합니다. 한 문장으로 표현하면 **It is portable.**, **It is easy to carry.**가 되며 명사 **device**(기계)를 추가해서 **It is a portable device.**라고도 표현합니다.

'~로 사용한다'로 쓰는 표현은 **I use it for** ~로, 이때 **for**는 용도를 말할 때 쓰는 전치사입니다.

tempt는 특히 '옳지 않은 일에 대해 유혹하다'의 의미가 있는 동사로 쓰입니다. 수동태로 쓰인 **be tempted to**는 '~하고 싶어지다'의 뜻으로 해석하면 됩니다. speaking에서 형용사로 **tempting**이라고 쓰는 경우도 많은데, **The offer is tempting.** 이라고 하면 여기서 **tempting**은 '솔깃한, 정말 갖고 싶은'이라는 뜻이 됩니다.

컴퓨터 · 노트북 · 인터넷 관련

I create a webpage using my computer.
나는 컴퓨터를 사용해서 웹 페이지를 만든다.

I log on to the Internet to research topics for my assignment.
나는 숙제 주제를 찾아보려고 인터넷에 접속한다.

We have free Internet access anywhere on campus.
캠퍼스 내에 어디서든지 무료로 인터넷에 접속할 수 있다.

My laptop is state-of-the-art.
내 노트북은 최신식이다.

My laptop is very compact.
내 노트북은 휴대하기 좋다.

My laptop was very affordable.
내 노트북은 아주 저렴했다.

기술

use technology 기술을 사용한다 ‖ **use electronic devices** 전자 제품을 사용한다 ‖ **use devices** 기계를 사용한다 ‖ **use gadgets** 기계를 사용한다 ‖

최신을 강조할 때

latest[cutting edge/ brand new/ innovative] technology 최신 기술 ‖

필수품

an essential item/ a must/ an absolute necessity 필수품 ‖

기술/ 기기의 종류

I need to go through fingerprint identification system when I enter the library.
나는 도서관에 들어갈 때 지문인식기를 통과해야 한다.

Many students create PowerPoint presentations.
많은 학생들이 파워포인트 발표물을 만든다.

I use a cell phone at school.
나는 학교에서 휴대전화를 사용한다.

I use my laptop for school projects.
나는 학교 프로젝트를 위해 노트북을 사용한다.

I cannot live without my iPod.
나는 아이팟 없이는 살 수 없다.

We have many different software programs installed on our computer.
컴퓨터에 많은 종류의 소프트웨어 프로그램이 있다.

For our English class, we go to the language laboratory.
우리는 영어 수업 시간에 어학 실습실에 간다.

I use my digital camera that takes high definition pictures.
나는 고화질 디지털 카메라를 사용한다.

휴대전화 설명 (자주 쓰는 기기의 예)

Cell phones are very versatile.
휴대전화는 많은 목적으로 사용된다.

Cell phones are indispensable.
휴대전화는 필수품이다.

I have a touch screen cell phone with a built-in camera.
나는 내장 카메라가 달린 터치스크린 휴대전화가 있다.

The phone has multiple features and functions.
그 전화기는 많은 특징과 기능이 있다.

I can make a call whenever I want.
내가 원할 때마다 전화를 걸 수 있다.

It is light weight and easy to use.
그것은 가볍고 사용하기 쉽다.

The cell phone has voice record function.
휴대전화에 녹음 기능이 있다.

Cell phones make it easier to keep in touch with friends.
휴대전화는 더 쉽게 친구들과 연락할 수 있게 해 준다.

My cell phone allows me to access the Internet to search for jobs.
직업을 검색하는 데 휴대전화로 인터넷을 이용한다.

Cell phones have built-in cameras that allow me to take pictures.
휴대전화에 사진을 찍을 수 있는 내장 카메라가 있다.

Q2 How has technology changed from the past to the present? What was the technology like in the past? Compared to the past, what is the technology like now?

▶▶ 기술은 과거부터 현재까지 어떻게 진보하였나요? 과거에 기술은 어땠나요? 과거와 비교했을 때, 현재 기술은 어떠한가요?

이 문제는 과거와 현재를 비교하는 문제로 난이도가 높은 문제 중 하나입니다. 우선 현재와 비교했을 때 많은 기술의 진보가 있을 것입니다. 그 점을 첫 번째 문장에서 이야기해 보세요. 특히 과거의 특징은 어떠했고 지금은 어떠한지 이야기해 볼 수 있겠습니다. 예를 들어, 예전에는 라디오나 텔레비전을 통해 정보를 많이 얻는 반면, 요즘은 인터넷을 통해 엄청난 정보를 얻습니다.

Brainstorm

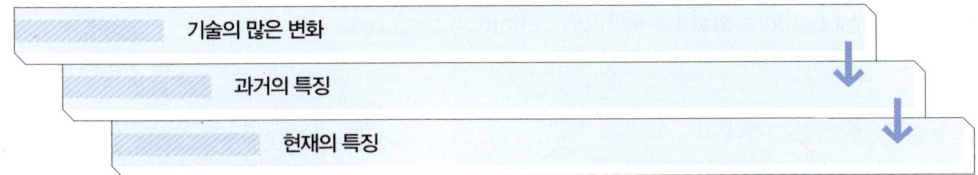

과거와 현재 비교

Technological advances have made life so much easier.
기술의 진보는 삶을 훨씬 더 편하게 만들어 주었다.

Technology has improved through the years.
기술은 수십 년을 걸쳐 발전했다.

Compared to the past, technology has made our lives much easier.
과거와 비교할 때, 기술은 우리의 삶을 더 편리하게 해 주었다.

과거 (in the past, compared to the present)

We used a typewriter in the past.
과거에 우리는 타자기를 사용했다.

Instead of cell phones, people used pagers.
사람들이 휴대전화 대신에 무선 호출기를 사용했다.

When I was young, computers did not exist.
내가 어렸을 때 컴퓨터는 존재하지 않았다.

We used calculators.
우리는 계산기를 사용했다.

There were no flat screen monitors in the past.
과거에는 평면 스크린 모니터가 없었다.

We used the telephone to communicate with other people.
우리는 다른 사람들과 의사소통을 하기 위해 유선전화기를 사용했다.

현재 (now, nowadays, these days)

Now, computers are prevalent.
현재는 컴퓨터가 아주 흔하다.

We have more leisure time than before.
우리는 예전보다 더 많이 여가 시간을 즐긴다.

I can access the latest news through the Internet.
나는 인터넷을 통해서 최신 뉴스를 얻을 수 있다.

I can contact people anywhere using my cell phone.
나는 어디에 가든지 휴대전화로 사람들에게 연락할 수 있다.

However, I feel very disconnected from other people
그러나 나는 다른 사람들과 무척 단절된 느낌이 든다.

A There can be no doubt that technology has changed so much in the last one hundred years. Nowadays we have so many machines and devices that make our lives easier and more convenient. For example, when I was young, cell phones didn't exist. If we wanted to meet friends, we had to plan ahead of time and make sure we weren't late. However, we can contact people anywhere using our cell phones today. Also in the past, the only way to access the news was by radio or newspaper. Yet today we can access the latest news from the Internet. Technology can make our lives easier and save us a lot of time in our busy schedules, but if we're not careful, it can also make us lazy.

지난 100년간 기술은 틀림없이 많이 변해 왔습니다. 요즘 우리의 삶을 더 쉽고 편리하게 해 주는 기계와 기구들이 많이 있습니다. 예를 들어, 내가 어렸을 때 휴대전화는 존재하지 않았습니다. 친구를 만나고 싶을 때는 미리 약속을 해서 약속에 늦지 않도록 했습니다. 그러나 오늘날 우리는 휴대전화를 사용해서 어디에서든지 사람들에게 연락할 수 있습니다. 또한, 과거에는 라디오와 신문을 통해서만 소식을 알 수 있었습니다. 그러나 오늘날 우리는 인터넷으로 최근 소식을 접할 수 있습니다. 기술의 발달로 우리의 삶은 더욱더 편리해졌고 바쁜 일정을 아낄 수 있게 되었습니다. 그러나 주의하지 않으면 기술 때문에 게을러질 수도 있습니다.

Q3 Tell me if any of your friends have recently discussed technology issues.

▶▶ 요즘 친구들 사이에서 이야기하는 최근의 기술 관련 주제들이 있는지 이야기해 주세요.

앞에 나온 질문이 과거와 현재 기술의 비교라면 이 문제는 최근의 기술에 대해 묘사하는 것입니다. 이야기하고자 하는 주제를 골라보세요. 예를 들어 컴퓨터, 핸드폰, 노트북, 카메라, GPS 등 많은 전자 제품이 있을 것입니다. 그중에 어떤 특징이 새로워지고 있는지 2~3개 사항을 부각시켜 이야기해 보세요. 구체적으로 요즘 기계들의 특징인, 터치 스크린, 방수, 충격 방지, 무게, 디자인 등 많은 세부 사항 중에서 해당하는 것을 골라 여러분의 답을 만들어 보세요.

Brainstorm

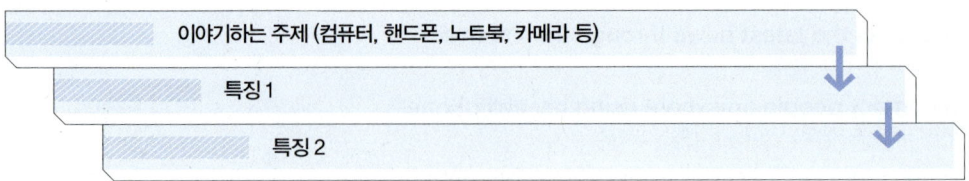

특징

We talk about the latest technology innovations.
우리는 최근 기술 혁신에 대해 이야기한다.

Netbook is very popular and is now equipped with a touch screen.
넷북이 요즘 인기가 많고 터치 스크린으로 되어 있다.

We discuss the appeal of the thin laptops.
우리는 두께가 얇은 노트북의 매력에 대해 이야기한다.

The computer's monitor can rotate 180 degrees.
그 컴퓨터 모니터는 180도 회전할 수 있다.

These days, laptops weigh less than 1kg.
요즘 노트북은 1킬로그램도 되지 않는다.

Digital cameras are both shockproof and waterproof.
디지털 카메라는 충격 방지와 방수가 모두 된다.

These days, laptops are slim, lightweight, and durable.
요즘 노트북은 얇고, 가볍고, 내구성이 좋다.

The new laptops are more stylish with sleeker designs.
새 노트북은 윤이 나는 디자인으로 더 멋있다.

A

Technology is changing so quickly these days, and it's something that my friends and I talk about often. Especially, my friends and I talk about the latest smart phones, and which models are the best available. Lately, most smart phones are lightweight, thin and durable. They also commonly have touch screens and have multiple functions. Lots of people these days have the new iPhone, which can access the Internet, show movies, play music, and download thousands of different games and applications. However, nowadays other phone companies are developing similar models to compete with the popular iPhone. Who knows what smart phones will be able to do in ten years?

요즘 기술은 아주 빨리 변화하고 있고 이런 기술의 변화는 내 친구들과 내가 자주 다루는 이야깃거리입니다. 특히 우리는 최근에 나온 스마트폰에 대해 이야기하고 어떤 모델이 최고로 좋은지를 이야기합니다. 최근 대부분의 스마트폰은 가볍고 얇으며 내구성이 좋습니다. 또한, 모두 터치스크린으로 되어 있고 기능도 많습니다. 요즘 많은 사람들은 새로운 아이폰을 가지고 있는데 이 아이폰으로 인터넷에 접속하고, 영화를 보고, 음악도 듣고 많은 게임과 응용프로그램을 내려받을 수도 있습니다. 그러나 다른 휴대전화 회사들은 인기 있는 아이폰과 경쟁하기 위해 비슷한 모델을 개발하고 있습니다. 10년 후엔 스마트폰이 얼마나 많은 기능을 할 수 있을지는 아무도 모릅니다.

26 농부 & 시골 생활

출 제 경 향

1. 농부에 대해서 말하기
2. 농부가 하는 일을 계절별로 이야기하기
3. 농부가 여름, 겨울에 하는 일 이야기하기
4. 농부와 관련된 경험 이야기하기

농부는 출제빈도가 높지 않지만 출제가 되면 연속 문제로 나오기 때문에 학생들에게 몹시 어려운 주제 중 하나입니다. '농부'라는 주제 자체가 학생들에게 익숙한 편이 아니므로 관련 어휘와 표현, 배경 지식 등을 공부하면서 주제에 대한 자신의 답변을 정리해 볼 필요가 있습니다. 현재까지 농부에 대한 문제는 전반적인 설명과 계절과 관련된 세부적인 내용, 경험 등을 연달아 묻는 3-combo 문제가 많이 등장했습니다. 그 외에도 농부 관련 롤플레이 문제나 농경지 관련 또는 주중, 주말과 관련해서 농부의 활동을 묘사하는 문제가 등장하고 있습니다.

 Q1 I want to know about farmers in your country. Please tell me about the farmers using as many details as possible.

▶▶ 당신 나라의 농부에 대해 알고 싶습니다. 농부에 대해서 가능한 한 자세히 이야기해 주세요.

이 문제는 농부에 대한 가장 전형적인 질문입니다. 우선 우리나라 농부를 한번 소개해 보세요. 시골에 가면 농부들과 그들이 기르는 쌀, 채소, 가축 등을 볼 수 있습니다. 봄부터 겨울까지 하는 일이 다양하지만 이 문제는 일반적인 것을 묻는 문제이므로 구체적이고 상세하게 대답하기보다는 포괄적으로 농부들이 하는 일을 얘기해 보는 것이 좋습니다. 특히 농촌 생활에 대한 경험이 있으면 다음에 나온 보기처럼 예를 들어 본인의 경험을 넣어서 이야기가 구체적인 답변이 됩니다. 마지막으로 우리나라 농부들의 일이 어떤지에 대한 자신의 느낌으로 마무리합니다.

Brainstorm

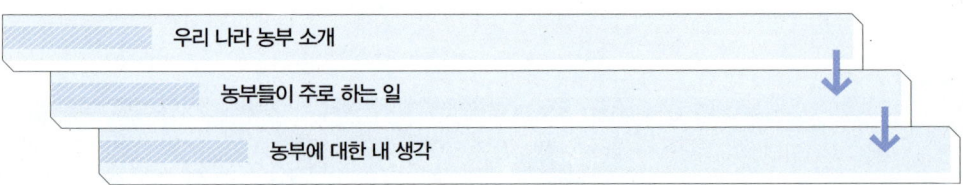

Possible story

우리나라에는 많은 농가가 있습니다. 농가들은 시골에 있고 쌀, 채소, 그리고 가축을 기릅니다. 대부분의 농부들은 한국인의 주식인 벼농사를 하는 논을 가지고 있습니다. 저는 도시에서 자랐지만 조부모님이 계시는 시골에서 여름을 보냈습니다. 농촌 생활은 어렵고 피곤한 일이라고 생각합니다. 저는 이것을 조부모님과 같이 일하면서 깨달았습니다. 우리는 가축을 돌보며 해가 뜰 때부터 해가 질 때까지 일했습니다. 저는 또한 추수를 돕기도 했고 농작물을 파는 것을 도왔습니다. 대부분의 농부들은 제 조부모님처럼 연세가 높으셔서 농사를 짓는 것과 관련된 육체노동은 아주 힘이 들 것이라는 생각이 듭니다. 신선한 농작물을 살 때마다, 저는 제 조부모님과 그분들의 노고에 대해 생각하고 감사를 표합니다.

문장 ❶ 우리나라에는 (through my country / in my country) 많은 농가가 있습니다 (many farms).

문장 ❷ 농가들은 시골에 있고 (in rural areas) 쌀, 채소, 그리고 가축을 기릅니다 (raise livestock).

문장 ❸ 대부분의 농부들은 (most farmers) 한국인의 주식인 (a staple food for Koreans) 벼농사를 하는 (grow rice) 논을 가지고 있습니다 (have a rice paddy).

문장 ❹ 저는 도시에서 자랐지만 (grew up in the city) 조부모님이 계시는 시골에서 여름을 보냈습니다 (spent summers).

문장 ❺ 농촌 생활은 (farm life) 어렵고 피곤한 일이라고 (is tiring) 생각합니다.

문장 ❻ 저는 이것을 조부모님과 같이 일하면서 (working with my grandparents) 깨달았습니다 (realized / discovered / found).

문장 ❼ 우리는 가축을 돌보며 해가 뜰 때부터 (from sunrise) 해가 질 때까지 (to sunset) 일했습니다.

문장 ❽ 저는 또한 추수를 돕기도 했고 (help with the harvest) 농작물을 파는 것을 도왔습니다 (sell the produce).

문장 ❾ 대부분의 농부들은 내 조부모님처럼 (like my grandparents) 연세가 높으셔서, 농사를 짓는 것과 (maintaining a farm) 관련된 육체노동은 (physical labor involved with) 아주 힘이 들 것이라는 (very difficult / very taxing) 생각이 듭니다.

문장 ❿ 신선한 농작물을 (fresh produce) 살 때마다 (whenever I buy), 저는 제 조부모님과 그분들의 노고에 대해 (their hard work) 생각하고 (think of my grandparents) 감사를 표합니다 (offer thanks).

Sample

There are many farms throughout my country. The farms are in rural areas and grow rice, vegetables and raise livestock. Most farmers have a rice paddy where they grow rice, a staple food for Koreans. I grew up in the city but spent summers at my grandparents' farm. I think farm life is difficult and tiring; I discovered this while working with my grandparents. We worked from sunrise to sunset, taking care of livestock. I would help with the harvest and sell the produce at the market as well. Because most farmers are older like my grandparents, I think the physical labor involved with maintaining a farm is very taxing. Whenever I buy fresh produce, I think of my grandparents and all their hard work and offer thanks.

Expression

'시골에서'는 in the country, in the countryside, in a rural area라고 표현합니다. 우리가 흔히 명절에 고향을 많이 내려가는데 '고향'이라고 하면 hometown을 말합니다.

'재배하다'라고 쓸 때는 동사 grow, raise, cultivate 등으로 쓸 수 있습니다. '농작물을 재배하다'는 grow crops라고 표현합니다.

'논'은 a rice paddy, '밭'은 a field로 씁니다. '밭을 갈다'라는 표현은 plow a field입니다. '씨 뿌리다'라는 표현은 plant seeds입니다.

'농산물'은 farm produce 또는 produce라고 표현합니다. 이때 produce는 불가산 명사이므로 's'를 붙여 복수형으로 만들지 못합니다.

taxing은 형용사로 육체적이나 정신적인 일을 많이 필요로 할 때 '아주 힘든'이라는 뜻을 나타내며 위의 보기에서는 일이 아주 힘들다는 것을 강조합니다.

농부/ 시골 관련 어휘

crop [krɑp / krɔp] 농작물
harvest [hɑ́ːrvist] 수확
plow [plau] 경작하다
pesticide [péstəsàid] 살충제
barn [bɑ́ːrn] 외양간

livestock [láivstɑ̀k] 가축
herd [həːrd] 짐승을 몰다
weed [wiːd] 잡초
fertilize [fə́ːrtəlàiz] 비료를 주다
orchard [ɔ́ːrtʃərd] 과수원

greenhouse [gríːnhàus] 온실
till [til] 논밭을 경작하다
insecticide [inséktəsàid] 살충제
waterway [wɔ́ːtərwèi] 수로

농부가 하는 일

They grow crops and raise animals.
농부들은 농작물을 기르고 동물을 키운다.

They grow grains, fruits, and vegetables.
농부들은 곡물, 과일, 채소를 기른다.

They care for animals[livestock].
그들은 동물[가축]을 돌본다.

They grow fruits and vegetables.
그들은 과일과 채소를 기른다.

They build a greenhouse.
그들은 온실을 짓는다.

They work in a greenhouse.
그들은 온실에서 일한다.

They work outdoors.
그들은 야외에서 일한다.

They work around the clock.
그들은 항상 일한다.

They use machines to plant and harvest crops.
그들은 농작물을 심고 수확하는 데 기계를 사용한다.

They raise bees for honey.
그들은 양봉한다.

They herd sheep[goats].
그들은 양[염소]를 몬다.

봄과 여름에 하는 일

They till soil[the fields].
그들은 경작한다.

They are busy with plowing and planting.
그들은 밭을 갈고 씨 뿌리는 데 바쁘다.

They pull[remove/ get rid of] weeds.
그들은 잡초를 제거한다.

They spray insecticide[pesticide].
그들은 살충제를 살포한다.

They fertilize fields.
그들은 비료를 준다.

They check if waterways are okay[They inspect waterways].
그들은 수로가 괜찮은지 확인한다[수로를 검사한다].

During planting and harvesting seasons, farmers rarely have days off.
씨 뿌리거나 추수하는 기간에 농부들은 거의 쉬는 날이 없다.

During the rainy season, they make sure the waterways are strong enough.
장마철에는 수로가 튼튼한지 점검한다.

가을과 겨울에 하는 일

They schedule harvest time.
그들은 수확 일정을 잡는다.

They finish the harvest.
그들은 수확을 마친다.

They make sure that the crops are stored.
그들은 농작물이 저장되었는지 확인한다.

They check machinery and have it repaired during the winter.
그들은 겨울 동안 농기구를 점검하고 수리한다.

They fix barns and other farm buildings.
그들은 외양간과 다른 농장 건물 등을 수리한다.

Their products are usually sold at the market.
농작물은 보통 시장에서 팔린다.

They decide what to plant next year.
그들은 내년에 무엇을 심을지 결정한다.

농부에 대한 내 느낌

It's very tiring[exhausting] to work on a farm.
농장에서 일하는 것은 매우 피곤한 일이다.

A farmer's work seems to be very hard.
농부의 일은 매우 힘든 것 같다.

I think all farmers work hard to support their families.
모든 농부들은 자신의 가족을 부양하기 위해 열심히 일한다고 생각한다.

시골에서 볼 수 있는 것

There are orchards and barns on the farm.
농장에는 과수원과 외양간이 있다.

We can see a place that stores the harvested crops.
수확물을 저장하는 장소가 있다.

There are sheds that keep the farm machines safe.
농기구를 안전하게 보관하는 창고가 있다.

I can see many trees and mountains.
나는 많은 나무와 산을 볼 수 있다.

I can see farm machinery.
나는 농기계를 볼 수 있다.

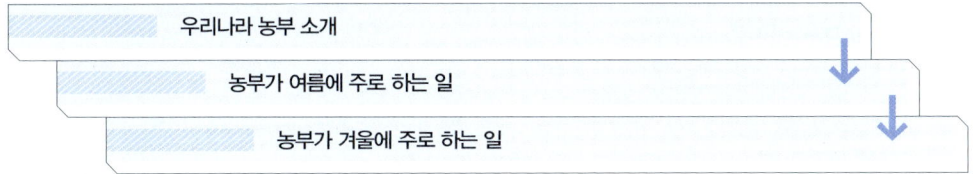

Can you tell me things that farmers typically do in your country? Describe the farmers' daily routines. Describe their activities in the summer and in the winter months.

▶▶ 당신 나라에서 농부들이 전형적으로 하는 일을 말해 줄 수 있습니까? 농부의 일상생활을 이야기해 보세요. 여름과 겨울에 하는 활동을 묘사해 보세요.

농부들이 여름에 하는 일과 겨울에 하는 일을 따로 만들어 답안을 준비합니다. 처음 문장은 농부들이 전반적으로 하는 일을 이야기하고, 본론에서는 여름에 하는 일과 겨울에 하는 일을 따로 이야기해 볼 수 있습니다. 여름에는 수로를 점검하거나, 물을 대고, 잡초를 뽑고, 비료를 뿌리기도 합니다. 겨울에는 날씨가 추워서 내년을 계획하거나 농기구를 점검하기도 합니다.

Brainstorm

| 우리나라 농부 소개 |
| 농부가 여름에 주로 하는 일 |
| 농부가 겨울에 주로 하는 일 |

하루 일과 묘사

Most farmers wake up early in the morning.
대부분의 농부들은 아침 일찍 일어난다.

They feed and water their livestock early in the morning.
그들은 아침 일찍 가축에게 먹이와 물을 준다.

The farmers work long hours, from sunrise to sunset.
농부들은 해 뜰 때부터 해질 때까지 긴 시간 동안 일한다.

The farmers work year round.
농부는 일 년 내내 일한다.

They water their crops.
그들은 농작물에 물을 준다.

They work from sunrise to sunset, tending the fields.
그들은 밭을 돌보며 해 뜰 때부터 해질 때까지 일한다.

They sometimes sell produce at the market.
그들은 가끔 시장에서 농산물을 판다.

A Most farmers have a very long and difficult day. They start by getting up very early in the morning and they feed and water the livestock. Sometimes they get up so early that the sun is not even up yet. There are different kinds of farmers, depending on the produce they sell. If they have dairy cows, they must milk the cows daily. If they have beef cattle, they must drive the cattle from different feeding areas to make sure they always have enough grass to eat. They sometimes sell their cattle or produce at fairs or markets, and buy other livestock for their farm. Farmers work very hard all year round, and they play a very important role in our society.

대부분 농부는 길고 힘든 하루를 보냅니다. 아침 일찍 일어나는 것으로 시작해서 가축에게 먹이와 물을 먹입니다. 때로는 아직 해가 뜨지 않은 아침 일찍 일어납니다. 그들이 파는 농작물에 따라 다른 부류의 농부가 있습니다. 젖소가 있는 경우 매일 젖을 짭니다. 가축이 있는 농부들은 가축이 충분히 먹을 수 있도록 다른 곳으로 가축을 몹니다. 때로는 시장에서 가축과 농산물을 팔기도 하고 다른 가축을 사기도 합니다. 농부들은 일 년 내내 열심히 일하여 우리 사회에서 아주 중요한 역할을 합니다.

Q3 Do you have any experiences about a farmer or a farm that you can tell us about? You may have visited a farm, or know a famer. Or you have probably seen a farm on TV or in a film. Please describe everything about your experience.

▶▶ 농부 또는 농장에 대한 경험을 이야기해 줄 수 있습니까? 아마 당신은 농장을 방문해 봤거나 농부에 대해 알 것입니다. 아니면 TV나, 영화에서 농장을 본 적이 있을 겁니다. 이와 관련된 당신의 경험을 모두 묘사해 주세요.

경험에 대한 질문은 OPIc의 전형적인 질문 유형입니다. 이런 문제는 육하원칙을 기준으로 답변을 시작하는 요령, 잊지 않으셨죠? 특히 여러분이 대학생이라면 농활에 대한 경험이나 그 외에 영화 또는 드라마에서 시골을 간접적으로 체험해 보았을 수도 있었을 것입니다. 그 기억을 살려서 구체적으로 어떤 활동을 주로 했는지, 무엇을 느꼈는지를 한 번 이야기해 보세요.

Brainstorm

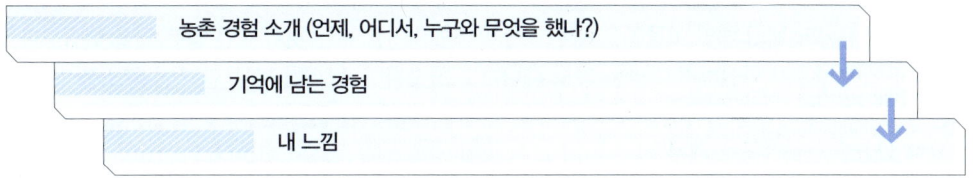

농부와 농사에 관련된 경험 & 기억에 남는 경험

I remember watching a documentary about a day on a farm on TV.
TV에서 농장에서의 하루 일과에 관한 다큐멘터리를 본 기억이 난다.

I learned what farmers do in class when I was young.
나는 어렸을 때 수업 시간에 농부들이 무슨 일을 하는지 배웠다.

Since my grandparents are farmers, I often visit them to help.
조부모님이 농부이시기 때문에, 나는 그들을 도우러 종종 방문한다.

My family and I took a trip to visit a farm last summer.
지난 여름에 가족들과 나는 농장 체험을 갔다.

I learned to farm growing up on the family farm.
나는 시골에서 자라서 농사를 배웠다.

I worked with the local people.
나는 시골 사람들과 같이 일했다.

I worked on the farm for a couple of hours each day.
나는 하루에 몇 시간씩 농장에서 일했다.

느낀 점

I realized that farming is not a simple process.
나는 농사가 단순하지 않다는 것을 깨달았다.

It was very hard for me to work on the farm all day long.
온종일 농장에서 일하는 것은 내게 너무 힘들었다.

It was the most rewarding experience I ever had.
그것은 내가 겪은 가장 보람찬 경험이었다.

Volunteering to work on a farm was a very fulfilling experience.
농촌에서 자원봉사를 하는 것은 아주 보람 있는 경험이었다.

A

I once visited a farm when I was in Australia. I worked on the farm for a couple of hours each day, and they gave me a place to stay. It was a very interesting experience to see how a large farm is run. I had a lot of tasks to do each day, such as filling the water troughs and feeding animals. We also had to ride horses to check the fences to make sure there were no holes. It was very difficult work because it was so hot, and there were so many cows to control. Before this experience, I was a bit afraid of large animals, especially horses. However, working on that farm was the most rewarding experience I ever had, and I recommend it to anyone who is looking for some adventure.

나는 호주에서 농장을 한 번 가본 적이 있습니다. 나는 농장에서 매일 몇 시간씩 일했고 그들은 나에게 머무를 수 있는 장소를 제공해 주었습니다. 거대한 농장이 어떻게 운영이 되는지를 알게 된 아주 재미 있는 경험이었습니다. 나는 그곳에서 매일 여물통을 채우고 동물에게 먹이를 주는 것과 같은 많은 일을 했습니다. 또한, 울타리에 구멍이 있는지 확인하려고 말을 타고 다니기도 했습니다. 날씨가 너무 덥고 많은 소를 통제해야 했기 때문에 그것은 아주 힘든 일이었습니다. 내가 농장에서 일하기 전에는 몸집이 큰 동물, 특히 말을 보면 조금 무서웠습니다. 그러나 농장에서 일하게 된 것은 가장 보람 있는 경험이었습니다. 그리고 나는 어떤 모험을 해 보고 싶은 사람들에게 농장에서 일해 볼 것을 추천합니다.

27 명절

최신 경향

1. 한국의 명절 이야기하기
2. 명절 때 하는 일 이야기하기
3. 기억에 남는 명절 이야기하기
4. 좋아하는 명절 이야기하기

한국의 명절은 크게 설날, 추석이 있습니다. 이 문제는 아마 OPIc을 접하지 않았던 학생이라도 한 번쯤은 한국말이나 영어로 명절에 대해 소개해 본 경험이 있을 것입니다. 그러나 스토리텔링으로 이야기를 하는 것과 그냥 짧은 문장으로 이야기해 보는 것과는 다르다는 것을 느끼실 것입니다. OPIc에서는 크게 한국의 명절을 소개하거나, 명절 때 구체적으로 하는 활동 또는 무엇을 먹는지에 대한 이야기, 기억에 남는 명절, 그리고 좋아하는 명절에 대한 문제가 꾸준히 출제되고 있습니다. 따라서 관련 표현을 익히고 어떻게 스토리를 전개할 것인지 이 단원에서 알아보도록 하겠습니다.

 **Q1** Tell me about the biggest holiday in Korea. Please describe the holiday using as much detail as possible.

▶▶ 한국의 가장 큰 명절에 대해 설명해 주세요. 가능하면 그 명절에 대해서 자세히 설명해 주세요.

대표적인 명절을 소개하는 문제입니다. 우선 이야기할 명절을 생각해 보고 소개해 보세요. 예를 들어 명칭, 기간, 시기 등에 대해 언급할 수 있습니다. 그다음 명절에 하는 활동, 먹는 음식, 일어나는 일, 명절 분위기 등에 대해 이야기해 볼 수 있습니다. 시간적인 순서로 명절 전날 일어나는 일부터 회상해 보는 것이 좋은 방법입니다. 마지막으로 명절에 대한 내 느낌과 생각으로 마무리하면 좋은 답변이 됩니다.

Brainstorm

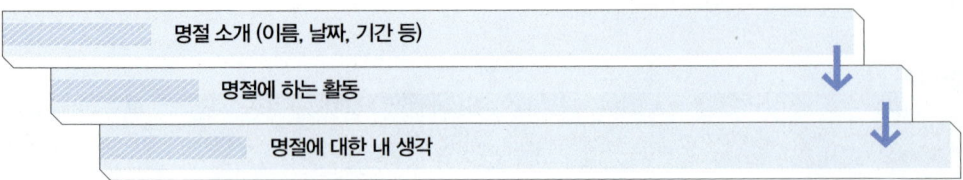

Possible story

설날은 한국의 가장 큰 명절 중 하나이고 한국어로는 '설날'이라 부릅니다. 사람들은 부모님이나 조부모님이 사시는 시골이나 고향으로 장거리 여행을 떠납니다. 이 기간에는 교통이 복잡해져서, 보통 2시간 걸리는 곳이 6시간 이상 걸립니다. 고향에 도착하면, 우리는 대가족으로 같이 명절을 지냅니다. 일반적으로 우리는 이 날을 기념하는 활동을 많이 합니다. 예를 들어, 많은 사람들은 전통 의상인 한복을 입습니다. 그리고 윷놀이라는 전통 놀이를 하기도 합니다. 또한 떡국도 많이 먹습니다. 이 명절의 가장 좋은 점은 아침에 어른들에게 절을 하는 것입니다. 아이들은 절을 하고 나면 어른들에게 용돈을 받습니다. 용돈을 받는 것은 아이들이 설날에 아주 들떠 있는 이유 중의 하나입니다. 전반적으로, 설날은 모든 가족이 모여 이야기를 나누는 가족 지향적인 명절입니다.

- 문장 ❶ 설날은 (New Year's Day) 한국의 가장 큰 명절 중 하나이고 (one of the biggest holidays) 한국어로는 '설날'이라 부릅니다 (it is called/ it is named).
- 문장 ❷ 사람들은 부모님이나 조부모님이 사시는 (where their parents or grandparents live/ still live) 시골이나 고향으로 (countryside or hometowns) 장거리 여행을 떠납니다 (travel long distances).
- 문장 ❸ 이 기간에는 교통이 복잡해져서, 보통 2시간 (a routine two hour trip) 걸리는 곳이 6시간 이상 걸립니다 (take longer than).
- 문장 ❹ 고향에 도착하면 (arrive at their destination), 대가족으로 같이 명절을 지냅니다.
- 문장 ❺ 일반적으로 (generally) 우리는 이날을 기념하는 (celebrating the holiday) 활동을 많이 (many activities) 합니다.
- 문장 ❻ 예를 들어 (for example), 많은 사람들은 전통 의상인 (traditional "Hanbok" costumes) 한복을 입습니다. 그리고 윷놀이라는 전통 놀이를 (traditional Korean games) 하기도 합니다.
- 문장 ❼ 또한 떡국을 (rice cake soup) 많이 먹습니다 (plenty of).
- 문장 ❽ 이 명절의 가장 좋은 점은 (the best part) 아침에 (in the morning) 어른들에게 절을 하는 것입니다 (bow to elders).
- 문장 ❾ 아이들은 절을 하면 어른들에게 용돈을 받습니다 (receive some allowance).
- 문장 ❿ 용돈을 받는 것은 아이들이 설날에 아주 들떠 있는 (why children get so excited about) 이유 중의 (one of the main reasons) 하나입니다.
- 문장 ⓫ 전반적으로 (overall), 설날은 모든 가족이 모여 (bring together) 이야기를 나누는 (share their stories) 가족 지향적인 명절입니다 (a family-oriented holiday).

Sample

New Year's Day is one of the biggest holidays in Korea and it is called "Sul Nal" in Korean. People travel long distances to return to the countryside or hometowns where their parents or grandparents live. Because of all the traffic, a routine two hour trip takes longer than six hours. Once arriving at their destination, the celebration begins with the extended family. Generally, there are a lot of activities involved in celebrating the holiday. For example, many people dress in traditional "Hanbok" costumes, and traditional Korean games like "Yutnori" are played. We eat plenty of rice cake soup as well. The best part of celebrating this holiday is that we bow to elders in the morning. Children bow to elders and receive some allowance from them. That's one of the main reasons why children get so excited about New Year's Day. Overall, New Year's Day is a family oriented holiday that brings all family members together to share their stories.

Expression

'명절'은 **a holiday**, '명절을 기념하다'는 **celebrate a holiday**라고 합니다.

'장거리를 운전하다'의 표현은 **drive a long distance**라고 합니다.

'교통 체증'은 **traffic jam, traffic congestion, heavy traffic** 또는 위의 표현처럼 **traffic** 자체에 '교통량이 많다'라는 의미가 있어서 **all the traffic**이라는 쓰기도 합니다.

'~또한, ~도'라고 표현할 때는 문미에 **as well**을 붙여 사용합니다.

'~와 같은'이라는 표현을 할 때는 전치사 **like**를 명사 뒤에 붙여서 이야기할 수 있습니다. 윷놀이와 같은 게임이라는 의미를 말하고자 할 때는 **games like "Yutnori"**가 한꺼번에 자연스럽게 나올 수 있도록 연습해 봅니다.

'어른들에게 절하다'라는 표현은 **bow to elders**입니다. '용돈을 받다'는 **receive allowance**라고 표현합니다.

명절의 종류 (Korean holidays)

New Year's Day 설날 ‖ **Korean Thanksgiving Day** 추석 ‖ **Christmas** 크리스마스 ‖ **Children's Day** 어린이날 ‖ **Parents' Day** 어버이날 ‖ **Memorial Day** 현충일 ‖

명절 소개

New Year's Day is the biggest holiday in Korea.
설날은 한국에서 가장 큰 명절이다.

Chuseok is the Korean Thanksgiving Day.
추석은 한국의 추수감사절이다.

On May 5, Children's Day, children spend time with their parents.
5월 5일 어린이날에 어린이들이 부모님과 시간을 보낸다.

Parents' Day is a special day when children give thanks to their parents.
어버이날은 자녀가 부모님께 감사를 드리는 특별한 날이다.

설날 (New Year's Day)

The day before New Year's Day, we visit our grandparents' house.
설날 전날, 우리는 조부모님 댁에 간다.

We celebrate New Year's Day for three days.
우리는 사흘 동안 설날을 기념한다.

On holidays, many Koreans gather with their families and relatives.
명절에 많은 한국인들은 가족 그리고 친척들과 함께 모인다.

People play a traditional Korean game called "Yutnori."
사람들이 윷놀이라 불리는 한국 전통 게임을 한다.

They perform a memorial ceremony for their ancestors.
사람들은 조상에게 제사를 지낸다.

We visit our ancestors' graves.
우리는 성묘하러 간다.

People wear traditional Korean costumes.
사람들은 한국의 전통 의상을 입는다.

They bow to their elders.
그들은 어른에게 세배한다.

Children receive some pocket money.
아이들은 용돈을 받는다.

We eat rice cake soup in the morning.
우리는 아침에 떡국을 먹는다.

People fly kites as part of the traditional games.
사람들은 전통 놀이 중 하나인 연날리기를 한다.

  What do people do during the holidays in Korea? What kinds of activities do they plan and what type of food do they eat?

▶▶ 한국에선 명절에 사람들이 무엇을 하나요? 어떤 활동을 하고 어떤 종류의 음식을 먹나요?

대표적인 명절 하나를 생각해서 그에 따른 활동과 음식을 같이 생각해 보세요. 우리나라에 많은 명절이 있지만 그 중 설날이나 추석이 대표적인 명절입니다. 여러분의 답변에서는 이 명절에 우리가 하는 구체적인 활동, 예를 들어, 차례 지내기, 송편 만들기, 성묘 가기 등에 대해 묘사합니다. 마지막으로 어떤 음식을 먹는지에 대해 이야기합니다.

Brainstorm

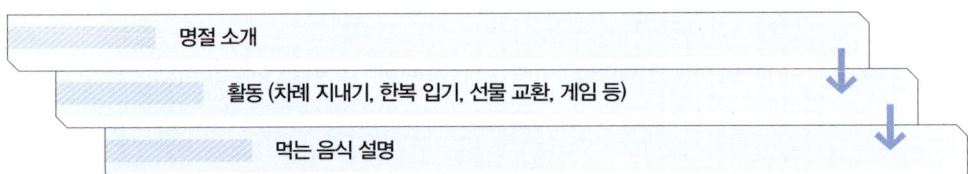

추석

There are many holidays in Korea, but Chuseok is one of the biggest holidays.
한국에는 많은 명절이 있지만 추석은 가장 큰 명절 중 하나이다.

Chuseok is one of the biggest holidays along with the Korean New Year's Day.
설날과 같이 추석은 가장 큰 명절 중 하나이다.

People drive long distances to return to their hometown.
사람들은 고향을 가기 위해 오랫동안 차를 운전한다.

On Chuseok, people give thanks to their ancestors and also for the year's bountiful harvest.
추석에 사람들은 조상에게 감사하고 그 해의 풍년에 대해 감사한다.

People get together with their relatives.
사람들은 친척들과 모인다.

We have a big Thanksgiving feast.
우리는 추석 잔치를 한다.

People often make wishes while making rice cakes.
사람들은 송편을 만들면서 소원을 빈다.

We prepare plenty of dishes.
우리는 많은 음식을 준비한다.

There are many holidays in Korea, but Chuseok is one of the biggest holidays. It is a time when families get together and feast on traditional foods. On Chuseok, people give thanks to their ancestors and also for the year's bountiful harvest. There are many traditional foods, but the most popular food Koreans eat at Chuseok is Songpyeon. Songpyeon is steamed rice cake filled with sesame and sugar, and shaped into a half-moon. During the Chuseok feast we talk with family that we haven't seen in a long time, and wish each other health and happiness in the future. I look forward to Chuseok each year, as it's a chance to see family, relax, and eat lots of really delicious food.

한국에 많은 명절이 있지만, 추석은 가장 큰 명절 중의 하나입니다. 이 날은 가족들이 모두 모여 전통 음식으로 잔치하는 날입니다. 추석에 많은 사람은 조상에게 감사를 표하고 풍성한 수확에 대해 감사합니다. 추석에 먹는 많은 전통 음식이 있는데 그 중 가장 유명한 음식은 송편입니다. 송편은 깨와 설탕을 혼합해 만든 떡으로 반달 모양으로 만듭니다. 추석 잔치 동안 우리는 오랫동안 만나지 못한 가족들과 이야기도 나누고 앞으로 서로의 건강과 행복을 빕니다. 나는 가족들을 만나서 휴식을 취하고 맛있는 음식을 많이 먹을 수 있는 추석을 매해 기다립니다.

 Q3 Describe your most memorable holiday. Tell me what you did on that day that made the holiday so special.

▶▶ 가장 기억에 남는 명절을 말해 주세요. 명절에 무엇을 했으며 무엇이 그렇게 특별했는지 이야기해 주세요.

명절 때 하는 놀이나 활동과 연관해 기억에 남는 순간이 있었는지 생각해 봅니다. 아니면 해외에서 혼자 보내거나, 가족과 떨어져 있어서 명절을 함께 지내지 못하는 일도 있을 것입니다. 우선 기억에 남는 명절이 언제였고, 무슨 일이 있었는지, 그리고 왜 기억에 남는지 브레인스톰을 하여 답안을 만들어 봅니다.

Brainstorm

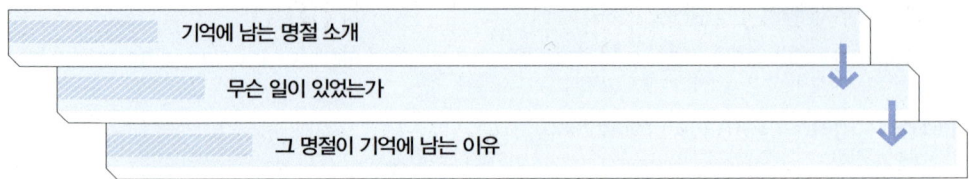

기억에 남는 명절

Every year, my family members look forward to decorating our Christmas tree.
매년 우리 가족은 크리스마스 트리를 장식하기를 학수고대한다.

I remember going to an amusement park on Children's Day.
나는 어린이날에 놀이공원에 갔던 것을 기억한다.

When we went on a trip, my parents bought me a lot of toys at the souvenir shops.
여행을 갔을 때, 부모님이 기념품 가게에서 장난감을 많이 사 주셨다.

Since I was away from home, I celebrated Chuseok by myself.
집에서 멀리 떨어져 있어서, 혼자 추석을 보냈다.

I gave my parents carnations with a thank you card.
부모님께 카네이션과 감사의 카드를 드렸다.

On the way to my hometown, I witnessed a car accident.
고향으로 가는 길에 차 사고를 목격했다.

I was very happy to receive money for bowing.
절을 하고 돈을 받아서 아주 기뻤다.

We played the traditional Korean game, "Yutnori."
우리는 한국 전통 놀이인 윷놀이를 했다.

We enjoyed making half-moon shaped rice cakes.
우리는 반달 모양의 떡을 만드는 것을 즐겼다.

🎧A   My family really enjoys celebrating Christmas together, but our most memorable holiday was when we spent Christmas in New York City together. It was a very cold winter, but we spent hours walking around the streets and looking at the Christmas lights and shop window displays. On Christmas morning, we woke up and opened our presents under the tree in our pajamas, while mom made coffee. All of a sudden, we looked out the window and it had started snowing. It snowed in big, white snowflakes, and the whole city looked like a painting. Of course, we had seen snow before, but it was our first real white Christmas, and we will never forget it.

우리 가족은 크리스마스를 같이 기념하는 것을 좋아합니다. 그러나 가장 기억에 남는 것은 우리가 뉴욕에서 크리스마스를 보냈던 날입니다. 몹시 추운 겨울이었는데 우리는 거리를 걸으며 크리스마스트리를 보고 윈도쇼핑을 하고 있었습니다. 크리스마스 날 아침 엄마는 커피를 만들고 있었고 우리는 일어나 잠옷을 입은 채 크리스마스트리 아래에 있는 선물을 열어 보았습니다. 갑자기 창문 밖을 보자 눈이 내리기 시작했습니다. 하얗고 커다란 눈송이가 펑펑 내리고 있었고 도시 전체가 한 폭의 그림 같았습니다. 물론 우리는 예전에 눈 내리는 것을 본 적이 있었지만, 그것은 정말 우리가 처음 본 화이트 크리스마스였고, 이 날을 절대로 잊을 수 없을 것입니다.

28 경찰 이야기하기

출제 경향

1. 경찰의 역할 묘사하기
2. 경찰과 관련한 경험이나 도움을 받은 기억에 대해 이야기하기
3. 경찰서, 경찰차, 경찰복 묘사하기
4. 한국 경찰에 대해 묘사하기
5. 경찰과 소방관의 차이에 대해 이야기하기

경찰에 대한 문제는 크게 경찰 묘사, 경찰과 관련한 경험이나 도움을 받은 기억, 경찰서 묘사, 한국의 경찰 소개, 경찰과 소방관의 차이에 대해 이야기하기 등이 시험에 등장하고 있습니다. 출제 빈도는 그리 높지 않으나 난이도가 높은 문제이고 학생들이 시험장에서 이러한 문제를 받으면 당황하기 쉬운 문제입니다. 그만큼 생소한 문제이므로 따로 답을 만들고 경찰 관련 표현을 익히는 것이 중요합니다. 특히 위와 같이 경찰 묘사와 한국 경찰에 대한 묘사가 다른 문제로 나오는 경우 당황하여 이미 이야기한 부분을 반복하는 것에 그칠 수 있습니다. 그러므로, 한국 경찰만의 특이한 사항이나 표현을 따로 생각해 두는 것이 좋습니다.

 **Q1** Can you tell me what are the main duties of police officers? What is your opinion of them?

▶▶ 경찰의 주요 업무에 대해서 이야기해 주시겠습니까? 그것에 대해 당신은 어떻게 생각하나요?

경찰에 관한 토픽을 준비하면서 가장 대표적으로 준비해야 할 주제가 업무에 관한 일입니다. 많은 업무가 있지만 평상시에 어떤 일을 하는지, 구체적으로 생각해 보세요. 시민을 보호하고, 응급 상황에 대응하거나 범죄를 예방, 조사하고 순찰을 하는 등 경찰이 하는 일이 다양합니다. 마지막으로 여러분은 경찰이 하는 일에 대해 어떻게 느끼는지로 마무리해 주면 됩니다.

Brainstorm

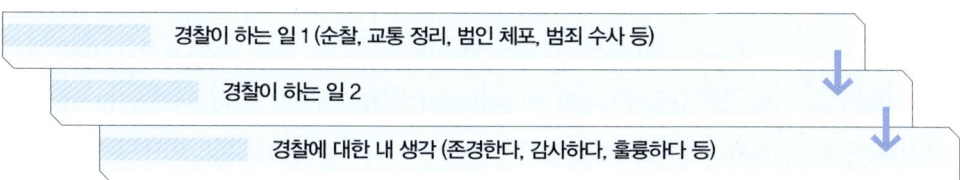

Possible story

경찰의 책임은 아주 광범위하다고 생각합니다. 경찰은 그들의 직위와 근무지에 따라 다른 역할을 맡고 있습니다. 일반적으로 경찰은 법을 준수하고 사람과 재산을 보호합니다. 경찰은 또한 교통사고와 범죄를 다루기도 합니다. 사고가 나면, 사고 보고서를 쓰고 교통이 계속 원활하도록 확인하는 작업도 합니다. 예를 들어, 제가 몇 달 전 차 사고를 목격했을 때, 사고를 알리기 위해 경찰서에 전화했습니다. 경찰은 즉시 사고 현장에 도착하여 사람들을 돕고, 교통을 정리하고, 사고 보고서를 작성했습니다. 경찰은 또한 우리 지역에서 거리를 순찰합니다. 경찰은 위험을 무릅쓰고 사람들을 보호하고 법을 준수하기 때문에 사람들은 그들에게 의지하고 존경을 표합니다. 경찰 없이 사는 것은 상상할 수 없습니다.

문장 ❶ 경찰의 책임은 (responsibilities) 아주 광범위하다고 (very broad) 생각합니다.
문장 ❷ 경찰은 그들의 직위와 (rank) 근무지에 (station location) 따라 다른 역할을 (different functions) 맡고 있습니다.
문장 ❸ 일반적으로 (generally) 경찰은 법을 준수하고 (uphold the law) 사람과 재산을 보호합니다 (protect people and property).
문장 ❹ 경찰은 또한 교통사고와 범죄를 (crime) 다루기도 합니다 (deal with).
문장 ❺ 사고가 나면, 사고 보고서를 쓰고 (write up the accident report) 교통이 계속 원활한 것을 확인하는 작업도 합니다.
문장 ❻ 예를 들어, 제가 몇 달 전 차 사고를 목격했을 때 (witnessed a car accident), 사고를 알리기 위해 (to report the incident) 경찰서에 (police department) 전화했습니다.
문장 ❼ 경찰은 즉시 사고 현장에 도착하여 (arrived at the scene) 사람들을 돕고 (people involved in the accident), 교통을 정리하고, 사고 보고서를 작성했습니다.
문장 ❽ 경찰은 또한 우리 지역에서 거리를 순찰합니다 (patrol the streets).
문장 ❾ 경찰은 위험을 무릅쓰고 사람들을 보호하고 법을 준수하기 때문에 (uphold the law) 사람들은 그들에게 의지하고 (depend on) 존경을 표합니다.
문장 ❿ 경찰 없이 사는 것은 상상할 수 없습니다 (cannot imagine living).

Sample

  I think the responsibilities of police officers are very broad. Depending on their rank and station location, they may have different functions. Generally, police serve to protect people and property while upholding the law. Police officers also deal with both traffic accidents and crime. When there is an accident, the police are the ones who write up the accident report and make sure that traffic continues moving. For example, when I witnessed a car accident a few months ago, I called the police department to report the incident. The police arrived at the scene immediately, helped the people involved in the accident, directed traffic and wrote up the accident report. The police also patrol the streets in our community. People depend on and respect them because they risk their lives to protect people and uphold the law. I cannot imagine living without them.

Expression

'~에 따라서' 라는 표현은 **depending on**으로 씁니다.

'법을 유지하다 또는 시행하다'라는 표현은 **uphold the law**, **enforce the law**라고 합니다. 이때 **uphold**라는 단어는 '법을 유지하다, 지지하다'의 뜻을 가지고 있는 동사입니다.

'범죄'를 이야기할 때는 **crime**이라 하고 **commit a crime**은 '죄를 짓다', **prevent crime** '범죄를 예방하다'의 표현으로 씁니다.

'사고가 나서 현장에 도착하다'는 **arrive at the scene**이라고 표현하고 여기의 **scene**은 사고 현장을 말합니다. **scene** 한 단어만 쓰거나 **the scene of the accident**라고 표현할 수도 있습니다.

'거리를 순찰하다'라고 할 경우 동사 **patrol**을 써서 **patrol the streets**라고 표현합니다. '순찰 중이다'는 **they are on patrol**이라고 표현할 수 있습니다.

경찰에 대한 내 생각

Police work is very dangerous.
경찰이 하는 일은 아주 위험하다.

Some police officers are caught in life threatening situations.
몇몇 경찰들은 생명을 위협받는 상황에 빠진다.

Police work is very stressful.
경찰이 하는 일은 아주 스트레스를 많이 받는다.

They work long hours.
경찰은 오랜 시간을 일한다.

Police officers may find it difficult to spend time with their families.
경찰들은 가족과 같이 시간을 보내기 어려울 것이다.

I am thankful to the police because they provide a sense of security for my family and me.
내 가족과 내 안전을 지켜 주는 경찰에게 감사한다.

They do a good job protecting people and property.
경찰들은 사람과 재산을 보호하는 일을 잘하고 있다.

I can't imagine living without police officers.
경찰관 없이 사는 것은 상상할 수 없는 일이다.

I think police officers deserve a lot respect.
경찰은 마땅히 존경을 받아야 한다고 생각한다.

경찰의 의무

conduct investigations 조사를 하다 ‖
work for the government 정부를 위해 일하다 ‖
has/ have an obligation to protect property and people 재산과 사람들을 보호할 의무를 가지다 ‖
investigate crimes 범죄를 조사하다 ‖
keep people safe and maintain the peace 사람을 보호하고 평화를 유지하다 ‖
uphold the law 법을 유지하다 ‖
issue traffic tickets[a speeding ticket] 교통 딱지 [속도위반 딱지]를 떼다 ‖
impose fines for violating the law 법 위반에 대해 벌금을 부과하다 ‖
make efforts to prevent injuries 부상을 예방하려고 노력하다 ‖
question suspects 용의자를 심문하다 ‖
patrol the streets 거리를 순찰하다 ‖
arrest people that break the law 법을 위반한 사람들을 체포하다 ‖
direct traffic at intersections 교차로에서 교통을 정리하다 ‖
do paperwork 서류 작업을 하다 ‖

경찰복

They carry handcuffs and firearms.
그들은 수갑과 총을 가지고 다닌다.

They wear a police officer uniform on duty.
그들은 근무할 때 경찰 유니폼을 입는다.

They have their police officer's badge.
그들은 경찰 배지가 있다.

They dress according to their assignment.
그들은 임무에 따라 옷을 다르게 입는다.

They usually wear a suit and tie.
그들은 보통 정장을 입고 넥타이를 맨다.

During the summer, they wear short sleeve shirts and black trousers.
그들은 여름에 짧은 소매 셔츠와 검은색 바지를 입는다.

Depending on their rank, they wear different colored uniforms.
그들은 계급에 따라 다른 색의 유니폼을 입는다.

Police officers wear caps.
경찰들은 모자를 쓴다.

경찰차

They ride a police car when they patrol the streets.
거리를 순찰할 때 경찰관은 경찰차를 탄다.

There are flashing lights and sirens on police cars.
경찰차에는 경광등과 사이렌이 있다.

There are light bars in red and blue on the top of the police cars.
차 맨 위에 빨간색과 파란색 표시등이 있다.

There are special databases to keep track of the criminals.
범인을 추적하기 위한 특별 데이터베이스가 있다.

Q2 Do you have any special memories involving the police? If so, please tell me what happened in as much detail as possible.

▶▶ 당신은 경찰과 관련된 특별한 기억이 있습니까? 그렇다면, 무엇이 일어났는지 자세하게 이야기해 주세요.

좋은 일이든 나쁜 일이든 한 번쯤은 경찰관을 만난 적이 있었을 것입니다. 언제, 무슨 일이 일어났는지 생각해 보세요. 여러분이 경찰에게 어떤 도움을 받았는지, 좋은 기억일 수도 있고, 좋지 않은 기억일 수도 있을 것입니다.

Brainstorm

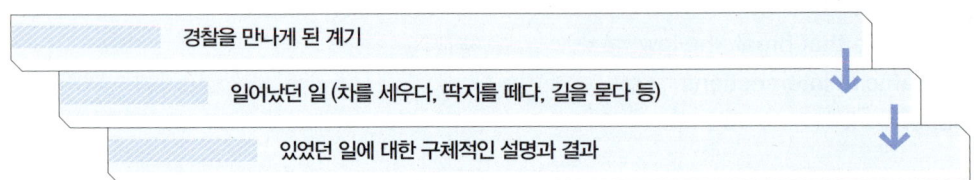

경찰과의 경험

The police stopped me because I was driving the wrong way on a one way street.
일방통행 길에서 역주행을 해서 경찰이 내 차를 세웠다.

I was caught speeding and got a speeding ticket.
과속으로 경찰에게 잡혀 딱지를 떼었다.

When I got lost, the police officers were so kind enough to give me directions.
길을 잃었을 때 경찰관이 아주 친절하게 길을 가르쳐 주었다.

When I got into a car accident, I reported it to the police.
차 사고가 났을 때, 나는 경찰에게 신고했다.

He approached me and asked to see my driver's license.
경찰관이 다가와서 운전면허증을 보여 달라고 요구했다.

A police officer ordered me to pull over for driving while I was intoxicated.
음주운전을 해서 경찰관이 차를 길가에 세우라고 했다.

A I have only been approached by the police one time, and it was because I was caught speeding and got a speeding ticket. One day, I was running late for an appointment, so I was driving through a short cut. I don't usually go above the speed limit, but I really didn't want to be late. Suddenly I heard the police sirens behind me, and I pulled over to the side of the road. The police officer approached me and asked to see my driver's license. He told me that I was driving 10km/h above the speed limit, and he had to give me a ticket. After he gave me the ticket and drove away, I felt very embarrassed about it. I drove very slowly all the way to my appointment, and I was still late.

한 번은 경찰관이 내게 다가온 적이 있었는데 그 이유는 내가 과속을 해서 경찰에게 잡혀 교통 딱지를 떼었기 때문입니다. 하루는 약속에 늦어서 지름길로 운전하고 있었습니다. 보통 나는 제한 속도 이상으로 운전하지 않는데 그날은 약속에 늦고 싶지 않았습니다. 갑자기 경찰 사이렌 소리가 뒤에서 들렸고 나는 길가에 차를 세웠습니다. 경찰이 와서 운전면허증을 보여 달라고 했습니다. 그는 내가 제한 속도보다 10킬로 더 빨리 달렸다고 말했고 교통 딱지를 뗄 수밖에 없다고 했습니다. 경찰이 딱지를 주고 간 후, 나는 너무 당황하였습니다. 나는 약속 장소까지 줄곧 서행을 했고 결국 약속에 늦었습니다.

Q3 Can you explain the differences between police officers and firefighters? Tell me about them in as much detail as possible.

▶▶ 경찰관과 소방관의 차이점에 대해 말해 주시겠습니까? 가능하면 자세히 설명해 주세요.

경찰관과 소방관의 차이점을 묻는 문제입니다. 이런 문제는 즉흥적으로 생각하면 어려울 수도 있으므로 충분히 브레인스톰을 해서 비교할 부분을 2~3가지로 좁혀서 이야기하는 것이 좋습니다. 크게 나눠서, 책임 부분이나, 권위적인 부분, 경제적인 혜택 등 여러 면에서 비교해 볼 수 있습니다. 별로 차이점이 없다고 생각하면 왜 그렇게 생각하는지 설득력 있는 이유를 이야기하면 좋습니다.

Brainstorm

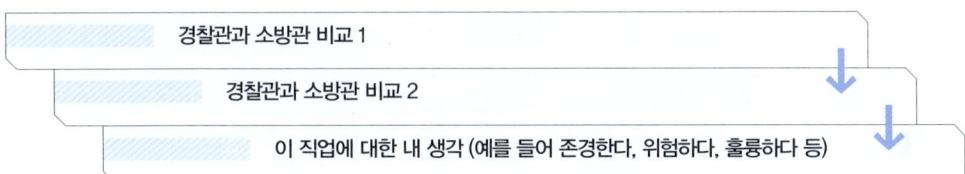

경찰관과 소방관 비교

It is meaningless to compare them because both occupations require risking their lives to save others.
둘 다 위험을 무릅쓰고 사람을 구하기 때문에 둘을 대조하는 것은 의미가 없다.

They are both dangerous occupations.
둘 다 위험한 직업이다.

Police officers have greater responsibilities than firefighters.
경찰관은 소방관보다 더 많은 책임을 가지고 있다.

I think police officers have more authority than firefighters.
경찰관이 더 많은 권위를 가지고 있다고 생각한다.

Compared to police officers, firefighters are underpaid.
경찰관보다 소방관들은 돈을 적게 받는다.

Police officers carry firearms, but firefighters do not.
경찰관들은 총기를 들고 다니지만, 소방관은 그렇지 않다.

I think police officers have more flexible schedules than firefighters.
경찰관이 소방관보다 스케줄이 더 자유롭다고 생각한다.

A It is difficult to compare the difference between police officers and firefighters because they have different requirements and responsibilities. Both occupations are dangerous, but it could be argued that firefighters are in danger more often than police officers. Firefighters risk their lives by going into burning buildings to save people's lives. However police officers also risk their lives by confronting dangerous criminals who try to harm or kill them. I think firefighters have more flexible schedules than police officers, as police officers often have to work overtime. I have a lot of respect for both of these occupations.

경찰관과 소방관의 요구 조건과 책임이 다르기 때문에 그들의 차이를 비교하는 것은 쉽지 않습니다. 두 직업 모두 위험하지만, 소방관이 경찰관보다 더 자주 위험하다고 말할 수 있습니다. 소방관은 생명을 구하기 위해 위험을 무릅쓰고 불이 난 건물에 들어갑니다. 그러나 경찰관은 위험을 무릅쓰고 그들을 죽이려고 하는 위험한 범죄자에 맞섭니다. 소방관은 경찰보다는 더 여유로운 일정이 있다고 생각합니다. 경찰은 가끔 야간근무를 해야 합니다. 두 직업 모두 존경을 받는 직업입니다.

29 날씨

출제 경향

1. 우리나라 계절 설명하기
2. 한국 사람들은 겨울과 여름에 무엇을 하는지 이야기하기
3. 오늘의 날씨 이야기하기
4. 기억에 남는 여름과 겨울 이야기하기
5. 예전 날씨와 지금 날씨의 차이점 이야기하기

날씨 관련 문제는 크게 오늘 날씨 설명, 한국의 계절 설명, 겨울과 여름에 하는 활동, 기억에 남는 여름과 겨울을 묘사, 예전 날씨와 지금 날씨의 차이점 이야기하기 등이 시험에 등장하고 있습니다. 날씨와 관련된 문제는 빈번하게 출제되는 문제이므로 여러분이 충분히 편안하게 이야기할 수 있을 정도로 준비해야 합니다. 특히 우리나라의 계절 설명 같은 경우 4계절로 나뉘며, 봄, 여름, 가을, 겨울마다 특색을 하나씩 부각시키면서 말해 보세요. 여름과 겨울의 활동으로는 여름에는 물과 관련된 활동이 많고, 겨울에는 눈과 관련된 활동을 떠올리면서 표현들을 알아봅니다.

 Q1 Can you describe the seasons in your country? What is the weather like in each season?

▶▶ 당신 나라의 계절을 묘사해 주시겠습니까? 계절마다 날씨가 어떤가요?

계절에 관한 소개는 여러분이 OPIc을 준비하기 전에도 한 번쯤 접해 볼 만한 문제일 것입니다. 우리나라의 사계절을 생각해 보세요. 다른 나라와 달리 뚜렷한 사계절이 있고 각 계절별로 묘사할 거리가 많습니다. 봄과 가을은 다소 기간이 짧지만 날씨가 온화해서 독서하기 좋은 날씨입니다. 여름에는 덥고 습하며, 비가 아주 많이 옵니다. 겨울은 몹시 춥고 자주 영하로 내려가곤 합니다. 마지막으로 사계절에 대한 내 느낌이나 내가 그중에 좋아하는 계절은 언제인지 이야기하면서 마무리합니다.

Brainstorm

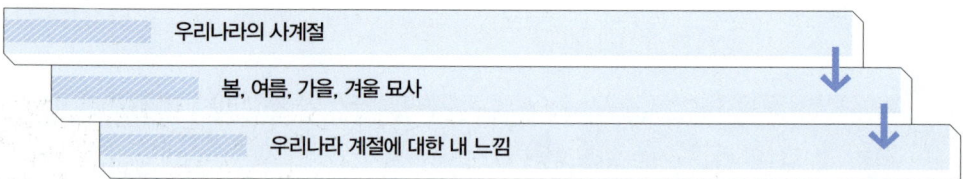

Possible story

우리나라는 봄 여름 가을 겨울의 뚜렷한 사계절이 있습니다. 봄은 3월부터 5월까지이고 보통 따뜻합니다. 때로 황사가 있어서 사람들은 마스크를 착용하고 실내에 머무릅니다. 여름은 보통 덥고 습합니다. 때로는 불편할 정도로 덥기도 합니다. 가을은 일 년 중 가장 좋은 계절이고 독서하기에 좋은 시기입니다. 그러나 기간이 다소 짧아 빨리 지나갑니다. 겨울은 너무 춥고 눈이 많이 옵니다. 추위 때문에 두꺼운 점퍼를 입고도 두둑히 껴입어야 합니다. 이 시기에 기온은 영하로 자주 내려갑니다. 제가 생각하기에 겨울은 일 년 중 가장 긴 시기인 것 같습니다. 그러나 전반적으로 저는 날씨 변화를 모두 경험하는 것이 좋습니다.

문장 ❶ 우리 나라는 봄 여름 가을 겨울의 뚜렷한 사계절이 (four distinct seasons) 있습니다.

문장 ❷ 봄은 3월부터 (begins in March) 5월까지이고 (ends in May) 보통 따뜻합니다.

문장 ❸ 때로 황사가 있어서 (dusty winds) 사람들은 마스크를 착용하고 (wear masks) 실내에 머무릅니다 (stay inside).

문장 ❹ 여름은 보통 덥고 습합니다 (humid).

문장 ❺ 때로는 불편할 정도로 (gets uncomfortably hot) 덥기도 합니다.

문장 ❻ 가을은 일 년 중 가장 좋은 계절이고 (the best season of the year) 독서하기에 좋은 시기입니다.

문장 ❼ 그러나 기간이 다소 짧아 (is relatively short) 빨리 지나갑니다 (passes quickly).

문장 ❽ 겨울은 너무 춥고 (bitterly cold) 눈이 많이 옵니다 (a lot of snow).

문장 ❾ 추위 때문에 두꺼운 점퍼를 입고도 (thicker jackets) 두둑히 껴입어야 합니다 (bundle up).

문장 ❿ 이 시기에 기온은 영하로 (below zero) 자주 내려갑니다.

문장 ⓫ 제가 생각하기에 겨울은 일 년 중 가장 긴 시기인 것 (the longest season of the year) 같습니다.

문장 ⓬ 그러나 전반적으로 저는 날씨 변화를 (seasonal changes) 모두 경험하는 것이 (experience) 좋습니다.

Sample

We have four distinct seasons in Korea, they are: spring, summer, fall and winter. Spring begins in March and ends in May, and is typically quite warm. Sometimes there are dusty winds, so people wear masks to protect their faces and generally stay inside. Summer is usually hot and humid. Sometimes, the temperature gets uncomfortably hot during the summer. Fall is the best season of the year and the perfect time to read books. However, fall is relatively short and passes quickly. In winter, it gets bitterly cold and we get a lot of snow. Because of the cold, we need to wear warm clothes and bundle up. The temperature often drops below zero during the winter. I think winter is the longest season of the year. Overall though, I enjoy experiencing the seasonal changes in Korea.

Expression

'뚜렷한 계절'을 이야기할 때는 **distinct seasons**로 표현합니다.

'황사'는 **dusty winds** 또는 **yellow dust**라고도 표현합니다.

'기온이 불편할 정도로 높다'는 **temperature gets uncomfortably hot**이라고 표현합니다.

'영하'라는 표현은 **below zero**라고 말하고 '영하 10도'일 경우 **10 degrees below zero**라고 표현합니다. '기온이 영하로 떨어지다'는 **The temperature drops below zero.**라고 말하면 됩니다.

'계절의 변화'는 **seasonal change**라고 합니다.

우리나라 사계절 설명

We have 4 distinct seasons in Korea.
우리나라에는 뚜렷한 사계절이 있다.

Spring and autumn are rather short, but winter is long.
봄과 가을은 짧은 편이나 겨울은 길다.

봄 (spring)

Spring is warm and sunny.
날씨가 따뜻하고 맑다.

Spring runs from March to May.
봄은 3월부터 5월까지이다.

Spring and autumn are pleasant but too short.
봄과 가을은 날씨가 좋지만 기간이 너무 짧다.

There is yellow dust in the air.
황사 현상이 있다.

Flowers are in full bloom in spring.
봄에는 꽃들이 활짝 핀다.

Everyone is enjoying the lovely weather.
모든 사람들이 좋은 날씨를 즐긴다.

여름 (summer)

It is hot and humid in the summer.
여름에는 덥고 습하다.

Summer is a rainy season.
여름은 비가 많이 오는 계절이다.

The rain is pouring down.
비가 퍼붓는다.

There are a lot of clouds in the sky.
구름이 많이 끼었다.

It rains a lot in summer.
여름에 비가 많이 온다.

It is sweltering.
푹푹 찌는 날씨이다.

가을 (fall/ autumn)

It's windy.
바람이 많이 분다.

It's foggy.
안개가 많이 낀다.

It is a bit chilly.
조금 쌀쌀하다.

It is a beautiful time of the year.
일 년 중 아름다운 시기이다.

I go for hikes with my friends.
친구들과 하이킹을 하러 간다.

The leaves change color into yellows and reds in fall.
가을에 잎들은 노랗고 붉은 단풍으로 변한다.

겨울 (winter)

It is cold[chilly].
날씨가 춥다.

It is bitter cold.
혹독하게 춥다.

It is freezing during winter.
겨울엔 몹시 춥다.

We have heavy snowfall in some regions.
몇몇 지역에는 많은 눈이 온다.

The temperature is below zero.
온도가 영하로 떨어진다.

We have lots of snow.
눈이 많이 온다.

  What do Korean people do in summer and winter? What do you think the most popular activities are in those seasons?

▶▶ 여름과 겨울에 한국 사람들은 어떤 종류의 활동을 하나요? 이 계절에 가장 인기 있는 활동이 무엇이라고 생각하나요?

계절별로 할 수 있는 활동으로 크게 여름에는 수영을 하거나 놀이동산, 바다, 산에 놀러 가기도 하고, 겨울에는 온천욕, 스키, 낚시 등 많은 활동을 합니다. 이런 경우 날씨와 함께 어떤 활동을 주로 하는지 같이 한 문장으로 이야기해 보는 것이 좋습니다. 우선 첫 문장에서는 많은 활동에 대해 일반적인 문장으로 이야기해 보세요. 그다음 구체적으로 여름과 겨울에 하는 활동이 각각 무엇인지 구별해서 이야기하면 좋은 답변이 될 수 있습니다.

Brainstorm

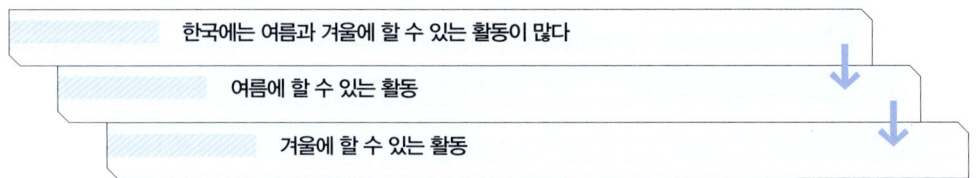

여름

I love to go swimming when it is hot.
나는 더울 때 수영하는 것을 좋아한다.

In summer, I visit the amusement park to ride roller coasters.
여름에 나는 롤러코스터를 타러 놀이동산에 간다.

I go to the beach to swim and get a tan.
나는 수영하고 선탠을 하려고 해변에 간다.

My friends and I go on picnics in summer.
친구들과 나는 여름에 소풍을 간다.

I go camping in the mountains.
나는 산으로 캠핑을 간다.

I ride on a bike path that goes to Ilsan.
나는 일산으로 나 있는 자전거 도로에서 자전거를 탄다.

겨울

Some children make a snowman.
아이들 몇 명이 눈사람을 만든다.

People look forward to the first snow of the year.
사람들은 일 년 중 첫눈이 오기를 고대한다.

I enjoy snow sledding.
나는 썰매 타기를 즐긴다.

I go to an ice rink to skate.
나는 스케이트를 타러 아이스링크에 간다.

I go snowboarding at the ski resort.
나는 스키장에 스노보드를 타러 간다.

I often visit the hot springs.
나는 자주 온천에 간다.

I like to go fishing on the lake.
나는 호수에 낚시하러 가는 것을 좋아한다.

A I look forward to both summer and winter holidays for different reasons. Firstly, in summer vacation time I go to the beach and get a tan. There is nothing better than lying on the beach in the summer sun, listening to the sounds of the ocean. It's also great weather for my friends and me to go on picnics. We sit in parks and enjoy the outdoors all throughout summer. In winter vacation time, I go snowboarding at the ski resort. It's great relaxation to be outside, and afterwards we can eat hot pancakes to warm up. It's a great activity to do with friends or family. I enjoy both winter and summer activities as they are great opportunities to unwind.

나는 다른 이유로 인해 여름휴가와 겨울휴가를 모두 고대합니다. 첫째 여름 방학에 나는 해변에 가서 선탠을 합니다. 여름 태양 아래에서 바닷소리를 들으며 누워 있는 것보다 좋은 것은 없습니다. 또한, 친구와 소풍 가는 것도 좋습니다. 우리는 공원에 앉아서 여름 내내 밖에서 날씨를 즐기기도 합니다. 겨울 방학에 나는 스키장에 스노보드를 타러 갑니다. 밖에 있으면 긴장이 완화됩니다. 그 후 따뜻한 기운을 위해 팬케이크를 먹을 수도 있습니다. 친구들 혹은 가족들과 하는 좋은 활동이기도 합니다. 여름과 겨울 활동 모두가 좋은 이유는 전부 스트레스를 풀 기회이기 때문입니다.

Q3 Tell me what the weather is like today.

▶▶ 오늘 날씨가 어떤지 말해 주세요.

오늘 날씨를 이야기하는 것은 여러분들이 많이 연습해 보았을 것입니다. 꾸준히 등장하는 빈출 주제이므로 본인 소개를 하듯 자연스럽게 나올 수 있도록 준비해야 합니다. 학생들이 이 문제에 답하다 보면 2~3문장 정도에서 마치는 경우가 많은데 날씨뿐만 아니라 옷은 무엇을 입어야 하는지, 어떠한 활동을 하는지를 같이 이야기하는 것이 좋습니다.

Brainstorm

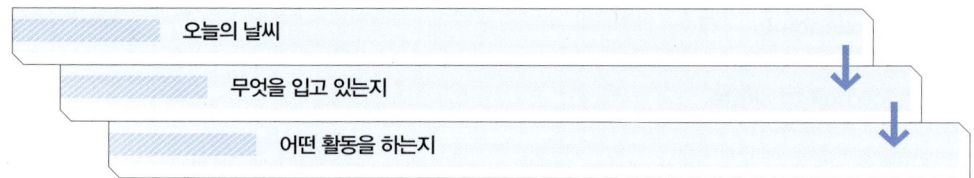

입고 있는 옷

I like to wear casual clothes because they are comfortable and good for outdoor activities.
나는 캐주얼한 복장을 좋아하는데 편하고 실외활동에 좋기 때문이다.

I dress warmly since it is bitterly cold outside.
밖이 너무 추워서 따뜻하게 옷을 입는다.

I wear a suit today because I have to attend a business meeting.
오늘 회의에 참석해야 했기 때문에 나는 오늘 정장을 입는다.

When it is extremely cold, I like to bundle up and stay warm.
날씨가 정말 추울 때, 나는 두둑히 입고 따뜻하게 하는 것을 좋아한다.

I usually wear shorts.
나는 반바지를 입는다.

I wear casual clothes with a hat on.
나는 모자를 쓰고 캐주얼한 옷을 입는다.

🎧 **A**

Today, it is extremely cold and windy. The weather forecast says that it is 10 degree below zero in Seoul. That's why I wear warm clothes and bundle up. Last week, it was unseasonably warm for winter, so we went on a picnic. However, we are expecting heavy snow this weekend, so I think I'll stay home and plan indoor activities. In this cold weather, I don't like to be outside much, so I like to get a good book and find a nice warm café. I can sit for hours inside a café drinking coffee and reading to escape the cold weather. When the weather gets warmer again next week, I will probably go somewhere to play outdoors. I cannot wait until spring comes.

오늘 날씨는 몹시 춥고 바람이 강합니다. 일기 예보에 따르면 서울이 영하 10도라고 합니다. 이런 이유로 나는 따뜻한 옷을 입고 추운 날씨를 대비해 옷을 껴입습니다. 지난주엔 계절에 맞지 않게 따뜻해서 소풍을 갔습니다. 그러나 이번 주말에 많은 눈이 올 예정이라 아마 집에서 실내에서 활동할 것 같습니다. 이렇게 추운 날에 나는 밖에 나가지 않고 책을 한 권 가지고 따뜻한 카페에 가는 것을 좋아합니다. 나는 커피를 마시고 독서를 하며 몇 시간 동안 실내에 앉아 추운 날씨를 피하기도 합니다. 다음 주 날씨가 따뜻해지면, 밖에 나가서 활동할 것입니다. 나는 봄이 오기를 학수고대하고 있습니다.

쉽게 끝내는
실전

롤플레이

UNIT 30 롤플레이 직접 질문하기
UNIT 31 롤플레이 상황을 주고 질문하기
UNIT 32 롤플레이 대안 이야기하기

30 롤플레이 직접 질문하기

롤플레이 문제는 OPIc시험에 전반 또는 후반부에 꼭 나오는 문제로 크게 직접 질문하기, 상황을 주고 질문하기, 전화로 질문하기, 대안 이야기하기 등의 질문이 등장합니다. 롤플레이 문제는 따로 2~4문제 이상 일반 문제와 같이 혼합되어 나올 때도 있습니다. 이 과에서 다루는 직접 질문하기에 관한 내용은 아래 나온 예문과 같이 '내 취미는 독서입니다. 나에게 내 취미에 대해 3가지 이상을 물어보세요.'라고 나오게 됩니다. 특히 이러한 문제들은 여러분이 시험 초반에 하는 설문 조사와 관련해서 나오는 경우가 많으므로 설문지에서 선택한 사항에 대해 미리 연습을 해두어 자연스럽게 질문할 수 있도록 해야겠습니다. 특히 롤플레이 문제가 익숙하지 않은 분은 여러 가지 의문사 what, where, how, why, who, which, how often, how long 등을 사용하여 다양한 질문을 시도해 보는 것이 필요합니다.

 Q My hobby is reading books. Ask me three or more questions about my reading hobby.

▶▶ 내 취미는 독서입니다. 내 취미에 대한 질문을 적어도 세 개 이상 해 보세요.

Possible Questions

❶ **What kinds of books do you like to read?**
어떤 종류의 책을 읽기를 좋아하니?

❷ **How often do you read?**
독서를 얼마나 자주 하니?

❸ **Could you recommend a good book for me to read?**
읽을 만한 좋은 책을 추천해 줄 수 있니?

❹ **How many books do you read in a month?**
한 달에 책을 몇 권 정도 읽니?

A I've heard that you enjoy reading books. I want to ask you some questions about reading if you do not mind. What kinds of books do you like to read? How often do you read? How many books do you read in a month? I also like to read books, but it is hard to find time to read these days. Could you recommend a good book for me to read? I am particularly interested in books related to my major, economics.

독서를 좋아한다고 들었습니다. 괜찮다면 몇 가지 질문을 하고 싶습니다. 어떤 종류의 책을 읽기 좋아하나요? 얼마나 자주 책을 읽나요? 한 달에 몇 권의 책을 읽나요? 저 역시 독서를 좋아하지만 요즘 독서할 시간이 없습니다. 읽을 만한 책을 추천해 주시겠어요? 저는 특히 전공인 경제학에 관한 책에 관심이 많습니다.

여행 관련

Q1 I enjoy watching movies, too. Can you ask me three or four questions about any movies that I recently watched?

▶▶ 나도 영화 보는 것을 좋아합니다. 최근 본 영화에 대해 서너 가지 질문을 해 보시겠습니까?

Possible Questions

❶ **What kind of movie did you watch?**
어떤 종류의 영화를 보았나요?

❷ **What was the title of the movie?**
영화 제목은 무엇이었나요?

❸ **How long was the movie in theaters?**
영화 상영 시간이 어떻게 되었나요?

❹ **Who starred in the movie?**
영화에서 누가 연기했나요?

❺ **How did you feel about the movie?**
영화에 대해 어떻게 느꼈나요?

❻ **Did you like it or not? If not, what were your reasons?**
그 영화가 좋았나요 아니면 좋지 않았나요? 어떤 이유로 좋지 않았나요?

A I recently went to the movies, but there weren't any good films out. Are there any good movies that you have seen lately? I really enjoy going to the cinema, but sometimes there aren't any films worth watching. What kind of movie did you watch? My favorite kind of movie is action movies, because they are so exciting and great entertainment. How did you feel about the movie? I find that I often have a very different opinion about movies than most people. Usually when I see a movie that I really don't like, I find out later that everyone else thought it was fantastic. Even though there aren't many good films out at the cinema now, I'm sure there will be better movies soon.

최근 영화를 보러 갔는데 별로 좋은 영화가 없었습니다. 최근에 본 괜찮은 영화가 있나요? 개인적으로 극장에 가는 것을 좋아하는데 가끔은 볼 만한 영화가 없습니다. 어떤 종류의 영화를 보았나요? 내가 좋아하는 영화 장르는 액션 영화인데 그 이유는 아주 흥미진진하고 재미있기 때문입니다. 당신이 본 영화는 어땠나요? 나는 영화를 보면 그 영화에 대해 대부분의 사람들과는 조금 다른 견해를 가지는 편입니다. 내가 좋아하지 않는 영화를 보면 다른 모든 사람들은 좋은 영화라고 말합니다. 지금은 극장에서 별로 볼만한 영화를 상영하고 있지 않지만, 곧 좋은 영화가 나오겠죠.

스포츠

Q2 I also like to play soccer. Ask me three or four questions about soccer.

▶▶ 나도 축구하는 것을 좋아합니다. 축구에 대해 서너 가지 질문해 보세요.

Possible Questions

❶ How long have you been playing soccer?
당신은 얼마나 오랫동안 축구를 해왔습니까?

❷ Who taught you how to play soccer?
누가 축구하는 방법을 가르쳐주었나요?

❸ Where do you play and who do you play with?
당신은 어디서, 누구와 축구를 하나요?

❹ Do you belong to a soccer club?
당신은 축구부의 일원입니까?

❺ Which team did you play for and who were some of your opponents?
당신은 어떤 팀에서 경기했으며 상대팀은 누구였나요?

I have been playing soccer with the same team for five years now. How long have you been playing soccer? I started to play when I was just a little kid, but I wasn't very good. It was just a fun game to play with my friends at school. Who taught you how to play soccer? I had a coach for our school team, but actually it was my best friend who always taught me the best tricks. I learned how to be a much better player from him. Which team did you play with and who were some of your opponents? Even though our team has many rivals, we are just a social team and play only for fun. I think soccer is a great game to release stress with your friends, and it is great exercise, too.

나는 같은 팀에서 5년 동안 축구를 해왔습니다. 당신은 얼마나 오랫동안 축구를 했나요? 나는 어렸을 때 축구를 시작했는데 그때는 잘하지 못했습니다. 학교에서 친구들과 재미로 경기할 수 있는 정도였습니다. 당신은 누구한테 축구를 배웠나요? 나는 학교에 코치가 있었지만 실제로 친한 친구가 발기술을 가르쳐 주었습니다. 그 친구로부터 축구를 어떻게 잘할 수 있는지 배웠어요. 당신은 어떤 팀과 경기를 했나요? 그리고 상대 팀은 누구였나요? 우리 팀은 많은 라이벌이 있었지만 우리는 그저 재미로 축구를 했어요. 축구는 친구들과 스트레스를 풀기에 좋고, 훌륭한 운동인 것 같습니다.

Q3 여행

Your friend just returned from traveling to America. Ask him/her three or more questions about the places he/ she visited.

▶▶ 친구가 미국 여행에서 막 돌아왔습니다. 친구가 여행했던 장소에 대한 질문을 세 가지 이상 해 보세요.

Possible Questions)

❶ **What were some of the places that you visited in America?**
미국의 어떤 곳을 가봤니?

❷ **Did you travel alone or with someone?**
혼자 여행을 갔니 아니면 다른 사람과 같이 갔니?

❸ **When did you visit and how long did you stay there?**
언제 갔으며 얼마 동안 머물렀니?

❹ **Do you have any memorable travel experiences that you wish to share?**
여행하는 동안 기억에 남을 만한 경험이 있었니?

❺ **Out of all the places you visited in America, which was your favorite?**
미국에서 방문했던 곳 중 가장 좋았던 곳은 어디였니?

❻ **What kind of activities did you do while you were there?**
거기에 있는 동안 어떤 활동을 했니?

I heard that you had a great time on your trip to the United States. What were some of the places you visited in America? I have been there once before, but only visited several places. I especially enjoyed San Francisco and seeing the Golden Gate Bridge. Did you travel alone or with someone? Traveling alone can be really relaxing, but sometimes it gets lonely. It's great to be able to share new experiences with someone else. What kind of activities did you do while you were there? I think America is a great place to visit because there are so many different places to see and things to do.

당신이 미국 여행에서 좋은 시간을 보냈다고 들었습니다. 미국의 어떤 곳을 방문했나요? 나는 미국에 한번가 본 적은 있지만 몇 군데만 가봤습니다. 특히 샌프란시스코와 금문교가 정말 좋았습니다. 당신은 혼자 여행 했나요 아니면 다른 사람과 같이 했나요? 혼자 여행하는 것은 정말 편하긴 하지만 때때로 외롭습니다. 다른 사람과 여행하면서 새로운 경험을 나누는 것도 좋은 것 같습니다. 거기서 머무는 동안 어떤 활동을 했나요? 미국은 볼 것도 많고 할 것도 많아 여행하기 좋은 곳인 것 같습니다.

Q4 악기

I also play the violin, too. Ask me three or four questions about playing the violin.

▶▶ 나도 바이올린 연주하는 것을 좋아합니다. 바이올린 연주에 대한 서너 가지 질문해 보세요.

Possible Questions

❶ **How long have you been playing the violin?**
당신은 얼마나 오랫동안 연주했습니까?

❷ **Have you ever taken lessons?**
당신은 개인지도를 받았습니까?

❸ **How often do you play your violin?**
당신은 얼마나 자주 바이올린을 연주하나요?

❹ **Why do you like to play the violin?**
당신은 왜 바이올린 연주를 좋아하나요?

❺ **Do you have any favorite pieces that you enjoy playing?**
당신은 바이올린으로 연주하는 특별한 곡이 있나요?

A Playing the violin has been one of my passions since I was very little. How long have you been playing the violin? My sister and I took lessons together since we were four years old, and even though she quit, I still keep playing. Why do you like playing the violin? I like to play when I'm feeling sad or upset about something in my life. As soon as I pick up the violin and start playing, I feel much better. Do you have any favorite pieces that you like playing? I don't think I would be able to choose a favorite piece, but I really enjoy playing anything by Mozart.

나는 어릴 때부터 바이올린 연주를 정말 좋아했습니다. 당신은 얼마나 오랫동안 바이올린 연주를 했나요? 나는 4살 때부터 여동생과 같이 바이올린 수업을 받았는데 내 동생은 그만두었지만 나는 지금도 연주를 합니다. 당신은 왜 바이올린을 켜는 것을 좋아하나요? 나는 기분이 좋지 않거나 화가 나는 일이 있으면 바이올린을 연주합니다. 바이올린을 들고 연주를 시작하면 기분이 훨씬 좋아집니다. 연주하기를 좋아하는 곡이 있나요? 좋아하는 곡 하나를 고르기는 어렵지만, 모차르트 곡은 어떤 곡이든 연주하기를 정말 좋아합니다.

Q5 쇼핑

I also like going shopping. Ask me three or four questions about the shopping.

▶▶ 나도 쇼핑하는 것을 좋아합니다. 내게 쇼핑에 대해 서너 가지 질문을 해 보세요.

Possible Questions

❶ **What type of items do you usually buy?**
당신은 어떤 종류의 물건을 주로 사나요?

❷ **Where do you go shopping and who usually goes with you?**
당신은 어디로 누구와 쇼핑을 가나요?

❸ **Could you tell me about your most recent purchase?**
당신이 최근에 산 물건에 대해 말해 주실래요?

❹ **Do you like to shop online?**
당신은 온라인에서 쇼핑하는 것을 좋아하나요?

❺ **Do you haggle over the price when you shop?**
당신은 쇼핑을 할 때 가격 흥정을 하나요?

A Shopping is definitely one of my favorite hobbies. Where do you go shopping and who usually goes with you? I really enjoy shopping in open-air markets. If I have time on the weekends, my friends and I eat lunch and then go shopping in the university districts. Do you haggle over the price when you shop? I know that lots of people do this, but I find it too embarrassing. I usually just take the first price that gets offered to me. Do you like to shop online? I've heard that things can be cheaper there, but I'm just not sure if it is safe. I worry that if I buy something online, it won't be the same in real life as it is in the picture.

쇼핑은 내가 정말 좋아하는 취미 중 하나입니다. 어디로 쇼핑을 가나요? 그리고 누구와 같이 쇼핑하러 가나요? 난 시장에 가는 것이 정말 좋습니다. 주말에 시간이 나면 친구와 같이 점심을 먹고 대학교 근처로 쇼핑을 갑니다. 당신은 쇼핑을 할 때 가격을 흥정하나요? 많은 사람이 그렇게 하지만 너무 당황할 것 같습니다. 나는 처음 부르는 가격에 물건을 사는 편입니다. 당신은 인터넷 쇼핑을 좋아하나요? 인터넷에서 사면 물건 가격이 더 싸다고 들었는데 안전한지는 모르겠습니다. 인터넷에서 물건을 사면 사진에서 보는 것과 똑같지 않을 것 같아 걱정됩니다.

31 롤플레이 상황을 주고 질문하기

롤플레이 주제

1. 직장
2. 쇼핑 또는 제품
3. 취미
4. 학교
5. 기타 주제

시험 문제에서 Here is a situation for you to act out.이라는 문장이 처음에 등장하면 롤플레이 문제를 떠올리면 됩니다. 이 문제에서는 특정 상황을 주고 질문하는 유형으로, OPIc 설문에서 선택한 주제와 관련해 나오는 경우도 많지만 그렇지 않은 경우도 시험에서 자주 등장합니다. 여기서는 주어진 주제마다 어떤 표현들을 사용하는지, 전화를 걸고 질문을 할 경우는 어떤 형식에 맞춰서 이야기하는지 등 구조적인 부분도 신경을 써야 합니다. 상황을 듣고 우선 차근차근 브레인스토밍을 해봅니다. 그다음 자연스럽게 구조에 맞춰서 질문을 만들어 나가는 것이 중요합니다. 단 질문을 할 때, 질문을 단순하게 열거만 하는 것이 아니라 연관성이 있는 문장을 적절하게 넣어가며 답변을 만듭니다.

⇒ 자신이 누구인지, 신분이 어떻게 되는지 등에 대해 간단한 인사를 해보세요.
⇒ 두 번째, 상황에 대한 질문을 하는 문제이므로 질문에 나온 상황을 여러분의 말로 이야기해 보세요.
⇒ 질문을 세 가지 이상 해보세요. 하나의 의문사보다는 여러 가지 의문사를 구사하면서 주제와 벗어나지 않는 내용을 이야기합니다.
⇒ 마지막으로 간단히 끝맺는 인사로 마무리합니다. 예를 들어, I will see you later, See you soon, thanks a lot, Please call me back 등의 표현으로 마무리할 수 있습니다.

말하기 순서 template

❶ 인사
❷ 상황 설명
❸ 질문하기
❹ 끝맺기

전화할 때 이렇게 얘기하세요

전화에서 하는 인사는 처음에 이름과 부서, 직책, 또는 신분을 같이 이야기하는 방법이 있습니다. 특히 상점에 전화하는 경우, 언제, 어떤 물건을 구입했다는 내용으로 답변을 시작할 수도 있습니다. 또는 전화 목적을 곧바로 이야기하는 방법도 있습니다. 이 때 '~에 대해서'라는 표현을 쓸 때 calling about, regarding, in regard to, in reference to 등으로 표현합니다. 마지막으로 전화 받는 곳을 직접 확인하며 대답하는 방법이 있습니다.

❶ **Hi, this is Jennifer from the accounting department.** 이름과 부서
   안녕하세요. 회계부의 제니퍼입니다.

❷ **Hi, I purchased a book at your store a few minutes ago.** 물건을 샀다는 내용을 상기
   안녕하세요. 몇 분 전에 책을 샀는데요.

❸ **Hello, I am calling about renting a car.** 전화를 건 목적
   안녕하세요. 차 렌트에 관해서 전화 드려요.

❹ **Hello, is this the HK restaurant at 385 Lane Avenue?** 전화받는 곳 확인
   안녕하세요. 거기가 385 lane에 있는 HK 식당 맞나요?

전화를 끊기 전에 이렇게 얘기하세요.

❶ **You can reach me at 555-1212 if you have any questions.**
   질문이 있으면 555-1212로 전화해 주세요.

❷ **Please get back to me as soon as you can.**
   되도록 빨리 나한테 연락해 주세요.

❸ **Please feel free to share your ideas with me.**
   여러분의 생각을 알려 주세요.

❹ **Please leave me a message if you don't get me on the phone.**
   전화를 받지 못하면 용건을 남겨 주세요.

❺ **I will wait for your call.**
   전화를 기다릴게요.

Q **This is a situation for you to act out. You want to use a computer at the school library for the first time. Ask the librarian three questions regarding computer use policy in the library.**

▶▶ 당신이 역할 연기를 할 상황입니다. 당신은 학교 도서관에서 컴퓨터를 처음으로 사용하고 싶습니다. 도서관 사서에게 컴퓨터 사용 방침에 대해 세 가지 질문을 해 보세요.

Possible Questions

❶ **I am in a science major and I want to find references for my project. How can I access the science databases?**
과학을 전공하고 있고 프로젝트를 위해 참고문헌을 찾고 있습니다. 어떻게 과학 데이터베이스에 접속할 수 있나요?

❷ **Do I need a school ID to use a computer?**
컴퓨터를 사용하려면 학생증이 필요한가요?

❸ **I want to print out an article. Is printing free for students? If not, how much do you charge per page?**
기사를 인쇄하고 싶습니다. 학생들에게 인쇄가 무료인가요 아니면 한 페이지당 얼마인가요?

A Hi, I am a science major and this is my first time I've come to the library to use a computer. So, I have some questions since I am not familiar with your policies. I want to find articles for my project, so how do I access the library databases? Do I also need a school ID to use a computer? I forgot to bring my student ID today, so is there any way I can use your computer or do I have to come back tomorrow with my ID? Finally, I would like to print out some articles. Is printing free for students? If not, how much do you charge per page?

안녕하세요. 저는 과학을 전공하고 있으며 컴퓨터를 사용하려고 처음으로 도서관에 왔습니다. 저는 도서관 방침에 대해 잘 몰라서 질문이 있습니다. 제 프로젝트를 위한 기사를 찾고 싶은데요, 도서관 데이터베이스에 어떻게 접속하나요? 컴퓨터를 사용하려면 학교 ID가 필요한가요? 오늘 학생증을 가져오는 것을 깜박했는데요, 컴퓨터를 사용할 수 있는 다른 방법이 있을까요 아니면 내일 학생증을 가지고 와야 하나요? 마지막으로, 기사를 몇 개 인쇄하고 싶은데요, 학생이면 무료로 인쇄할 수 있나요? 아니면, 한 페이지당 얼마인가요?

직장 관련 질문

Q1 This is a situation for you to act out. You are given a project that needs to be done immediately for the company. Ask your supervisor for details about the project you need to complete.

▶▶ 당신이 역할 연기를 하는 상황이 있습니다. 당신은 회사에서 급하게 끝내야 할 프로젝트를 맡았습니다. 상사에게 여러분이 끝내야 할 프로젝트에 대해 상세하게 물어 보세요.

Possible Questions

❶ **I need to know the deadline.**
저는 마감일을 알고 싶습니다.

❷ **I am swamped with work, so would it be possible to have someone help me?**
제가 할 일이 너무 많은데요, 다른 사람이 같이 도와줄 수 있나요?

❸ **Could you provide me with any useful resources that I can reference?**
제가 참고할 수 있는 유용한 자료를 좀 소개해 주시겠습니까??

A I am ready to complete the task, but there are a few details I'd like to check on. First of all, could you provide me with some useful resources that I can refer to? I have a starting point for the research, but it would be great if I could get some extra sources. I also need to know the deadline. If it is a large project, I may need extra time. However if it is a relatively small task, I'm sure I could manage it in a short period of time. In case I am swamped with work, would it be possible if someone could help me? I'm sure we could complete the task more efficiently if there were more hands.

저는 일할 준비가 다 되었는데 몇 가지 확인할 것이 있습니다. 먼저 볼만한 유용한 자료를 좀 소개해 주시겠습니까? 리서치를 어디서부터 시작할지는 알겠는데 자료가 더 있으면 좋을 것 같습니다. 또한 마감일이 언제인지 알고 싶습니다. 큰 프로젝트이면 시간이 더 필요할 것 같습니다. 만약 비교적 작은 일이면, 빨리 끝낼 수 있다고 확신합니다. 저는 일이 너무 많은데 다른 사람에게 도움을 요청할 수 있습니까? 몇 명이 더 도와주면 효율적으로 일을 끝낼 수 있을 것 같습니다.

Q2 Here is a situation for you to act out. You are scheduled to take a flight at 2:00, but the flight is delayed. Ask 3~4 questions to someone working at the airport about the situation.

▶▶ 역할 연기를 할 상황이 있습니다. 2시에 비행기를 타기로 되어 있는데 비행기가 지연되었습니다. 공항에 일하는 사람에게 이 상황에 대해 물어보세요.

Possible Questions

❶ **Do you know why the flight is delayed?**
당신은 왜 비행기가 지연되었는지 아나요?

❷ **I want to know when the next flight is exactly.**
다음 비행기가 정확히 언제인지 알고 싶습니다.

❸ **I have an emergency at my company, so I need to leave right now; are there any other flights I can take?**
회사에 급한 일이 있어서 지금 당장 출발해야 하는데 다른 비행기가 있나요?

A I really can't afford to be late for this meeting. Do you know why the plane is delayed? If it's due to bad weather then perhaps it could be delayed further. If that's the case I may need to contact my colleagues to inform them of the situation. I want to know when the next flight is exactly. That way I can organize my schedule. It is very important that I reach my destination as soon as possible, so are there any other flights I can take? I don't mind if I have to make a connecting flight, but if there is anything that will arrive sooner it would be best if I take it.

회의에 늦으면 정말 안됩니다. 왜 비행기가 지연되었나요? 날씨가 나빠서 그런 거라면 좀 더 연기될 수도 있겠네요. 그러면 동료에게 연락해서 상황을 이야기해야 할 것 같습니다. 다음 비행기가 정확히 언제인지 알고 싶어요. 그렇게 해야 내 일정을 잡을 수 있겠어요. 제가 가능한 한 일찍 목적지에 도착하는 것이 중요합니다. 타고 갈 다른 비행기는 없나요? 갈아타도 상관없으니 더 일찍 도착하는 비행기가 있으면 타야 할 것 같아요.

Q3 Here is a situation for you to act out. You are scheduled to work with your coworker tomorrow. Call your coworkers and ask 3~4 questions to about the project.

▶▶ 역할 연기를 할 상황입니다. 당신은 내일 직장 동료와 함께 내일 일하기로 되어 있습니다. 직장 동료에게 전화해 프로젝트에 대해 서너 가지 질문을 해보세요.

Possible Questions

❶ **Do you have any details about the project we are working on?**
당신은 우리가 같이 일하게 된 프로젝트의 세부 내용을 아시나요?

❷ **Are there any other people involved with this project or are we the only ones working on it?**
다른 사람들도 이 프로젝트에 참가하나요 아니면 우리만 하나요?

❸ **How should we split up the project?**
일을 어떻게 나눌까요?

❹ **Do you have any idea who is in charge?**
누가 책임자인지 알고 있나요?

A I'm calling regarding the project we are working on together. Do you have any details about the project we're working on? I've heard bits and pieces, but I'm still not sure what we are required to do. Are there any other people involved with this project or are we the only ones working on it? It would be great if we had some extra help, as I think this will take quite a bit of time. Do you have any idea who is in charge? If there is nobody assigned, I can volunteer to be the leader. I have worked on a project similar to this in the past, so I have some experience with the material. If you could please send me an email with all the information you have, and we will schedule another meeting soon.

같이 작업할 프로젝트건으로 연락드립니다. 프로젝트의 세부 사항에 대해 알고 있나요? 조금은 들었지만 뭘 해야 하는지 확실하지 않습니다. 다른 사람들도 이 프로젝트에 관련이 있나요 아니면 우리만 프로젝트를 하는 건가요? 시간이 오래 걸리는 일이라면 외부의 도움을 조금 받으면 좋겠습니다. 책임자가 누구인지 아시나요? 정해지지 않았으면 내가 책임자로 자원할 수 있습니다. 예전에 비슷한 프로젝트를 한 경험이 있어서 이런 내용에 익숙합니다. 이메일로 가지고 있는 정보를 좀 보내 주시면 조만간 회의 일정을 따로 정해보겠습니다.

쇼핑 & 제품 관련

Q4 I'd like to give you a situation and ask you to act it out. There are sales going on at a department store. Ask a clerk at least three questions about the sales.

▶▶ 주어진 상황의 역할 연기를 해 보세요. 백화점에서 세일을 합니다. 점원에게 세일에 대해 적어도 세 가지 이상의 질문을 해 보세요.

Possible Questions

❶ **How long are the sales running for and when do they end?**
세일 기간이 어떻게 되고 언제 끝나요?

❷ **Do you have any clearance items?**
정리 세일 물건이 있나요?

❸ **What is the mark down for this particular sales item?**
이 세일 품목은 몇 퍼센트 할인이 되나요?

❹ **Is it possible to return this item if I have the receipt?**
영수증이 있으면 상품을 반품할 수 있나요?

❺ **What is your refund policy?**
환불 정책이 어떻게 되나요?

❻ **Do you have this shirt in any other colors?**
다른 색깔 셔츠가 있나요?

A I've been waiting for a sale like this all year. How long are the sales running for and when do they end? I hope it goes for a long time, as there are a lot of things I might be interested in buying. What is the mark down for this particular item? I saw it for sale in another store and I think the price was much cheaper than this. Is it possible to return this item if I have the receipt? I'm actually shopping for my mother's birthday, but I'm not sure of her size. If it's not going to fit her, would it be great if I could return it. Also, do you have any clearance items? If you do, I have to pick up something for myself as well.

올해 내내 이런 세일이 오기를 기다렸습니다. 세일 기간이 어떻게 되나요? 그리고 언제 끝나요? 사고 싶은 것이 많아 오랫동안 세일을 했으면 합니다. 이 물건은 얼마나 할인이 되나요? 다른 가게에서 이 물건을 세일한다고 봤었는데 그곳 가격이 훨씬 더 싼 것 같습니다. 영수증이 있으면 반품할 수 있나요? 사실 엄마 생신 때문에 물건을 사러 왔는데 사이즈가 맞을지 모르겠습니다. 사이즈가 맞지 않으면 다시 가지고 와도 되겠습니까? 그리고 정리 세일 물건이 있나요? 그럼 내 것도 사야겠습니다.

Here is a situation for you to act out. You want to purchase a new cell phone. Call the store and ask a clerk 3~4 questions about the item you would like to purchase.

▶▶ 당신이 역할 연기를 할 상황입니다. 당신은 새 휴대전화를 사고 싶어합니다. 가게에 전화해서 점원에게 사고 싶은 상품에 대해 서너 가지 질문을 해 보세요.

Possible Questions

① **If the cell phone is defective, can I exchange for another one at no additional cost?**
휴대전화가 불량품이면 추가 비용 없이 다른 상품으로 교환할 수 있나요?

② **What kind of features and functions does this phone have?**
이 전화기의 특징과 기능이 어떻게 되나요?

③ **Which phone would you recommend?**
어떤 전화기를 추천해 주시겠어요?

④ **What is the price range for these new phones?**
새 휴대전화의 가격대가 어떻게 되나요?

⑤ **Are there any free phones available with a two-year plan?**
2년 약정의 무료 전화기가 있나요?

I'm calling in regards to the new Galaxy S smart phone. What kind of functions and features does this phone have? I've heard excellent views, but I'm not sure if it is better than other smart phone models on the market right now. Which phone would you recommend? I know the iPhone has lots of applications, but I'm not sure if I would actually use them or not. Are there any new phones available with a 2 year plan? I'm just finishing my previous contract and am ready to upgrade to a better phone. I don't want to spend a lot of money on my phone, but I would like to take advantage of the better technology out there. Since there are so many options to choose from, I'm not sure which would be the best for me.

갤럭시 S 휴대전화에 대해 전화했습니다. 이 전화기에는 어떤 기능과 특징이 있나요? 평이 좋던데 지금 시장에 나온 다른 스마트폰 모델보다 더 좋은지 모르겠습니다. 어떤 휴대전화가 좋을지 추천 좀 해주실래요? 아이폰은 기능이 많다고 알고 있지만 내가 모든 기능을 다 쓸지 모르겠습니다. 2년 계약으로 살 수 있는 다른 휴대전화도 있나요? 이전 계약이 끝나서 좀 더 좋은 전화기로 바꾸고 싶습니다. 전화기에 돈을 많이 쓰고 싶지는 않지만 좋은 기계를 이용하고 싶습니다. 휴대전화 종류가 너무 많아서 어떤 휴대전화가 가장 좋은지 모르겠습니다.

Q6 취미생활

You and your friend are going to purchase tickets for a movie. Ask the person in the ticket booth at least three questions about buying a ticket.

▶▶ 당신과 친구가 영화표를 구매하려고 합니다. 티켓 구매에 대해 매표소 점원에게 세 가지 이상 물어보세요.

Possible Questions

❶ **What time does the next movie start?**
다음 영화는 언제 시작하나요?

❷ **How long is this movie showing?**
상영 시간이 얼마나 걸리나요?

❸ **What is the most popular movie these days?**
요즘 가장 인기 있는 영화가 무엇인가요?

A I've wanted to see this movie for a long time. What time does the next showing start? I've heard it's quite a long movie, so we need to make sure it doesn't finish too late. I have to meet another friend for dinner after the movie finishes. What are the most popular movies these days? There are so many new films in the cinema, but I'm not sure which ones are good. Sometimes it's hard to keep up with all the new movies coming out. How long is this movie showing for? Usually popular movies like this one show for a long time, but if we don't see it now, I'm worried that we might miss it. I think we should try and come to the movies more often.

오랫동안 이 영화를 보고 싶었어요. 다음 상영은 몇 시인가요? 상영 시간이 길다고 들었는데 너무 늦게 끝나지 않았으면 해서요. 영화 끝나고 다른 친구와 저녁 약속이 있거든요. 요즘 가장 인기 있는 영화가 뭔가요? 새로 나온 영화가 너무 많아서 어떤 영화가 좋은지 모르겠어요. 때로 새로 나오는 영화를 모두 보는 것은 힘듭니다. 영화가 얼마나 오랫동안 상영되나요? 이 영화처럼 유명한 영화들은 상영 시간이 길던데요. 그런데 지금 이 영화를 안 보면 놓치게 될지도 모르겠어요. 아무래도 영화를 보러 더 자주 와야 한다고 생각해요.

Q7 This is a situation for you to act out. You and your friend are supposed to go see a concert. You want to know what you need to prepare to take to the concert. Call your friend and ask him/her at least three questions about it.

▶▶ 당신이 역할 연기를 할 상황입니다. 당신과 친구는 콘서트를 보러 가기로 되어 있습니다. 당신은 콘서트에 무엇을 가지고 가야 할지 알고 싶습니다. 친구에게 전화해서 세 개 이상 질문해 보세요.

Possible Questions

❶ **Did you purchase the tickets already?**
콘서트 티켓을 벌써 샀니?

❷ **What do you want me to bring?**
나는 뭘 가져갈까?

❸ **Should I bring a camera so that we can take pictures during the concert?**
공연하는 동안 사진을 찍을 수 있게 카메라를 가져갈까?

A I really don't know much about this group, but I know it's your favorite. By the way, did you purchase the tickets already? It's always better to buy the tickets online, so then we don't have to wait in line for as long. Also, we will get much better seats. What do you want me to bring? It might be a really hot night, so I can bring some water bottles and fans. Should I bring a camera so we can take pictures during the concert? I know that sometimes we cannot take pictures during these kinds of concerts, but if we're really careful we can sneak some photos. I haven't been to a concert in a really long time, so I'm really looking forward to it. I hope it will be a really good show.

나는 이 그룹에 대해 잘은 모르지만 네가 제일 좋아하는 가수라는 것은 알아. 그런데 콘서트 표는 샀니? 인터넷에서 표를 사면 콘서트에 가서 오래 기다릴 필요가 없어서 훨씬 좋아. 인터넷으로 사면 좋은 자리도 맡을 수 있을 거야. 콘서트에 뭘 가지고 갈까? 저녁에 몹시 더울 것 같아서 물병과 부채를 가져가야겠어. 공연하는 동안 사진을 찍게 카메라도 가져갈까? 콘서트 도중에 사진을 찍으면 안 된다는 것을 알지만 조심만 하면 몰래 찍을 수는 있을 거야. 콘서트에 가 본지 오래 돼서 정말 기대된다. 정말 좋은 공연이면 좋겠어.

학교

Q8 This is a situation I would like you to act out. You and your friends are going to an outing at school. Call your friend and ask three to four questions to know more about the outing.

▶▶ 역할 연극을 할 상황을 드리겠습니다. 학교에서 친구들과 소풍을 갑니다. 친구에게 전화해서 소풍에 대해 서너 가지 물어보세요.

Possible Questions

❶ **Where are we going and what time do we have to be there?**
몇 시까지 어디로 가니?

❷ **What kind of activities we are going to do?**
무슨 활동을 하니?

❸ **What do I need to bring with me?**
내가 무엇을 가지고 가야 하니?

❹ **Do you know how we are going to get there?**
그곳에 어떻게 가는지 알고 있니?

A This school trip is going to be a really great time together. Where are we going and what time do we have to be there? I really hope we go somewhere close to the beach. Last year we went to Sokcho and it was the best trip ever. What kind of activities are we going to do? I like the activities that are outdoors and adventurous. The indoor activities like cooking or making something are kind of boring. I prefer to be outdoors. What do I need to bring with me? If we're going to the beach I'll be sure to bring my swimsuit and sunscreen. But if we are going to the mountains then I'm sure I'll need warm clothes. Wherever we go, I'm sure it will be fun to be together.

이번 학교 소풍은 정말 재미있을 거야. 어디로 그리고 몇 시까지 가니? 해변 근처로 가면 좋겠는데. 작년에는 속초에 갔었는데 최고였어. 어떤 활동을 할 것 같니? 야외로 가면 모험적인 활동이 좋은데. 요리나 다른 실내 활동은 지루해. 나는 밖에서 하는 활동이 좋아. 뭘 가지고 갈까? 해변에 가게 되면 꼭 수영복과 자외선 차단 크림을 가져갈게. 산으로 가게 된다면 따뜻한 옷을 가져가야겠어. 우리는 어디를 가든 재미있을 거야.

Q9 This is a situation for you to act out. You want to use a computer at the school library for the first time. Ask the librarian three questions regarding computer use policy in the library.

▶▶ 역할 연기를 할 상황입니다. 여러분은 처음으로 학교 도서관에서 컴퓨터를 사용하고 싶습니다. 도서관 사서에게 컴퓨터 사용에 대한 방침을 세 가지 질문을 해 보세요.

Possible Questions

❶ How can I access the science databases?
어떻게 과학 데이터베이스에 접속할 수 있나요?

❷ Do I need a school ID to use a computer?
컴퓨터를 사용하려면 학생증이 필요한가요?

❸ If not, how much do you charge per page? If it's very expensive, I might just email the article to my email account, and then print it out somewhere else cheaper.
아니면, 한 장당 인쇄비가 얼마인가요? 너무 비싸면 이메일로 보내서 싼 곳에 가서 인쇄하고 싶습니다.

A I'm new to this library and I'm really not sure of how anything works. I'm a science major and I want to find resources for my project. How can I access the science databases? I'm familiar with the computer system at my previous school. However this system seems to be a bit different. Do I need a school ID to use the computer? I don't actually have an ID yet because I'm so new, but I'm sure I will have it by next week. If I want to print out an article, is printing free for students? If not, how much do you charge per page? If it's very expensive, I might just email the article to my email account, and then print it out somewhere else cheaper.

도서관 이용은 처음인데 어떻게 이용할 수 있는지 잘 모르겠습니다. 전공이 과학이고 과제를 하러 자료를 찾고 있습니다. 어떻게 과학 자료를 이용할 수 있나요? 예전 학교에 있는 컴퓨터 시스템은 잘 아는데 여기 시스템은 좀 다른 것 같습니다. 컴퓨터를 사용하려면 학생증이 필요한가요? 신입생이라 지금 학생증이 없는데 다음 주면 나올 겁니다. 기사를 인쇄하고 싶은데 학생들에게 무료로 인쇄를 해주나요? 아니면, 한 장당 인쇄비가 얼마인가요? 너무 비싸면 이메일로 보내서 싼 곳에 가서 인쇄하고 싶습니다.

Q10
This is a situation I would like you to act out. You want to study in a quiet place. Ask your friend at least three questions about the quiet study area.

▶▶ 상황을 줄 테니 역할 연기를 해 보세요. 당신은 조용한 곳에서 공부하고 싶어합니다. 친구에게 조용히 공부할 장소에 대해 세 가지 이상 물어보세요.

Possible Questions

❶ **The library is packed with students. Do you know any quiet places to study?**
도서관이 꽉 찼어. 조용히 공부할 곳을 아니?

❷ **Do I need permission to use this study room?**
이 스터디 룸을 이용하는데 허가를 받아야 하니?

❸ **Is there snack bar nearby where I can grab a bite to eat?**
근처에 간단히 먹을 수 있는 매점이 있니?

A

I have so much work to do, but I can't study in a noisy environment. Do you know any quiet places to study? Even the library is packed these days, and I get distracted by all the people moving around. Do I need permission to use one of the study rooms? I know that sometimes you have to be a postgraduate student to use some rooms. I don't want to get in trouble for being in the wrong area. Is there a snack bar nearby where I can grab a bite to eat? Studying makes me so hungry and I always need to have somewhere close where I can get something to eat. I can't wait until this semester is over and I don't have to study all the time.

공부할 게 많은데 이렇게 시끄러운 곳에서는 공부를 못하겠어. 공부할 만한 곳을 혹시 아니? 요즘 도서관도 가득 차서 사람들이 돌아다니면 공부에 방해돼. 스터디 룸을 사용하려면 허락을 받아야 하니? 대학원생들만 이용할 수 있다고 알고 있거든. 괜히 엉뚱한 곳에 앉아 있다가 문제가 되는 것은 원치 않아. 근처에 간단히 사다 먹을 수 있는 매점이 있니? 공부를 하면 너무 배가 고파서 항상 먹을 수 있는 곳 근처에서 공부해야 해. 이번 학기가 빨리 끝나기를 바라. 그리고 항상 공부를 할 필요가 없으면 좋겠어.

기타 주제

Q11 Here is a situation I would like you to act out. You want to open a bank account. Ask the bank teller three or more questions about opening a new account.

▶▶ 역할 연기를 할 상황이 있습니다. 당신은 은행에서 계좌를 개설하려 합니다. 창구 직원에게 계좌 개설에 대해 세 가지 이상 질문해 보세요.

Possible Questions

❶ **What kind of accounts do you have?**
어떤 종류의 계좌가 있나요?

❷ **Do you charge any fees to open an account?**
계좌를 열 때 요금을 내야 하나요?

❸ **Which account offers the highest interest rate?**
어떤 계좌가 이자율이 가장 높나요?

❹ **What kind of documents do I need to submit to open an account?**
계좌를 열려면 어떤 종류의 서류를 내야 하나요?

A Hi! I've decided to switch my account to this bank, as it has been recommended to me by a friend. What kind of accounts do you have? I am specifically looking to open a savings account with a high interest rate. Which account offers the highest interest rate? My previous bank charged fees to start an account with them. Do you charge any fees to open an account? This bank came highly recommended for its customer service, but I would also like to have access to Internet banking. I'm very busy and sometimes don't have time to visit the branch. I hope you can help me with all my questions.

친구가 추천해 주어서 계좌를 이 은행으로 바꾸려고 합니다. 어떤 종류의 계좌가 있나요? 저는 특별히 금리가 높은 저축 계좌를 열고 싶은데요. 어떤 계좌의 금리가 가장 높은가요? 예전에 거래한 은행에서는 처음 계좌를 열 때 돈을 냈거든요. 계좌를 열 때 돈을 내야 하나요? 이 은행이 고객 서비스로 아주 유명하다고 들었는데 저는 인터넷 뱅킹도 하고 싶습니다. 가끔 너무 바빠서 지점에 직접 올 시간이 없습니다. 이 질문에 모두 답해주길 바랍니다.

Q12 Here is a situation for you to act out. You and your friend are planning to travel and want to rent a car. Call the rental car agency and ask three or more questions about renting a car.

▶▶ 역할 연기를 할 상황입니다. 당신은 친구와 같이 여행을 계획하고 있고 차를 빌리려고 합니다. 렌터카 회사에 전화해서 차 렌트에 대해 세 가지 이상 물어보세요.

Possible Questions

❶ **Is it possible to pick up the car at one location and return it to a different location?**
한 곳에서 차를 대여하고 다른 곳에서 차를 반납할 수 있나요?

❷ **What is the weekly rate for a rental car? If I return the car after only five days do I get a refund?**
일주일 동안 차를 빌리는 데 얼마인가요? 5일 만에 차를 반납하면, 돈을 환불받을 수 있나요?

❸ **How much do you charge for car insurance? If I already have my own car insurance, could it be waived?**
자동차 보험료은 얼마인가요? 보험을 이미 갖고 있으면, 보험료가 면제되나요?

A I'm inquiring about what options you have for car rental. What is the weekly rate for a rental car? My friend and I were thinking of renting for only one week, and we want to travel from Seoul to Busan. Is it possible to pick up the car from one location and return it at a different location? I was recommended this company as it is one of the largest, so I assumed there would be many locations available. How much do you charge for car insurance? I already have my own car insurance, could this be waived? My friend doesn't have her driver's license, so I will be the only one driving the car. I've been looking forward to taking a road trip for so long, so I hope it is possible.

차를 빌리고 싶은데 어떤 선택 사항이 있는지 궁금합니다. 차를 일주일간 렌트하는데 얼마죠? 친구와 한 주만 차를 대여해서 서울에서 부산까지 여행하려고 합니다. 한 곳에서 차를 대여해서 다른 곳으로 차를 반납해도 되나요? 이 회사가 아주 큰 회사라고 들어서 아마도 많은 지역에 회사가 있을 것이라 생각했습니다. 그런데 자동차 보험료는 얼마인가요? 이미 자동차 보험을 들었는데 그러면 보험료가 면제되나요? 친구가 운전면허증이 없어서 저 혼자만 차를 운전하려고 합니다. 오랫동안 차로 여행하기를 기다려 와서 가능했으면 좋겠네요.

32 롤플레이 대안 이야기하기

롤 플 레 이   주 제
1. 직장 관련
2. 쇼핑 또는 제품
3. 취미 생활
4. 학교
5. 기타

롤플레이를 대비하려면 대안(alternatives)을 제시하는 문제에 익숙해져야 합니다. 기본적으로 나오는 롤플레이 문제는 2~4개 정도인데 1~2문제는 대안에 관한 문제가 나옵니다. 어려운 문제를 받는 경우 롤플레이 문제가 그 이상으로 나오기도 합니다. 대안 제시 문제는 앞에서 연습한 질문하는 롤플레이 문제보다 브레인스톰 하기가 더 어렵습니다. 문제를 듣고 즉흥적으로 이야기하기 때문에 어려운 상황을 주면 학생들이 쉽게 당황하게 됩니다. 어떤 경우는 상황을 주고 두세 가지의 대안을 제시하라는 문제가 나옵니다. 이번 과에서는 직장, 쇼핑 또는 제품, 취미 생활, 학교 등의 주제를 다루어 봅니다. 대안을 제시할 때는 아래와 같은 패턴을 기억하며 말하기를 시작해 보세요.

⇒ 우선 답변을 시작할 때 본인 소개를 해보세요. 서로 아는 상황일 경우 특히 자연스럽게 대화를 하듯 이어 나가는 것이 좋습니다.
⇒ 상황을 설명하세요. 비행기가 지연되거나 제품이 망가졌을 때, 문제를 듣고 이 상황을 내가 다시 이야기 함으로써 문제나 상황을 이해했다는 설명을 합니다.
⇒ 그다음 대안을 제시하세요. 보통 2~3개 이상의 대안을 제시하므로, 가능하면 반복되지 않는 아이디어를 제시하되, 그냥 열거만 하는데 그치지 말고, 자연스런 말이 되도록 앞에 연결어나 문장을 같이 씁니다.
⇒ 마지막으로 끝맺음 인사를 하세요. 대안을 주고 특히 '당신의 의견을 말해주세요.', '나에게 연락해 주세요.' 등의 끝맺음 인사를 하는 습관을 길러봅니다.

답 변   t e m p l a t e
❶ 소개하기
❷ 상황 설명하기
❸ 대안 제시하기 (2~3개의 대안을 제시하세요.)
❹ 끝맺음

Roll play Expression

상황을 설명할 때

I noticed that ~/ I realized that~/ I found that~ ~을 알게 됐어요.

I found that there were no seats available at the restaurant when I got there.
내가 도착했을 때 식당에 자리가 없다는 것을 알았다.

전화하면서 상황 설명할 때

I am calling in regard to ~에 대해 전화합니다.
I am calling because ~ ~해서 전화합니다.
The reason I am calling is that ~ 제가 전화한 이유는 ~때문입니다.

I am calling in regard to a product I bought at your store.
가게에서 샀던 상품에 대해 전화 드립니다.

I am calling because I have a problem with my CD player.
CD player에 문제가 있어서 전화합니다.

대안을 이야기할 때

Why don't we ~? / How about~ing? ~하는 것이 어때?

Why don't we go to my place and have a party?
우리 집에 가서 파티하는 게 어때?

또 다른 대안을 이야기할 때

Another option is to~ 또 다른 대안은~ 하는 것입니다.
Or we could~ 아니면 우리가 ~할 수 있어.

Or we could cancel our trip and reschedule it for a later date.
아니면 소풍을 취소하고 나중에 다시 일정을 잡을 수도 있어.

There is another route you can take.
당신이 할 수 있는 또 다른 길이 있어.

Q There is a certain problem you need to deal with. You and your friends are prepared for an outing. But it begins to rain. Call your friends and give two options to resolve this matter.

▶▶ 당신이 해결해야 할 문제가 있습니다. 당신과 친구들이 소풍갈 준비가 되어 있습니다. 그런데 비가 오기 시작합니다. 친구에게 전화해서 이 문제를 해결할 수 있는 두 가지 방안을 제시하세요.

Possible Alternatives

❶ **How about going next week?**
다음 주에 가는 게 어때?

❷ **We can wait a little while until it stops raining.**
비가 그칠 때까지 조금 기다릴 수 있어.

❸ **Instead of going out, why don't you just come over to my place and have dinner?**
소풍 대신에 우리 집에 와서 저녁이나 먹는 게 어때?

A Hey, it's me, Jen and I just realized that it is raining pretty heavy outside. I don't think it would be a good idea to go out right now. However, I don't think we should change our plans since we have been trying to get together for a long time. So, I have a few suggestions. How about going on a trip next week? I heard that the weather will be better than this weekend, so we can try again next week or if you would prefer, we can wait a little while until it stops raining. Once it clears up, we can leave. If you have other suggestions, please let me know.

안녕, 나, Jen인데. 밖에 비가 많이 오고 있네. 당장 소풍 가는 것이 좋은 생각은 아닌 것 같아. 그렇지만, 우리가 오랫동안 모임을 계획했기 때문에 계획을 굳이 변경할 필요는 없다고 생각해. 그래서 너에게 몇 가지 제안을 할게. 다음 주에 소풍을 가는 것이 어떠니? 다음 주엔 날씨가 이번 주말보다 훨씬 더 좋아질 거라고 들었거든. 그럼 다음 주에는 소풍을 갈 수 있어. 아니면, 비가 멈출 때까지 좀 기다려 볼 수 있어. 비가 개면 출발하면 돼. 혹시 또 다른 생각이 있으면 나에게 알려줘.

직장 관련 대안

Q1 I am afraid there is a problem you need to resolve. You have an important meeting with your friend this weekend, but your co-worker called and said there is a rush job that you need to complete over the weekend. Explain your situation and provide two or three alternatives to your co-worker to remedy the situation.

▶▶ 유감스럽게도 해결해야 할 문제가 있습니다. 주말에 친구와 중요한 약속이 있는데 동료가 전화해서 주말에 추가로 끝내야 할 일이 있다고 합니다. 동료에게 상황을 설명하고 상황을 해결하기 위한 두 세 가지 대안을 제시하세요.

Possible Alternatives

❶ **I will get to work very early Monday morning to finish up the job.**
일을 마무리하러 월요일에 아주 일찍 출근할게.

❷ **I can stay late tonight and try to finish up since I have an important meeting over the weekend.**
주말에 중요한 일 때문에 오늘 늦게까지 일해서 일을 끝낼 거야.

A I understand that there is an emergency work situation and you need me to work over the weekend. However I have a very important meeting that cannot be postponed, so I have come up with some alternatives to solve the problem. First of all, I can stay late tonight to try and finish up to make up for not coming in on the weekend. I'm sure the hours I put in tonight will be enough to handle the situation. Also, I will get to work very early Monday morning to finish up the job. The hours tonight combined with the hours Monday morning should be enough time to get the job done. I simply cannot miss my meeting this weekend, but I'm sure we can compromise.

급한 일 때문에 주말에 내가 필요한 것은 알겠지만, 중요한 약속이 있어서 미룰 수가 없습니다. 그래서 문제를 해결할 만한 대안을 생각해 봤습니다. 우선 오늘 밤늦게까지 일해서 주말에 오지 않아도 될 만큼 일을 다 끝내겠습니다. 오늘 열심히 일하면 그 문제를 충분히 해결할 수 있을 겁니다. 그리고 월요일 아침에 일찍 출근해서 일을 모두 끝내겠습니다. 제가 오늘과 월요일에 모두 일하면 일을 충분히 끝낼 수 있을 겁니다. 이번 주 회의는 정말 빠질 수 없지만, 우리가 타협하여 해결할 수 있다고 생각합니다.

Q2 I am sorry but there is a problem you need to handle. You forget to finish a project you were supposed to do. Call your supervisor, explain the situation and offer two alternatives to finish the project.

▶▶ 유감스럽게도 당신이 해결해야 할 문제가 있습니다. 당신은 프로젝트를 끝내는 것을 잊어버렸습니다. 상사에게 전화해서 상황을 설명하고 프로젝트를 끝낼 수 있는 두 가지 제안을 해보세요.

Possible Alternatives

❶ **Is it possible to extend the deadline?**
마감 기일을 연장해 주실 수 있나요?

❷ **I am willing to stay late to finish the project.**
밤늦게까지 일해서 끝내겠습니다.

❸ **If you give me additional work, I could wrap up the assignment by the end of the day.**
추가적인 일을 주시면 오늘까지 그 일을 끝낼게요.

A I regret to admit that I have completely forgotten to complete the task you assigned me. I have been so swamped with other work, so it must have slipped my mind. Is it possible to extend the deadline? I'm sure if I get on it right away, and with a little extra time, I can get the job finished quickly. I am willing to stay late to finish the project. It was my mistake, so there is no need for others to stay late with me, but I will stay until it is completed. However, if you give me additional resources, I'm sure I'll be able to wrap up the project by the end of the day. I realize it's an important project, so I will do my best to make up for my mistake.

내가 해야 할 일을 완전히 잊어버렸습니다. 다른 일로 너무 바빠서 완전히 잊고 있었습니다. 마감일을 연장할 수 있나요? 당장 시작해서 시간을 조금만 투자하면 빨리 일을 끝낼 수 있습니다. 오늘 밤을 새서라도 일할 수 있습니다. 나에게 책임이 있으니까 다른 사람들은 같이 일할 필요는 없고 혼자 프로젝트를 모두 끝내겠습니다. 자료를 좀 더 주신다면 오늘까지 프로젝트를 다 끝내겠습니다. 이 프로젝트가 얼마나 중요한지 있고 제 실수이므로 전력을 기울이도록 하겠습니다.

Q3 There is a problem you need to resolve. Your flight is delayed and you may be late for a meeting. Call your coworker and offer two or three alternatives.

▶▶ 당신이 해결해야 할 문제가 있습니다. 비행기가 지연되어 회의에 늦을 것 같습니다. 동료에게 전화해서 두세 개의 대안을 제시해 보세요.

Possible Alternatives

❶ **Could you start the meeting without me?**
나 없이도 회의를 진행할 수 있겠습니까?

❷ **Could you start the meeting 30 minutes later?**
30분 정도 후에 회의를 시작할 수 있겠습니까?

❸ **Is it possible to set up a conference call?**
전화 회의을 할 수 있겠습니까?

A I have some bad news, my flight is delayed and I won't be able to make our meeting on time today. Could you start the meeting 30 minutes later? I know that our clients are on a tight schedule themselves, so that may not be possible. If not, could you start the meeting without me? I could fax you all the notes I have for the beginning of the meeting, and I could join you later. Alternatively, is it possible to set up a conference call? There is reliable Internet here in the airport lobby, and I have my notebook here with me. It might be the best option considering you are not as prepared to lead the meeting. Hopefully I'll be able to get on the next flight anyway.

안 좋은 소식이 있습니다. 비행기가 지연되어서 제가 오늘 회의에 제시간에 도착할 수 없을 것 같습니다. 혹시 30분 후에 회의를 시작할 수 있겠습니까? 고객들 일정이 빡빡해서 아마 가능하지 않을 수도 있을 겁니다. 그렇지 않으면 나를 빼고 회의를 시작할 수 있겠습니까? 회의 초반에 필요한 노트를 모두 팩스로 보내고 저는 나중에 회의에 참석할 수도 있습니다. 또는 전화 회의를 할 수 있을까요? 공항 로비에서 제 노트북으로 인터넷을 할 수 있습니다. 당신이 회의를 준비하지 않았으니 아마 이 방법이 가장 좋을 것 같습니다. 어쨌든 내가 다음 비행기에 꼭 탈 수 있기를 바랍니다.

쇼핑 & 제품 관련

Q4 I am afraid that there is a problem you need to resolve. You bought an item at the store, but when you went to use it, you found out that the product is defective. Call the store clerk, explain it and give her/him two or three alternatives.

▶▶ 유감스럽게도 당신이 해결해야 할 문제가 있습니다. 가게에서 산 물건에 결함이 있는 것을 발견했습니다. 점원에게 전화해서 설명하고 두세 개의 대안을 제시하세요.

Possible Alternatives

❶ I want a replacement.
물건을 교환하고 싶어요.

❷ If the same product is not available, I can exchange it for another item in a similar price range.
만약 똑같은 물건이 없다면, 비슷한 가격대에서 다른 상품으로 바꾸고 싶어요.

❸ I want a complete(full) refund.
전액 환불을 받고 싶어요.

A I recently bought this item in your store, and it broke as soon as I returned home. I have the receipt here, and I want a replacement. I did not mistreat the item when I got home, I simply took it out of the packaging and saw that it was broken. If the same product is not available, I can exchange it for another item in a similar price range. Actually I really wanted this product, as my sister has one and she can't live without it. Come to think of it, if the same product is not available, I want a full refund. There's no point in buying something that I don't really want. That would be a waste of money. I'm very disappointed that my product turned out to be defective.

최근에 당신의 가게에서 물건을 샀는데 집에 도착하자마자 깨졌습니다. 영수증이 있으니 다른 물건으로 교환하고 싶습니다. 내가 물건을 잘못 다룬 것이 아니라 집에 도착해서 포장을 뜯어 보니 깨져 있었습니다. 똑같은 물건이 없으면 비슷한 가격의 다른 물건으로 교환하고 싶습니다. 여동생도 이 물건을 가지고 있고 매우 잘 사용하고 있기 때문에 꼭 사고 싶었습니다. 생각해보니, 만약 똑같은 물건이 없으면 아예 환불해 주세요. 원하지도 않는 물건을 살 필요가 없을 것 같습니다. 그건 돈 낭비라고 생각합니다. 물건이 불량품이라 너무 실망스럽네요.

Q5 I am sorry, there is a matter you need to handle. You ordered a product online, but the wrong item was delivered. Contact customer service and present them with two or three possible solutions.

▶▶ 유감스럽게도 당신이 해결해야 할 문제가 있습니다. 온라인으로 상품을 샀는데 다른 상품이 배달되었습니다. 점원에게 전화해서 두세 개의 대안을 제시하세요.

Possible Alternatives

❶ **I need to exchange this item for the right one.**
제대로 된 상품으로 교환하고 싶어요.

❷ **Is it possible for me to get a store credit for my next purchase?**
다음 구매에 쓸 수 있게 스토어 크레딧으로 받을 수 있나요?

❸ **I would like to cancel my order.**
주문을 취소하고 싶어요.

A I ordered this product on your website according to the pictures, but I received a different model in the delivery. I need to exchange this item for the right one. I followed the steps according to the order form, and I checked the 'black' box. However, the product that arrived was the correct model, but in white color. If I do not exchange the product for the correct one, is it possible to get a store credit for my next purchase? I ordered this product to use immediately, and I'm not sure if I will receive the replacement in time. If it's going to take a long time, I want to cancel my order. I understand that these things happen sometimes, but I expect better service.

인터넷에서 사진을 보고 이 상품을 주문했는데 다른 상품을 받았습니다. 이 물건을 제대로 된 물건으로 교환하고 싶습니다. 주문양식에 따라서 주문을 제대로 했고 검은 색에 체크했습니다. 그런데 도착한 제품이 맞긴 맞는데 흰색이더군요. 교환을 못하게 되면 다음번 구매할 때 쓸 수 있게 스토어 크레딧으로 주시겠어요? 이 상품을 당장 쓰려고 주문했는데 교환을 제때에 받을 수 있는지 모르겠습니다. 배송 기간이 길면 주문을 취소하고 싶습니다. 이런 일이 가끔 생기는 것은 알겠지만 다음에는 좀 더 좋은 서비스를 해주시기 바랍니다.

취미생활

Q6 There is a problem you need to deal with. You and your friends are prepared to go on an outing, but it begins to rain. Call your friends and give two options to solve this matter.

▶▶ 당신이 해결해야 할 문제가 있습니다. 당신과 친구들이 소풍갈 준비가 되어 있는데 비가 오기 시작합니다. 친구들에게 전화해서 이 문제를 해결하기 위한 두 가지의 방안을 제시하세요.

Possible Alternatives

❶ How about going next month?
다음 달에 가는 게 어때?

❷ We could try and wait a bit to see if it stops raining, but the forecast said it won't let up until next Tuesday.
비가 그치는지 기다려 보자. 그런데 일기 예보를 들으니 다음 주 화요일까지 비가 안 그친다고 하는 거 같은데.

❸ Instead of going out, why don't you come over to my place for dinner?
소풍 대신에 우리 집에 와서 저녁이나 먹는 게 어때?

We have been planning this trip for weeks, but it's raining hard and it's supposed to continue raining all weekend. How about going next month? It's difficult to get all our schedules together, but it would be more worth it if we went at a time when it wasn't raining. We could try and wait a bit to see if it stops raining, but the forecast said it won't let up until next Tuesday. Instead of going out, why don't you come over to my place for dinner? We could order take out, and rent a few DVD's and just watch movies together. It's not the same as what we had planned, but at least we would be dry and inside. I'm sure we will be able to organize an outdoor trip again for another time.

몇 주 동안 여행을 준비해 왔는데 비가 많이 오네. 그리고 주말 내내 계속 비가 올 거라고 해. 다음 달에 가는 것은 어때? 우리 일정을 모두 맞추는 게 어렵지만, 비가 안 올 때 한 번에 가는 게 훨씬 좋겠지? 비가 그치는지 기다려 보자 일기 예보를 들으니 다음 주 화요일까지 비가 안 그친다고 하는 거 같은데. 밖에 나가지 말고 우리 집에서 저녁 식사나 할까? 음식을 포장해 와서 DVD를 빌려 집에서 같이 볼 수도 있어. 우리가 계획했던 것과 다르지만 그래도 비는 안 맞고 실내에 있을 수 있잖아. 다음에 다시 계획을 해서 소풍갈 수 있을 거야.

7 I will give you a situation to act out. You and your friend planned to go to the museum. However, something comes up at work and you have to stay late to finish the project. Call your friend and offer two or three alternatives.

▶▶ 역할 연기를 할 상황입니다. 당신은 친구와 박물관을 가기로 했습니다. 그런데 일이 생겨 회사에서 늦게까지 일을 끝내야 합니다. 친구에게 전화해서 두세 가지의 해결 방안을 이야기하세요.

Possible Alternatives

❶ If it is okay with you, I will take you there another time.
괜찮다면 다음에 데려갈게.

❷ I am terribly sorry I have to cancel but can I buy you lunch tomorrow instead?
정말 미안하지만, 취소해야 할 것 같아 그런데 내일 점심 사줄까? .

❸ Can we meet later tonight at a restaurant after I finish?
일 끝나고 오늘 저녁 늦게 식당에서 만날 수 있을까?

A I know that we agreed to see the new museum exhibit today, but something urgent has come up at work and I have to postpone. If it is okay, I'll take you there another time. I tried to explain to my boss that I had an appointment, but she insisted that I work on the project. I'm terribly sorry that I have to cancel, can I buy you lunch tomorrow instead? There's a new sandwich place that has just opened that I would love to take you to. Or if you're busy tomorrow, can we meet later tonight at a restaurant after I finish? I'm sure it won't take too long to finish the project, but it absolutely has to be done tonight. I hope this hasn't caused you too much inconvenience.

직장에 급한 일 때문에 오늘 박물관에서 하는 전시회에 가기로 했던 것을 미뤄야 할 것 같아. 괜찮다면 다른 날 전시회에 데리고 갈게. 약속이 있다고 상사에게 설명했는데도 프로젝트를 반드시 해야 한다고 해. 약속을 취소해서 미안하고 대신 내가 내일 점심을 사는 것은 어때? 샌드위치를 파는 식당이 개업했는데 너를 꼭 데려가고 싶어. 내일 바쁘면 오늘 저녁 일 끝나고 식당에서 만날까? 프로젝트를 끝내는데 오래 걸리지는 않을 거야. 그래도 오늘까지는 반드시 끝내야 해. 이번 일이 네게 불편을 끼치지 않았으면 좋겠어.

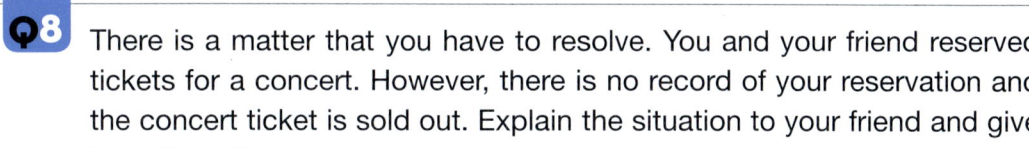

Q8 There is a matter that you have to resolve. You and your friend reserved tickets for a concert. However, there is no record of your reservation and the concert ticket is sold out. Explain the situation to your friend and give two alternatives.

▶▶ 해결해야 할 문제가 하나 있습니다. 당신과 친구는 콘서트에 가려고 예약을 했습니다. 그러나 예약도 안 되어 있고 콘서트 표도 모두 팔렸습니다. 친구에게 상황을 설명하고 두 개의 대안을 제시해 보세요.

Possible Alternatives

❶ Well, since we can't get tickets, would you rather see a movie instead?
콘서트 표를 구할 수 없으니 대신 영화 보는 게 어때?

❷ I will ask the manger to see if there is anything that can be done about the situation.
이 상황에 대해 뭔가 할 수 있는 것이 있는지 매니저에게 물어볼게.

A I can't believe this has happened again. We reserved our tickets online weeks ago, but they don't have a record of it! Now the concert is sold out, and we have no tickets. I will ask the manager to see if there is anything that can be done about the situation. There are a limited number of tickets, so they still probably won't be able to get us seats. Well, since we can't get tickets, would you rather see a movie instead? It's not the same as seeing the concert, but at least it is better than doing nothing at all. Maybe they will give us a credit for losing out tickets, and we will be able to see the next concert for free. I don't think we should buy our tickets online again.

이런 일이 또 일어나다니 믿을 수 없어! 몇 주 전에 인터넷으로 표를 예약했는데 기록이 없다고 하네. 현재 콘서트 표가 다 매진돼서 표를 살 수가 없어. 매니저에게 가서 어떻게 해결할지 알아봐야겠어. 표가 거의 없어서 아마 자리를 구해 줄 수 없을 것 같아. 표를 못 구할 것 같으니 차라리 영화나 보러 갈까? 콘서트와는 다르겠지만 적어도 아무것도 안 하는 것보다는 낫잖아. 아마 콘서트 표를 못 구한 것에 대해 포인트를 줄지 몰라. 그럼 다음번에는 무료로 콘서트를 볼 수도 있을 거야. 다음부터는 인터넷에서 표를 사지 말아야겠어.

Q9 학교

I am afraid that there is a problem you need to address. You borrowed a book for your project from your friend, but you spilled something on it. Explain the situation to your friend and offer at least two solutions.

▶▶ 유감스럽게도 당신이 해결해야 할 문제가 있습니다. 프로젝트를 위해 친구에게 책을 빌렸는데, 책에 어떤 것을 흘렸습니다. 친구에게 상황을 설명하고 두 가지 이상의 해결 방안을 제안하세요.

Possible Alternatives

❶ **I can buy you a new book.**
새 책을 사줄게.

❷ **I'm sorry; but I can take you out to dinner.**
미안해. 저녁식사에 데리고 갈게.

❸ **If you need the book right now, I can try to find a replacement.**
지금 그 책이 당장 필요하면, 다른 책을 구해 볼게.

You were very generous to lend me this book, but I'm afraid I have made a mistake and spilled coffee on the front page. I can buy you a new book. I know you really liked this book, but it's very common and I can pick up a replacement copy at the book store without any problems. If you need the book right now, I can try to find a replacement tonight. There is a bookstore near my house that is open late, I'm sure they will sell it. I'm sorry, but I can take you out to dinner to make up for it. It really was an accident. I was studying very late and I was so sleepy that I didn't notice the coffee cup sitting on my desk. I hope you can forgive me, I didn't mean it.

나에게 책을 빌려줘서 고마워. 그런데 내가 실수를 해서 책 앞 페이지에 커피를 쏟았어. 내가 새 책으로 사줄게. 네가 이 책을 정말 좋아하는 것을 알아. 하지만 이 책은 흔해서 서점에서 쉽게 구할 수 있어. 지금 당장 책이 필요하면 오늘 밤 책을 찾아볼 수 있어. 집 근처에 늦게까지 여는 서점이 있는데 그곳에서 아마 그 책을 팔 거야. 정말 미안해. 그래서 보상해 주는 의미로 너와 같이 저녁을 먹으러 나가고 싶어. 어쨌든 커피를 쏟은 건 사고였어. 내가 늦게까지 공부하다가 너무 졸려서 책상에 커피잔이 있는지도 몰랐어. 용서해 주면 좋겠어! 일부러 그런 것은 아니었어.

Q10 There is a problem you need to handle. Your friend asks you to study together, but you want to study by yourself. Explain the situation and offer at least two solutions.

▶▶ 당신이 해결해야 할 문제가 있습니다. 친구가 공부를 같이하자고 물어보는데, 당신은 혼자 공부하고 싶어 합니다. 상황을 설명하고 두 가지 이상의 대안을 제시하세요.

Possible Alternatives

❶ Sorry. I'm not trying to offend you, but I prefer to study alone because I can concentrate better.
미안해. 네 기분을 상하게 하려고 하는 것은 아니지만 혼자 공부하면 집중이 더 잘 되기 때문에 혼자 공부하고 싶어.

❷ We can study individually and then discuss our studies later if you have questions.
처음은 각자 공부하고 나중에 질문이 있을 때 토의해 보자.

❸ I can introduce you to my friend who wants to form a study group.
스터디 모임을 만들고 싶어하는 친구를 소개해줄게.

A Even though we take the same course, I'm not sure it's a good idea for us to study together. I'm not trying to offend you, but I prefer to study alone because I can concentrate better. When I study with friends, I get distracted and don't focus as well as I do when I'm on my own. We can study individually and then discuss our studies later if you have questions. That way, we both benefit from each other's study habits. If you really want to study in a group, I can introduce you to my friend who wants to start a study group. It's better if you like to study with other people. Everybody has different methods of study, and I seem to do better by myself.

우리가 같은 과목을 듣지만, 같이 공부를 하는 것이 좋은 생각인지는 잘 모르겠어. 네 기분을 상하게 하려는 건 아니지만 나는 혼자 공부할 때 집중이 더 잘 되서 혼자 공부하는 것이 좋아. 친구랑 같이 공부하면 방해되고 혼자 공부하는 것 만큼 집중이 안돼. 따로 공부하고 문제가 생기면 나중에 토의하면 될 것 같아. 그렇게 하면 공부하는 방식에 서로 도움이 될 수 있을 거야. 그룹 스터디를 정말 하고 싶으면 스터디 그룹을 시작하려는 내 친구를 소개해 줄게. 네가 다른 사람들과 공부하는 게 좋으면 그 방법이 나을 거야. 사람마다 공부하는 방식이 다르잖아. 나는 혼자 공부하는 것이 좋은 것 같아.

기타 주제

Q11 There is a situation that you need to take care of. The computer you just bought is not working properly. Call the store and explain the problem. Then, give two ideas to solve this problem.

▶▶ 당신이 해결해야 할 상황이 있습니다. 당신이 방금 산 컴퓨터가 제대로 작동하지 않습니다. 매장에 전화해서 그 문제를 설명하세요. 그리고 문제를 해결하기 위한 두 가지 대안을 제시하세요.

Possible Alternatives

❶ **I want to have it fixed immediately.**
지금 당장 수리를 원해요.

❷ **Please send a technician over to my place to repair it now.**
우리 집으로 지금 이것을 고쳐 줄 기술자를 보내주세요.

❸ **I would like to exchange it for a new computer.**
새 컴퓨터로 바꾸고 싶어요.

A I just bought a desktop computer from your store last week, but now it seems that it is not working properly. I want to have it fixed immediately. It was a very expensive model, and I bought it because it was supposed to be reliable. I have a lot of tasks which require me to access the computer, and this is not acceptable. Please send a technician over to repair it now. I have tried to fix the problem myself, but it seems to be more than a simple error, and I don't know a lot about computers. If this problem continues, I would like to exchange it for a new computer. I'm concerned that there are already issues with this computer when it is still brand new.

지난 주에 여기서 컴퓨터를 샀는데 작동이 잘 안됩니다. 즉시 수리해 주시기 바랍니다. 꽤 비싼 모델이라 믿고 샀습니다. 나는 컴퓨터로 해야 할 일이 많은데 이번 일은 용납이 안됩니다. 지금 수리해 줄 기술자를 보내주세요. 혼자 컴퓨터를 고쳐 보려고 했지만 단순한 고장이 아닌 것 같습니다. 그리고 나는 컴퓨터에 대해 많이 알지는 못합니다. 이 문제가 계속되면 새 컴퓨터로 교환하고 싶습니다. 아직 새 제품인데 벌써 컴퓨터에 문제가 많아서 걱정입니다.

Q12 I am sorry but there is a problem you need to resolve. You have an appointment with your doctor but your supervisor just called and asked you to attend an important business meeting. Explain the situation and offer your boss at least two options.

▶▶ 유감스럽게도 당신이 해결해야 하는 상황이 있어요. 의사와 약속이 있는 날에 상사가 전화해서 중요한 회의에 참석하라고 합니다. 상황을 설명하고 상사에게 적어도 두 가지 이상의 대안을 제시하세요.

Possible Alternatives

❶ **This is a very important appointment with my doctor. So, would it be possible for someone to attend the meeting in my place?**
제 의사와 중요한 약속입니다. 다른 사람이 제 대신에 회의에 참석할 수 있겠습니까?

❷ **Or could we reschedule the meeting for another time?**
또는 회의를 다른 시간으로 재조정할 수 있겠습니까?

❸ **I could reschedule my doctor's appointment, if necessary.**
필요하시다면 의사와의 일정을 조정해 보겠습니다.

A I understand that you need me for this meeting. However, I have a prior commitment that cannot be changed. I have a very important appointment with my doctor, so would it be possible for someone to attend the meeting in my place? This appointment is with a specialist, and I've had it booked for three months. It is very difficult to see this particular doctor, and I won't be able to change the time. Could we reschedule the meeting for another time? I know that this is inconvenient, but I would greatly appreciate the effort. If it's absolutely necessary, I can try and reschedule my appointment, but I may have to wait another two weeks. I hope you understand my situation.

회의에 제가 필요한 것은 알겠습니다. 그러나 먼저 약속이 잡혀 있었고 바꾸기 어렵습니다. 의사와 정말 중요한 약속이 있는데 다른 사람이 저를 대신해서 회의에 참석할 수 있나요? 이번 약속은 전문의와 만나는 약속이라 3개월 전에 예약을 했습니다. 이 의사와 약속을 잡기가 너무 어려워서 시간을 바꾸기가 쉽지 않을 것 같습니다. 다른 시간으로 회의를 다시 정할 수 있을까요? 불편한 것은 알겠지만 그렇게 해주시면 감사하겠습니다. 정말 필요하면, 의사와 약속을 다시 잡아 보도록 하겠습니다. 그러나 의사를 만나는데 2주를 더 기다려야 할지도 모르겠습니다. 제 상황을 이해해 주셨으면 좋겠습니다.